V&R

Für Katharina

Zsolt Keller

Der Blutruf (Mt 27,25)

Eine schweizerische Wirkungsgeschichte
1900–1950

Mit einem Vorwort
von Max Küchler

Vandenhoeck & Ruprecht

Umschlagabbildung:
»Der Prophet Jesaja« von J. Schnorr von Carolsfeld.

Mit 3 Abbildungen

Bibliografische Information Der Deutschen Nationalbibliothek

Die Deutsche Nationalbibliothek verzeichnet diese Publikation in der
Deutschen Nationalbibliografie; detaillierte bibliografische Daten sind
im Internet über <http://dnb.d-nb.de> abrufbar.

ISBN 10: 3-525-55328-5
ISBN 13: 978-3-525-55328-2

Druck und Bindung: ⊕ Hubert & Co, Göttingen

Gedruckt auf alterungsbeständigem Papier.

Inhalt

Vorwort von Max Küchler

Der Ruf des »ganzen Volkes« der Juden in Mt 27,25: »Sein Blut über uns und unsere Kinder!« spielte in der Debatte der letzten Jahrzehnte über den Antijudaismus im Neuen Testament eine wichtige Rolle, weil seine Interpretationen sowohl im Rahmen des Matthäus-Evangeliums wie auch im Gesamt urchristlicher Äußerungen zum Judentum von entscheidender Bedeutung sind und – wie uns die Geschichte des 20. Jahrhunderts gelehrt hat – historisch tödliche Folgen zeitigten, oder – wie die historisch-kritische Auseinandersetzung von Juden und Christen mit diesem Vers aufzeigt – klärende, reinigende und befreiende Wirkung haben können.

In diesem Buch wird ein Stück dieser Auseinandersetzung geleistet, indem die exegetische Arbeit am Text mit einer rezeptionsgeschichtlichen Analyse verbunden wird. Einerseits wird die matthäische Theologie historisch-kritisch im Kontext der Polemik zwischen Christen und Juden in der Phase der Selbstkonstituierung der beiden verwandten Gruppen verortet: Der schmerzhafte Prozess der Trennung und die Selbstabgrenzung haben es mit sich gebracht, dass der Gegner jeweils mit verzerrten Zügen versehen wird. Mit dieser Einordnung des matthäischen Textes in ein virulentes frühchristliches Problemfeld wird die Szene vor Pilatus als polemische theologische Erzählung ersichtlich, deren Polemik gerade nicht die Wahrheit des Textes darstellt, sondern deren ideologie- und sozialgeschichtlichen Rahmen abgibt. Jeglicher unheiligen Allianz des Matthäustextes mit antisemitischen Rassentheorien ist damit grundsätzlich der Boden entzogen. Vielmehr muss daraus eine den Juden gerecht werdende Forderung nach einer geschichtlich denkenden, unpolemischen Exegese formuliert werden.

Wie notwendig diese historisch-kritische Betrachtungs- und Auslegungsweise des *Blutrufes* ist, wird hier aus ihrem Gegenteil aufgewiesen, nämlich aus einer Rezeptionsgeschichte, welche die Polemik des Textes zu dessen Wahrheit gemacht und als Begründungszusammenhang für das schreckliche Geschehen an den Juden im Zweiten Weltkrieg verwendet hat. Das Buch von Zsolt KELLER situiert sich dabei mitten in die Auseinandersetzung um die Rolle des biblisch-christlichen Denkens gegenüber dem nationalsozialistischen Antisemitismus, eine Auseinandersetzung, die der so genannte *Bergier-Bericht* (siehe unter Seite 25f) in der Schweiz zwar nicht ausgelöst, aber doch zur unvermeidlichen Aufgabe gemacht hat. Als einem Historiker, der im *Archiv für Zeitgeschichte an der ETH Zürich* teilweise in nächster Nähe zur wissenschaftlichen Aufarbeitung des schweizerischen Verhaltens gegenüber dem Nationalsozialismus stand, waren dem Autor Quellen zugänglich, die einer von Theologen oder Exegeten durchgeführten rezeptionsgeschichtlichen Darstellung nur schwer überhaupt zu Gesichte kommen. Diese mikroanalytischen Beobachtungen machen den erschreckenden Reiz dieser Studie aus: Volkstheater, Nacherzählungen der Leidensgeschichte Jesu, Predigten, Predigtbücher und -anleitungen, Bibelillustrationen, Gebetstexte der Passionsliturgie, Pressenotizen der Jahre 1933 bis 1945 und theologische Interpretationshilfen zum Kriegsgeschehen werden zu Zeugnissen dafür, wie Mt 27,25 verschiedene Vollzüge des kirchlichen Lebens in der Schweiz geprägt hat, mehrmals eine Rolle in der negativen Wertung der Juden spielte und als Argument für abwägende, zurückhaltende oder schweigend zugestehende Haltungen gegenüber dem schrecklichen Geschehen in Deutschland eingesetzt wurde.

Es ist eine erschütternde Einsicht, dass gerade die Schoah im Nachhinein einen vehementen Prozess der Neuinterpretation von Mt 27,25 auslöste: Es konnte doch nicht sein, dass ein inspiriert geglaubter Text in einem solchen epochalen Bosheitsgeschehen mitgewirkt hat! Die potentielle Gefährlichkeit der Bibelstelle wurde in einer inadäquaten Interpretation derselben geortet. Das historisch-kritische Werkzeug für eine sachgerechte Interpretation lag zwar längst bereit, aber es brauchte den aus dem Schock geborenen Dialog zwischen Juden und Christen, der die methodologische Umrüstung unvermeidlich machte und damit den biblischen Text aus dem todstiftenden fundamentalistischen Verständnis befreite. Die Geschichte selbst zwang die Exegese zur geschichtlichen Betrachtungsweise, wenn sie nicht mehr Werkzeug des Todes sein wollte. In diesem Sinn sind die hier vorgebrachten Detailanalysen eines Historikers von hohem hermeneutischem Wert für Exegese und Theologie.

Neben Mt 27,25 gibt es aber weitere fatale Sätze gegen die Juden im Neuen Testament. Da steht im Johannes-Evangelium auch: »Ihr habt den Satan zum Vater und wollt die Gelüste eures Vaters tun. Jener war ein Menschenmörder von Anfang an« (8,44). Und im 1. Brief an die Thessalonicher behauptet Paulus, dass die Juden »Gott nicht gefallen und allen Menschen Feind sind« (2,15). Welch verheerende Langzeitwirkung solche »heiligen Texte« hatten, belegen die so genannten *Adversus Judaeos*-Texte und -Bilder, die Heinz SCHRECKENBERG bis ins 20. Jahrhundert in vier Bänden zusammengestellt hat. Die Nachhaltigkeit der im Neuen Testament anzutreffenden Judenfeindlichkeit könnte nicht eindrücklicher dokumentiert werden. Sie fordert unüberhörbar eine Gesamtrevision jeglichen fundamentalistischen Bibelverständnisses, die den biblischen Sachverhalt weder schönt noch verharmlost, sondern erst eigentlich in seiner brutalen Polemik erkennt und dadurch überwindbar macht. Wer auch heute noch der Ansicht ist – und diese anachronistische Menschengruppe scheint sich in den letzten Jahren eher zu vergrößern anstatt zu verschwinden – dass biblische Texte, so wie sie da stehen, *Wort Gottes* sind und man sie nur wortwörtlich zu Herzen zu nehmen braucht, um sie zu verstehen, kommt mit den drei Worten des Matthäus, des Johannes und des Paulus unweigerlich in jene gleiche schlimme Tradition, welche das wirkungsgeschichtliche Kapitel 2 dieses Buches aufweist. Es ist in diesem Sinn ein historischer Aufweis der Gefährlichkeit fundamentalistischer Bibellektüre als Instrumentalisierung biblischer Texte für die eigenen frommen Zwecke.

Die von Ulrich LUZ in seinem großen Matthäus-Kommentar geforderte und von ihm zum Teil geleistete Rezeptionsgeschichte biblischer Texte hat deshalb einen durchaus subversiven Zug. Sie geht Transpositionen biblischer Texte in Malerei, Skulptur, Architektur, Musik, Literatur, Film und so fort nach und vermag die jeweilige Wahrnehmung und Darstellung der Wahrheit des Textes geistesgeschichtlich zu verorten. Ein Gang durch diese

Bereiche unserer Kulturgeschichte zeigt uns auf Schritt und Tritt, wie biblische Texte bald zur Verherrlichung, bald zur Verteufelung von Personen, Institutionen oder Ereignissen, oft aber auch zur treffenden Darstellung der Höhen und Tiefen menschlicher Existenz umgesetzt wurden. Im vorliegenden Buch geht es sicher um Texte, die aus den *Tiefen* menschlicher Schuldverflochtenheit kommen und im Lauf der Geschichte immer wieder in solche Verflechtungen eingebracht wurden. Dies wahrzunehmen, aufzuzeigen und zu beschreiben ist der erste Schritt, die inhärente Gefährlichkeit heiliger polemischer Texte wie Mt 27,25 zu erkennen und zu überwinden.

Freiburg, im Mai 2006   Max KÜCHLER

Resultat einer Spurensuche

Dieses Buch ist das Resultat einer Spurensuche. Es sind dies die Spuren eines einzelnen Bibelverses in den katholischen Denk- und Lebenswelten der Schweiz in der ersten Hälfte des 20. Jahrhunderts. Der so genannte *Blutruf* »des ganzen Volkes« aus dem Matthäus-Evangelium: »Sein Blut komme über uns und unsere Kinder!« (Mt 27,25) hat bis in die jüngste Zeit hinein seine Spuren hinterlassen.

Zwei Beispiele aus jüngster Zeit: Am Aschermittwoch 2004 lief in den USA der Film des amerikanischen Schauspielers Mel GIBSON mit dem Titel *The Passion of the Christ* (dt. *Die Passion Christi*) in den Kinos an. Der Film, der von den zwölf letzten Stunden im Leben Jesu handelt, sorgte auch hierzulande für Diskussionen. Die Filmemacher waren – wie sie dem Publikum immer wieder versicherten – um möglichst weitgehende »Authentizität« in ihrer Darstellung der Ereignisse bestrebt. Die Dialoge finden ganz in diesem Sinne in Aramäisch und Lateinisch statt. GIBSON, der mit seiner persönlichen cineastischen Version der christlichen Passionsgeschichte den Anspruch erhob, dargestellt zu haben, wie es wirklich war (»as it was«), erntete neben Lob auch Kritik. Im Brennpunkt der ablehnenden Stimmen war neben der ungeheuren Brutalität des Films der Vorwurf, GIBSON schüre den Antisemitismus. Bis zuletzt bemühte sich der Regisseur Presseberichten zufolge, Juden diffamierende Szenen aus dem Film zu entfernen. Mt 27,25 blieb als Szene erhalten. Der *Blutruf* wird im Film auf Aramäisch ausgesprochen, aber nicht untertitelt und bleibt somit dem nicht in Aramäisch gebildeten Publikum, das heißt mehr oder weniger allen Zuschauern, versteckt. Dieser Vers, der über Jahrhunderte hinweg dazu diente, die absurde Idee einer jüdischen *Kollektivschuld* am Tode Jesu aufrechtzuerhalten, ist nach GIBSONS Interpretation zwar ein unverzichtbarer Bestandteil des historischen Leidens und Todes Jesu, wird dem heutigen Publikum aber nicht zugemutet.

Im Urteil des jüdischen Schriftstellers und Friedensnobelpreisträgers Elie WIESEL zeige GIBSONS Film »die Juden« als Lynch-Mob, die lediglich aus »Hass, Hass, Hass« bestünden.[1]

In der vierzigsten Saison der seit 1634 immer wieder aufgeführten *Oberammergauer Passionsspiele*, kam im Jahre 2000 zum ersten Mal eine völlig überarbeitete und umgestaltete Fassung von Christian STÜCKL und Otto HUBER zur Aufführung, in der Mt 27,25 ersatzlos gestrichen wurde.[2] Diese Streichung bezeugt eine verheerende Wirkungsgeschichte von Mt 27,25 und bringt einen sensibilisierten Umgang mit dem *Blutruf* zum Ausdruck. Die bloße Streichung des Rufes ist jedoch nicht genug, denn sie führt dazu, dass über die Wirkungsgeschichte geschwiegen wird. Nur wenn gleichzeitig eine seriöse Auseinandersetzung mit seiner Wirkungsgeschichte stattfindet, kann sich ein Lernprozess einstellen, der zur nachhaltigen Überwindung judenfeindlicher Ressentiments führt.

Dieses Buch will dreierlei: Zum Ersten soll es die theologische und historische Debatte, die in den letzten Jahren nicht nur in der Schweiz um den Antijudaismus und den Antisemitismus entbrannt war, ein Stück weit zusammenführen. Zum Zweiten erfüllt die Studie das von Ulrich LUZ im vierten Teilband seines Matthäus-Kommentars aufgestellte Desiderat nach wirkungsgeschichtlichen Arbeiten zu Mt 27,25.[3] Für die ersten fünf Jahrhunderte hat dies der an der *Freien Universität* in Berlin lehrende Neutestamentler Rainer KAMPLING in seiner Studie aus dem Jahre 1984 *Das Blut Christi und die Juden. Mt 27,25 bei den lateinischsprachigen Autoren bis zu Leo dem Grossen* getan.[4] Und schließlich – und dies ist der dritte Punkt – ist dieses Buch ein Beitrag zu dem, was der Historiker Jacques PICARD 1997 im Zuge der Schweizer Geschichtsdebatte angemahnt hat: Ziel der

---

[1] Siehe MINK: Hass, 25.4.2004. Siehe auch BRODWAY: Passion, 28.1.2004; GERSTE: Kulturkampf, 8.2.2004; KÖHLER: Geisselung, 27.2.2004; PAPST: Passion, 21.3.2004; BODENDORFER-[LANGER]: Blut, 17.3.2004.

[2] Siehe HALTER: Gotteskrieger, 26.5.2000; SPITZENPFEIL: Revolutionär, 22.5.2000. Siehe auch SHAPIRO: Bist du der König der Juden?, 7f.

[3] Siehe LUZ: Matthäus I/4, 287, Anm. 137.

[4] Siehe Rainer KAMPLING: Das Blut Christi und die Juden. Mt 27,25 bei den lateinischsprachigen christlichen Autoren bis zu Leo dem Grossen, Münster 1984.

vom Parlament eingesetzten unabhängigen Expertenkommission sei »die Bereitstellung von Grundlagen, die einer rationalen Diskussion und lernprozessorientierten Wissensvermittlung dienen.«[5] Ich hoffe, auf den folgenden Seiten einige Denkanstöße für eine solche rationale Diskussion zu geben.[6]

---

[5] PICARD: Forschung, 28.10.1997. Als Beitrag zu einer lernprozessorientierten Wissensvermittlung siehe Barbara BONHAGE: Hinschauen und Nachfragen – Die Schweiz und die Zeit des Nationalsozialismus im Licht aktueller Fragen, Zürich 2006.

[6] Siehe Zsolt KELLER: »Wohl wirkt die Kreuzigung Christi mit.« Mt 27,25 in seiner Wirkungsgeschichte und der neueren Auslegung, unpublizierte Lizentiatsarbeit an der Universität Freiburg/Schweiz 1999; Zsolt KELLER: Von »Gottesmördern« und Sündern. Mt 27,25 in der Lebenswelt von Schweizer Katholiken 1900–1950, in: Zeitschrift für Schweizerische Kirchengeschichte 97 (2003), 89–105. Das Manuskript fand Eingang in neuere Forschungsarbeiten zum Antisemitismus und Katholizismus in der Schweiz: Siehe Urs ALTERMATT: Katholizismus und Antisemitismus. Mentalitäten, Kontinuitäten, Ambivalenzen, Frauenfeld 1999; Victor CONZEMIUS (Hg.): Schweizer Katholizismus 1933–1945. Eine Konfessionskultur zwischen Abkapselung und Solidarität, Zürich 2001; Veronika VONEY: Die Luzerner Passionsspiele von 1924, 1934, 1938, Freiburg/Schweiz 2004.

Aufbau der Studie und Quellenlage

Die vorliegende Studie gliedert sich in drei Teile. In den Grundlegungen (I) wird das thematische Umfeld historisch, theologiegeschichtlich und begrifflich verortet.[1] Gefragt wird unter anderem nach der Relevanz, sich mit der Schoah als einem wissenschaftlichen Gegenstand in Theologie und Zeitgeschichte zu befassen. Da im Zentrum der Arbeit ein einzelner Bibelvers des Neuen Testamentes steht, folgen hermeneutische Überlegungen zur Auslegung biblischer Texte. Wirkungsgeschichte verstanden als kirchen- und gesellschaftsrelevante Zeitgeschichte wirft theoretische und methodische Fragen auf, denen in den Grundlegungen in aller Kürze nachgegangen wird. Mittels der Entstehung und des Inhalts der Begriffe Judenfeindschaft, Antijudaismus und Antisemitismus werden die nötigen terminologischen Prämissen für die folgende Betrachtung einer schweizerischen Wirkungsgeschichte des *Blutrufes* gelegt.

Der Teil II geht den *wirkungsgeschichtlichen Spuren* von Mt 27,25 in den Denk- und Lebenswelten von Schweizer Katholikinnen und Katholiken nach. Dabei bilden katholische Predigtsammlungen, die in der zweiten Hälfte des 19. und zu Beginn des 20. Jahrhunderts publiziert wurden und in der Seminarbibliothek des pastoraltheologischen Seminars der Theologischen Fakultät der Universität Freiburg/Schweiz zum Studium und praktischen Gebrauch zur Verfügung standen, einen ersten Schwerpunkt.[2] Die Bedeutung dieses Quellenkorpus ist eine doppelte:

---

[1] Siehe Dagmar HENZE u.a.: Antijudaismus im Neuen Testament? Grundlagen für die Arbeit mit biblischen Texten, Gütersloh 1997.

[2] Der Altbestand der Seminarbibliothek des pastoraltheologischen Seminars, das heißt Werke, die zwischen 1850 und 1950 erschienen sind, werden in einem gesonderten Depot (*KUB Beauregard; Signatur SThP*) aufbewahrt und lassen sich daher als geschlossene Überlieferungseinheit auswerten.

Zum Ersten war die 1891 als Universität der Schweizer Katholikinnen und Katholiken in Freiburg gegründete Hochschule bis zum Jahr 2000 die einzige Schweizer (Voll-)Universität mit einer römisch-katholischen Fakultät, die eine beachtliche nationale und internationale Ausstrahlung besaß.[3] Betrachtet man die Studierendenzahlen der Theologischen Fakultät zwischen dem Wintersemester 1901/02 und 1949/50, so fällt auf, dass sich die Fakultät – abgesehen von einer durch den Ersten Weltkrieg hervorgerufenen Zäsur zwischen 1914 und 1923 – bis zum Ausbruch des Zweiten Weltkrieges im September 1939 kontinuierlich und markant entwickelte. Ihren Höhepunkt erreichte die Zahl der Studierenden im Wintersemester 1938/39 mit 427 immatrikulierten Studenten und Hörern.[4] Aus Schweizer Perspektive ist einschränkend zu erwähnen, dass die bis heute unter der Obhut des Dominikanerordens stehende Fakultät eine beträchtliche Anzahl ausländischer Studierender anzog. Ihre Rolle bei der Ausbildung von Schweizer Theologen und Seelsorgern wird dadurch jedoch nicht verringert.

Zum Zweiten liegt die Bedeutung der in dieser Arbeit herangezogenen Predigtsammlungen aus dem Fundus der Seminarbibliothek im Fach der Pastoraltheologie begründet. 1777 durch MARIA THERESIA in österreichischen Landen mit dem theoretischen Konzept von Franz Stephan RAUTENSTRAUCH, dem damaligen Rektor der Theologischen Fakultät in Prag, als eigenständige Disziplin an den theologischen Hochschulen und Fakultäten eingeführt, verstand sich das Lehrfach Pastoraltheologie in seinen Anfängen als »Unterricht von Pflichten des Pastoralamtes«,

---

[3] Zur Geschichte der zweisprachigen Universität Freiburg im Allgemeinen siehe Geschichte der Universität Freiburg Schweiz 1889–1989, Institutionen, Lehre und Forschungsbereiche, 3 Bde., hg. von Roland RUFFIEUX u.a., Freiburg/Schweiz 1991. Zur Geschichte der Theologischen Fakultät im Besonderen: Dominique BARTHÉLEMY u.a.: La Faculté de théologie/Die Theologische Fakultät, in: Geschichte der Universität Freiburg Schweiz 1889–1989, Institutionen, Lehre und Forschungsbereiche, Bd. 2, hg. von Roland RUFFIEUX u.a., Freiburg/Schweiz 1991, 475–559.

[4] Université de Fribourg en Suisse – Universität Freiburg in der Schweiz. Professeurs et étudiantes – Dozenten und Studierende. Semestre d'hiver/Wintersemester 1901/02 bis 1949/50 (je eine Ausgabe pro Semester mit detailliertem statistischem Material).

das den angehenden Priestern ihr pastorales Handwerk vermitteln wollte.[5] Das *Lexikon für Theologie und Kirche* (LThK), ein weit verbreitetes theologisches Handlexikon für Geistliche und Laien, umschrieb 1935 Inhalt und Aufgabe der Pastoraltheologie folgendermaßen:

> Sie hat [...] die Seelsorger in die Kenntnis u. techn. Ausübung der pastoralen Tätigkeit einzuführen, damit das Erlösungswerk Christi allen Menschen bis ans Ende der Welt durch Verkündigung des göttlichen Wortes (Katechetik, Homiletik), Spendung der Gnadenmittel (Liturgik) u. Seelenleitung (Seelsorge) zugänglich gemacht u. sein Reich auf Erden ausgebreitet werde (Mt 28,19f).[6]

Die Pastoraltheologie hatte demnach die Aufgabe, abstrakte theologische Denkformen in die Praxis und die Sprache der praktischen Seelsorge zu übersetzen. An der Theologischen Fakultät in Freiburg wurde das Fach Pastoraltheologie seit ihren Anfängen gelehrt. Bemerkenswert ist, dass durch den praxisbezogenen Ansatz dieser Disziplin der Unterricht in der Regel den Lokalsprachen, Französisch und Deutsch, und nicht dem Latein wie die Kronfächer des Theologischen Kanons, folgte.[7] Als erster Lehrstuhlinhaber konnte der aus dem Luzernischen Sursee stammende Theologe Joseph BECK gewonnen werden, der über vierzig Jahre lang in Freiburg Pastoraltheologie, Liturgik sowie Pädagogik lehrte.[8] Auf BECK folgte Franz-Xaver VON HORNSTEIN, der ab 1942 bis zum Sommersemester 1963 als ordentlicher Professor den Lehrstuhl für Pastoraltheologie innehatte.[9]

Als zweites Quellenkorpus zur Spurensicherung von Mt 27,25 diente für die vorliegende Studie das Archiv der *Jüdischen*

---

[5] Siehe FÜRST: Pastoraltheologie, 328f.

[6] STOLZ: Art. *Pastoraltheologie*, Sp. 1023.

[7] Im Wintersemester 1891/92 findet sich folgender Eintrag im Vorlesungsverzeichnis zu Joseph Becks Veranstaltung: »Theologia pastoralis – Pastoraltheologie: Einleitendes, Katechetik, pastorelle Behandlung der Sakramente [...].« (Index Lectionum que in Universitate Friburgensi per mensis hiemales anni [1891/92], Freiburg/Schweiz 1891).

[8] Zur Person siehe FEUSI WIDMER: Art. *Beck, Josef*, 27.4.2004; Geschichte der Universität Freiburg Schweiz, Bd. 3, 925–926; NEUWIRTH, Professoren-Porträts, 22–31. Ich danke Prof. Leo Karrer für seine freundlichen Hinweise.

[9] Siehe Geschichte der Universität Freiburg Schweiz, Bd. 3, 956.

Nachrichten (JUNA) in Zürich.[10] 1932 konstatierte die Delegiertenversammlung des *Schweizerischen Israelitischen Gemeindebundes* (SIG) eine markante Zunahme von judenfeindlichen
Umtrieben. Charles BOLLAG, Mitglied im Central Comité des
Gemeindebundes, sprach vor den Delegierten der einzelnen
jüdischen Gemeinden von einer drohenden Herabsetzung, von
der »Degradierung der Juden zu Staatsbürgern zweiter Klasse«.[11]
Dem wollte der SIG nicht tatenlos zusehen und ergriff Maßnah-
men zur Bekämpfung des Antisemitismus. Neben strafrechtli-
chem Vorgehen, Interventionen bei den kantonalen und eidgenössischen Behörden gegen antisemitische Tendenzen und Aus-
wüchse baute der SIG auch eine publizistische Abwehr auf. Zu
diesem Zweck richtete 1936 der Gemeindebund vorerst ver-
suchsweise und ab 1938 definitiv eine Pressestelle mit dem Namen *Jüdische Nachrichten* (JUNA) ein. Mit der Anstellung des
Juristen und Journalisten Benjamin SAGALOWITZ Ende 1938
wurde die Öffentlichkeitsarbeit der JUNA professionalisiert. Die
Pressestelle des SIG avancierte in der Folge nach Michael FUNK
»zu einem eigentlichen Informations- und Kompetenzzentrum
und zu einem wertvollen Instrument zur Abwehr des Antisemitismus und zur Aufklärung der Öffentlichkeit«.[12] SAGALOWITZ
legte mehrere systematische Dokumentationen an, auf die er bei
seiner täglichen (Abwehr-)Arbeit zurückgreifen konnte.[13] Auf
diese Weise entstand unter anderem eine Sammlung von Presse-
ausschnitten, die die Auseinandersetzung einzelner Presseorgane
mit der so genannten »Judenfrage« aus römisch-katholischer
Perspektive dokumentiert.[14]

---

[10] Das Archiv der JUNA befindet sich seit Anfang der 1990er Jahre im *Archiv
für Zeitgeschichte an der Eidgenössischen Technischen Hochschule* (ETH) in Zürich
und ist für die Forschung zugänglich.

[11] Siehe AFZ: IB SIG-ARCHIV: 1.3.1 Protokoll der Delegiertenversammlung
(DV) des SIG vom 22. Mai 1932 in Magglingen [ohne Signatur].

[12] FUNK: Sprache, 152f.

[13] B. Sagalowitz hat in seinem leider nie publizierten Buch die Pressedokumenta-
tionen ausgewertet. Siehe Benjamin SAGALOWITZ: Der Weg nach Maidanek. Der
Vernichtungsfeldzug gegen die Juden Europas 1933–1945, Teil I, Zürich 1947
[unpublizierte Druckfahne].

[14] Siehe Presseausschnittdokumentation: AFZ: IB JUNA-ARCHIV: 5.1 Antisemitismus allgemein, Dokumentation, Katholische Stimmen zu Antisemitismus und

Neben diesen beiden umfangreicheren Quellenkorpora wurde die Spurensuche durch ein Lehrmittel für den katholischen Religionsunterricht, das »die biblische Geschichte« Schülerinnen und Schülern an der Primarschule näher bringt, ergänzt.

Text- und Sprechakte stellen nur einen Teil historischer Quellen dar. Sie werden unter anderem durch religiöse Illustrationen und Bilder ergänzt. Auch in diesem Bereich war die Suche erfolgreich. Die Bilder aus der *Bibel in Bildern* des protestantischen Künstlers Julius SCHNORR VON CAROLSFELD werden dies mit aller Vorsicht verdeutlichen. SCHNORRS *Bibel in Bildern* war auch in der Schweiz weit über die Konfessionsgrenzen hinaus verbreitet.

Nach dem Zweiten Weltkrieg markierte der Anfang des jüdisch-christlichen Dialoges auch in der Schweiz den Beginn eines Umdenkens. Auf christlicher Seite nahm das Nachdenken über Mt 27,25 eine wichtige Rolle in der Neudefinition des Verhältnisses zwischen Judentum und Christentum ein.

Im Zentrum des letzten Teiles III der Studie steht die *Auslegungsgeschichte* von Mt 27,25 in der Fachexegese nach 1945. Ausgangspunkt ist wiederum die Literatur, die in den verschiedenen Bibliotheken der Universität Freiburg zugänglich war. Dargestellt wird der Stand der exegetischen Forschung. Im Nachgang zu der von Ingo BROER 1991 vorgelegten Typologie der einzelnen theologischen Interpretationen werden die verschiedenen exegetischen Wege, Mt 27,25 neu zu interpretieren nachgezeichnet und kritisch beleuchtet.[15]

Aus den wirkungsgeschichtlichen Spuren von Mt 27,25 in der ersten Hälfte des 20. Jahrhunderts ergibt sich ein ideengeschichtlicher Querschnitt durch die Interpretation und Instrumentalisierung des *Blutrufes* in der katholischen Predigt und Presse der Schweiz. Die Auslegungsgeschichte von Mt 27,25 nach 1945

»Judenfrage«, 1933–1951 [AfZ: IB JUNA-ARCHIV/240]. Ein judenfeindlicher Vorfall, bei dem Mt 27,25 eine Rolle spielt, ist im Archiv des *Schweizerischen Israelitischen Gemeindebundes* (SIG) überliefert.

[15] Siehe Ingo BROER: Antijudaismus im Neuen Testament? Versuch einer Annäherung anhand von zwei Texten (1Thess 2,14–16 und Mt 27,25), in: Lorenz OBERLINNER/Peter FIEDLER (Hg.): Salz der Erde – Licht der Welt. Exegetische Studien zum Matthäusevangelium, FS Anton Vögtle, Stuttgart 1991, 321–355, bes. 336–340.

zeichnet die in der exegetischen Forschung gewonnenen Einsichten im Umgang mit diesem zu einer »christlichen Erblast« gewordenen Vers nach.[16] Damit wird – zwar auf einen einzelnen Vers beschränkt – ein wichtiger Prozess des Umdenkens im letzten Kapitel dieses Buches festgehalten.

---

[16] Siehe unter anderem Walter DIETRICH/Martin GEORGE/Ulrich LUZ (Hg.): Antijudaismus – christliche Erblast, Stuttgart 1999.

1. Grundlegung

1.1 Zeit- und theologiegeschichtlicher Kontext der Studie

1.1.1 Zeitgeschichtlicher Kontext

Die Schweiz schien lange mit ihrer Vergangenheit im Reinen zu sein. Das wehrhafte Volk der Eidgenossen – so die verklärte Sicht der Nachkriegsjahre – war durch die umsichtige Politik ihrer Landesväter, deren politisches Handeln von der Maxime der immerwährenden Neutralität und der humanitären Dienste der Schweiz geleitet war, vom Krieg verschont geblieben. Die fremden Händel gingen die friedfertige Schweiz nichts an. Mit ihren hohen Bergen galt sie in der helvetischen Selbstwahrnehmung als Trutzburg, als rettende Insel inmitten der stürmischen Wogen, die Europa in der Zeit der Krise zwischen 1933 und 1945 überflutet hatten. Dieses Geschichtsbild bot wenig Platz für kritische Reflexion.[1] Mitte der 1990er Jahre musste die schweizerische Politik ihre Verantwortung für die Vergangenheit neu entdecken. Die Rolle der Schweiz während des Zweiten Weltkrieges sollte historisch aufgearbeitet und bewältigt werden. Dieser Impetus der Politikerinnen und Politiker beruhte nicht auf Freiwilligkeit, denn Prozesse der historischen Selbstreflexion

---

[1] Siehe unter anderem Georg KREIS: Zurück in den Zweiten Weltkrieg. Zur schweizerischen Zeitgeschichte der 80er Jahre, in: Schweizerische Zeitschrift für Geschichte 52 (2002), 60–68; Georg KREIS: Zurück in die Zeit des Zweiten Weltkrieges (Teil II). Zur Bedeutung der 1990er Jahre für den Ausbau der schweizerischen Zeitgeschichte, in: Georg KREIS: Schweizerische Zeitschrift für Geschichte 52 (2002), 494–517; Georg KREIS: Mythos Rütli. Geschichte eines Erinnerungsortes. Mit zwei Beiträgen von Josef WIGET, Zürich 2004. Markus FURRER: Die Nation im Schulbuch – zwischen Überhöhung und Verdrängung. Leitbilder der Schweizer Nationalgeschichte in Schweizer Geschichtslehrmitteln der Nachkriegszeit und Gegenwart, Hannover 2004.

werden meist durch Krisen und Brüche und – wie im Falle der Schweiz – durch äußeren Druck in Gang gesetzt.[2] Die Sprache der Politik kennt keine Gnade. So gibt es neben der aufgearbeiteten auch eine unaufgearbeitete Vergangenheit, die der historischen Läuterung noch harrt. Die radikalere Form, mit dem Geschehenen umzugehen, heißt, es zu bewältigen. Die *Vergangenheitsbewältigung* will die frühere Zeit in »die eigene Gewalt« bringen, mit ihr politisch »fertig werden«.[3] Sie geht über den Prozess des Ab- respektive Aufarbeitens hinaus. Denn eine Bewältigung ist ein Akt, der das Moralische miteinbezieht: Erinnerung an Leiden und Verbrechen, an Schuld und Mitverantwortung.

Die Diskussion um die Goldtransaktionen zwischen der Schweizerischen Nationalbank und dem Dritten Reich sowie um nachrichtenlose Vermögenswerte spitzte sich 1996 zu. Die Presse sprach von den »Schatten des Zweiten Weltkrieges«.[4] Der damalige Bundespräsident Pascal DELAMURAZ fragte gar Ende 1996 im Zuge der so genannten *Raubgold-Debatte*, ob denn Auschwitz in der Schweiz liege. Die Verbrechen des Dritten Reiches hätten ja nicht auf Schweizer Boden stattgefunden. Auf dieses Diktum bemerkte der Schweizer Schriftsteller und ehemalige Präsident der Akademie der Künste in Berlin, Adolf MUSCHG, pointiert:

Aber nein: wir waren stille Teilhaber einer industriellen Menschenvernichtung und haben daran verdient. Diese Tatsache haben wir, als sie nicht mehr zu leugnen war, noch immer als Fußnote zu einer Heldenge-

---

[2] Als Etappen der kritischen Aufarbeitung der schweizerischen Nachkriegsgeschichte sind zu erwähnen der von Carl LUDWIG erstattete Bericht über die Flüchtlingspolitik (1957) sowie die *Geschichte der Schweizerischen Neutralität* von Edgar BONJOUR (1970). Siehe auch Sacha ZALA: Geltung und Grenzen schweizerischen Geschichtsmanagements, in: Martin SABROW/Ralph JESSEN/Klaus GROSSE KRACHT (Hg.): Zeitgeschichte als Streitgeschichte. Grosse Kontroversen seit 1945, München 2003, 306–325.

[3] Siehe Art. *bewältigen*, 106.

[4] Siehe Schatten des Zweiten Weltkrieges. Nazigold und Shoa-Gelder – Opfer als Ankläger. NZZ-Fokus. Ein Schwerpunkt-Dossier der *Neuen Zürcher Zeitung*, Nr. 2, Februar 1997. Siehe auch Streit um Geschichte, Antisemitismus und Rassismus: *Widerspruch*. Beiträge zur sozialistischen Politik, Heft 32, Dezember 1996.

schichte behandelt. Das ist unsere Schuld, und unentschuldbar geworden ist sie durch Nichtanerkennung.[5]

Eine Verstrickung und Mitverantwortung der Schweiz an den Verbrechen des Nationalsozialismus wurde im kollektiven Bewusstsein und Gedächtnis der Schweizerinnen und Schweizer – mit den Worten von Urs ALTERMATT – bis weit in die Zeit nach dem Zweiten Weltkrieg »exterritorialisiert«.[6] Der Historiker Thomas MAISSEN versah seine 2005 erschienene Studie über nachrichtenlose Vermögenswerte und die Schweizer Weltkriegsdebatte mit dem programmatischen Titel *Verweigerte Erinnerung*.[7] Im Laufe der Diskussion wurde »Geschichte, nachdem man sie als Geschichte nicht hatte wahrhaben wollen, in die Gegenwart zurückgeholt, um bald darauf wieder Geschichte zu werden.«[8] Als Reaktion auf den äußeren Druck und die Resonanz auf die internationale Kritik setzte die schweizerische Bundesversammlung im Dezember 1996 die *Unabhängige Expertenkommission Schweiz – Zweiter Weltkrieg* (UEK) ein. Ihr Auftrag war es, Umfang und Schicksal der während der nationalsozialistischen Herrschaft in die Schweiz gelangten Vermögenswerte historisch und rechtlich zu untersuchen. Zunächst standen primär der Goldhandel und die Devisengeschäfte der Schweizerischen Nationalbank und der Schweizer Privatbanken im Mittelpunkt des Interesses. Später wurde das Mandat der UEK auf die Untersuchung der schweizerischen Flüchtlingspolitik ausgeweitet. Das Parlament verpflichtete sich, die Ergebnisse der Kommission vollständig und unzensuriert der Öffentlichkeit zugänglich zu machen. Nach fünfjähriger Arbeit legte die UEK unter der Leitung von Jean-François BERGIER den Eidgenössischen Räten und

---

[5] MUSCHG: Auschwitz, 12.

[6] Siehe ALTERMATT: Dialog, 12; ALTERMATT: Katholizismus und Antisemitismus, 21.

[7] Als detaillierte Darstellung der Schweizer Debatte siehe Thomas MAISSEN: Verweigerte Erinnerung. Nachrichtenlose Vermögen und Schweizer Weltkriegsdebatte 1989–2004, Zürich 2005.

[8] BODENHEIMER/KELLER: Wirklichkeit, 33.

der Öffentlichkeit 25 Studien und Beiträge, im März 2002 einen Schlussbericht vor.[9]

Die Arbeit der Expertenkommission, in der es letztes Endes um die »Deutungshoheit« über die Ereignisse während des Zweiten Weltkrieges ging, wurde auch von kritischen Stimmen begleitet. Im November 1998 hielt die 1995 eingesetzte *Eidgenössische Kommission gegen Rassismus* (EKR) unter dem Präsidium von Georg KREIS in ihrem Bericht *Antisemitismus in der Schweiz* dezidiert fest, dass sich im Laufe der Schweizer Debatte eine zunehmende Bereitschaft zu antisemitischen Äußerungen abzeichne. In Öffentlichkeit und Presse werde – so der Bericht – vermehrt zwischen »Jüdinnen und Juden« und »Schweizerinnen und Schweizern« unterschieden. In der Tat neigten selbst Aussagen von hochrangigen Politikern dazu,[10] antisemitische Argu-

---

[9] Autoren und Titel der einzelnen Studien und Beiträge der UEK sind zu finden unter: http://www.chronos-verlag.ch (15.1.2006). Siehe auch UNABHÄNGIGE EXPERTENKOMMISSION Schweiz – Zweiter Weltkrieg (UEK): Die Schweiz, der Nationalsozialismus und der Zweite Weltkrieg. Schlussbericht, Zürich 2002. Siehe auch Zsolt KELLER: »Stell dir vor, es ist Krieg und die Schweiz treibt Handel«. Die Schweiz, der Nationalsozialismus und der Zweite Weltkrieg. Ein (Schluss-)Bericht, in: *Zwischenwelt. Literatur. Widerstand. Exil*, Nr. 2, 2002, 4–7; Bergier – was bleibt? Die Berichte 1997–2002 der UEK zur Schweiz während der Zeit des Nationalsozialismus. NZZ-Fokus. Ein Schwerpunkt-Dossier der *Neuen Zürcher Zeitung*, Nr. 11, Mai 2002.

[10] Der damalige Nationalrat und heutige Justizminister Christoph Blocher hielt am 1. März 1997 in Oerlikon einen Vortrag unter dem Titel *Die Schweiz und der Zweite Weltkrieg – Eine Klarstellung*. Seine Ausführungen beschäftigten sich mit den Forderungen jüdischer Interessenvertreter im Hinblick auf Rückerstattung der so genannten »nachrichtenlosen Vermögen«. Ch. Blocher hielt in seiner Rede unter anderem fest: »Die jüdischen Organisationen da, die Geld fordern, sagen, es gehe letztlich nicht ums Geld – aber seien wir ehrlich – um genau das geht es.« Der *Sonntags-Blick* versah seine Berichterstattung mit dem Titel: »Blocher gegen Juden, Banken und Bundesrat«. Auf der Frontseite stand geschrieben: »Blocher: Den Juden geht es nur ums Geld«. Darauf reichte Ch. Blocher Ende Mai 1997 beim Bezirksgericht Zürich Strafanzeige wegen Ehrverletzung ein. Die Klage wurde abgewiesen. In der rund 150 Seiten umfassenden Urteilsbegründung stellte das Zürcher Bezirksgericht fest, Ch. Blocher habe sich in seiner Rede gegenüber der jüdischen Gemeinschaft und den jüdischen Organisationen »in ausgesprochen beleidigender Art geäussert und hiebei das Klischee vom geldgierigen Juden – und im übrigen auch verräterischen – Juden in arger und ärgster Weise strapaziert« (siehe KRAUTHAMMER: Klischee, 3.11.1999).

mente in der Bevölkerung salonfähig zu machen.[11] Eine zwei Jahre später, im Auftrag der *Coordination intercommunautaire contre l'antisémitisme et la diffamation* (CICAD) und des *American Jewish Committee* vom *Berner GfS-Institut* durchgeführte repräsentative Umfrage zur Einstellung der Schweizerinnen und Schweizer gegenüber Jüdinnen und Juden und dem Holocaust kam zum Schluss, dass die Kontroverse um das Verhalten der Schweiz im Zweiten Weltkrieg der »zentrale Angelpunkt« für antisemitisches Denken sei.[12] Besonders die so genannte »Aktivdienstgeneration«,[13] Menschen, die die Bedrängnisse des Krieges und der Nachkriegsjahre am eigenen Leib erfahren hatten, fühlten sich durch die Arbeit der UEK disqualifiziert und missverstanden.[14]

Im Zuge der Schweizer Debatte intensivierten die Geistes- und Sozialwissenschaften ihre Anstrengungen in der bislang eher im akademischen Abseits stehenden Antisemitismusforschung.[15] Gefragt wurde nach dem Ursprung des Antisemitismus helvetischer Prägung, nach seiner sozialwissenschaftlichen und individualpsychologischen Einordnung sowie nach seiner Instrumentalisierung durch die Politik. In Forschung und Lehre wurden Anstrengungen unternommen, den Antisemitismus in einer allgemeinverständlichen Form zu fassen und ihn im historischen Kontext der Schweizer Geschichte zu analysieren. Geleitet waren die Studien von der Überzeugung, »dass der Antisemitismus eine die Demokratie zersetzende Wirkung hat und deshalb alle

---

[11] Siehe EIDGENÖSSISCHE KOMMISSION GEGEN RASSISMUS: Antisemitismus in der Schweiz, 7.

[12] Siehe GFS-FORSCHUNGSINSTITUT (Hg.): Einstellung, 53.

[13] Siehe unter anderem Simone CHIQUET (Hg.): »Es war halt Krieg«. Erinnerungen an den Alltag in der Schweiz 1939–1945, Zürich 1992; Jean-Pierre RICHARDOT: Die andere Schweiz. Eidgenössischer Widerstand 1940–1944, Berlin 2005.

[14] Siehe ARBEITSKREIS GELEBTE GESCHICHTE (Hg.): Erpresste Schweiz. Zur Auseinandersetzung um die Haltung der Schweiz im Zweiten Weltkrieg und die Berichte der Bergier-Kommission. Eindrücke und Wertungen von Zeitzeugen, Stäfa 2002; Harry ZWEIFEL [Pseudonym für Marcel Harry HUBER]: Uns trifft keine Schuld! Report der amerikanischen-jüdischen Attacken und Lügen gegen die Schweiz, [s.l.] 1997.

[15] Siehe unter anderem SPÄTI: Kontinuität, 431. Siehe auch Tanja HETZER: Der Flüchtlingsbericht der Bergier-Kommission und die Debatte um Antisemitismus in der Schweiz, in: Kirche und Judentum 15 (2000), 121–130.

größtes Interesse daran haben müssen, seine Erscheinungsformen zu kennen und ihnen entgegenzutreten«.[16]

1.1.2 Theologiegeschichtlicher Kontext

Geschichte ist das, »was Menschen von Priestern, Lehrern, den Autoren von Geschichtsbüchern und den Kompilatoren von Zeitschriftenaufsätzen und Fernsehprogrammen gelernt haben.«[17] Diese von Eric HOBSBAWM aufgestellte Definition nimmt auch die Theologie in die Pflicht, insofern diese ihre Verantwortung *in* und *für* die Geschichte wahrnehmen muss. Christliche Theologie ist ihrem Ursprung und Ziel entsprechend eine situative, auf die Menschen dieser Welt und Zeit bezogene Wissenschaft. Als kritische Reflexion des Christentums wird sie von der Gegenwart stets mit beeinflusst und herausgefordert.[18] Überdies muss christliche Theologie da aufhorchen, »wo der Mensch in den Augen des Menschen zu einem Ding« (Primo LEVI) geworden ist.[19]

Der israelische Historiker Dan DINER sieht in der Schoah einen »Zivilisationsbruch« und versucht auf diese Weise zu erfassen, wie es zu so einem geschichtlichen Extrem kommen konnte, das mit unseren Vorstellungen und Sinnzusammenhängen, mit der Rationalität, das heißt mit der selbstverständlichen Erwartung unserer vermeintlich aufgeklärten Zivilisation, nichts mehr zu tun hat. Die Schoah ließ »jenes kognitive Unvermögen« entstehen, das zur Aporie, zur völligen Hilflosigkeit, führt.[20] Nach DINER handelt es sich hierbei »um den geradezu singulären Umstand der Vernichtung von Menschen durch Menschen jenseits aller bislang geltenden und universell zur Gewissheit verdichteten kulturellen Schranken.«[21]

---

[16] EIDGENÖSSISCHE KOMMISSION GEGEN RASSISMUS: Antisemitismus in der Schweiz, 7.

[17] HOBSBAWM: Geschichte, 21.

[18] Siehe FÜRST: Universität, 21.

[19] Siehe LEVI: Mensch, 206.

[20] Siehe DINER: Nationalsozialismus, 72.

[21] DINER: Zivilisationsbruch, 17. Siehe auch Enzo TRAVERSO: Auschwitz denken. Die Intellektuellen und die Shoah, Hamburg 2000; Nicolas BERG: Der Holocaust und die westdeutschen Historiker, Göttingen 2003.

In den christlichen Kirchen Europas setzte die Auseinandersetzung mit der Schoah in den Jahren unmittelbar nach 1945 ein. Dieser Prozess des zaghaften Umdenkens fand seinen Niederschlag im jüdisch-christlichen Dialog[22] sowie in wegweisenden kirchlichen Verlautbarungen.[23] Mehr als sechzig Jahre nach dem

---

[22] Von jüdischer Seite gab es auch vehemente Vorbehalte gegen das Gespräch zwischen Juden und Christen. E. Berkovitz nahm diesbezüglich eine radikal ablehnende Haltung ein: »We reject the idea of inter-religious understanding as immoral because it is an attempt to whitewash a criminal past.« Berkovitz sah in der nationalsozialistischen Ideologie eine Ausgeburt von neunzehn Jahrhunderten Christentum, deshalb bestand sein einziger Wunsch an die Christen darin, »that they keep their hands off us and our children« (zit. nach: BAUMBACH: Dialog, 4). Zum jüdisch-christlichen Dialog siehe unter anderem Günther BAUMBACH: Der christlich-jüdische Dialog – Herausforderung und neue Erkenntnisse, in: Kairos 23 (1981), 1–16; Alfred A. HÄSLER: Die älteren Brüder. Juden und Christen gestern und heute, Zürich 1986; Johanna KOHN: Hashoah. Christlich-jüdische Verständigung nach Auschwitz, München 1986; Martin STÖHR: Jüdische Existenz und die Erneuerung der christlichen Theologie. Versuch der Bilanz des christlich-jüdischen Dialogs für die systematische Theologie, München 1981; Clemens THOMA: Das Einrenken des Ausgerenkten. Die Beurteilung der jüdisch-christlichen Dialoggeschichte seit dem Ende des Zweiten Weltkrieges, in: Bulletin der Schweizerischen Gesellschaft für Judaistische Forschung SGJF 7 (1998), 2–16; Christina KURTH/Peter SCHMID (Hg.): Das christlich-jüdische Gespräch. Standortbestimmungen, Stuttgart 2000; Rainer KAMPLING/Michael WEINRICH (Hg.): Dabru emet – redet Wahrheit. Eine jüdische Herausforderung zum Dialog mit den Christen, Gütersloh 2003. Hans Hermann HENRIX: Judentum und Christentum. Gemeinschaft wider Willen, Regensburg 2004; Gabriella GELARDINI/Peter SCHMID (Hg.): Theoriebildung im christlich-jüdischen Dialog. Kulturwissenschaftliche Reflexionen zur Deutung, Verhältnisbestimmung und Diskursfähigkeit von Religionen, Stuttgart 2004. Siehe auch den Forschungs- und Literaturüberblick in: ACKLIN ZIMMERMANN: Gesetzesinterpretation, 15–22.
[23] Siehe Clemens THOMA: Art. Dialog, in: Jakob J. PETUCHOWSKI, Clemens THOMA (Hg.), Lexikon der jüdisch-christlichen Begegnung. Hintergründe, Klärungen, Perspektiven, Freiburg im Breisgau ³1997, 35–39. Dokumente: Rolf RENDTORFF/Hans Hermann HENRIX (Hg.): Die Kirche und das Judentum. Dokumente von 1945–1985. Gemeinsame Veröffentlichung der Studienkommission Kirche und Judentum der Evangelischen Kirche in Deutschland und der Arbeitsgruppe für Fragen des Judentums der Ökumene-Kommission der Deutschen Bischofskonferenz, Band I, München 1987; Hans Hermann HENRIX/Wolfgang KRAUS (Hg.): Die Kirche und das Judentum. Dokumente von 1986–2000, Band II, Paderborn 2001; Wir erinnern: Eine Reflexion über die Shoah, unter anderem abgedruckt in: Geoffrey WIGODER (Hg.): Jewish-Christian Interfaith Relations. Agendas for Tomorrow, Jerusalem 1998. Siehe auch Franz D. HUBMANN: Nach der römischen »Reflexion über die Shoah«. Zum Dokument der Kommission für die Religiösen Beziehungen

Mord an den europäischen Jüdinnen und Juden hat sich in der christlichen Theologie nach und nach die Erkenntnis durchgesetzt, dass Theologie nach *Auschwitz*[24] nicht mehr Theologie vor *Auschwitz* sein kann. Theologische Sprache nach der Schoah muss sich dessen erinnern, dass sie nicht mehr vom Judentum reden kann, ohne sechs Millionen Toter zu gedenken. Johann Baptist METZ formulierte es so:

Wir Christen kommen niemals mehr hinter Auschwitz zurück; über Auschwitz hinaus aber kommen wir, genau besehen, nicht mehr allein, sondern nur mit den Opfern von Auschwitz. Das ist in meinen Augen die Wurzel der jüdisch-christlichen Ökumene.[25]

Christliche Theologie nach der Schoah ist eine Theologie, die sich erinnert. »Und da Theologie stets in eminentem Maße von

---

zu den Juden von 1998, in: Theologisch-Praktische Quartalschrift 147 (1999), 53–61.

[24] *Auschwitz* steht hier als *pars pro toto* für den Mord an den europäischen Jüdinnen und Juden während des Dritten Reiches. In den letzten Jahren wurde zumindest in der europäischen Forschung eine breite Diskussion darüber geführt, in welcher Terminologie die Vernichtung der europäischen Jüdinnen und Juden zu fassen sei. In der theologischen Literatur werden vorwiegend die Begriffe *Auschwitz* und Holocaust verwendet. Beide sind problematisch und bei aller Relativierung ihrer Bedeutung als Sinndeutung unangemessen: *Auschwitz* ist eine unangebrachte Verkürzung und Pauschalisierung des Ereignisses, da es neben Auschwitz-Birkenau auch noch andere Stätten der industriellen Vernichtung gab. Der Begriff Holocaust ist biblischen Ursprungs. Von seiner Bedeutung her steht der Begriff für etwas, »was vollständig verbrannt wird« (holos = ganz, kau(s)tos = verbrannt), für eine vollständige Zerstörung durch Feuer oder biblisch gesprochen: für ein *Ganzopfer*. Eine solche Interpretation ist – wenn man sich die Geschichte von Abraham, der seinen Sohn Isaak als Brandopfer darbringen sollte (Gen 22,2), vergegenwärtigt – als Sinndeutung der Vernichtung unangemessen. Mit Bezug auf den Historiker E. Jäckel kann das Ereignis als »Mord an den europäischen Juden im Zweiten Weltkrieg« (JÄCKEL: Mord, 26) bezeichnet werden (wobei die Terminologie durch »Jüdinnen« ergänzt werden müsste). In Anlehnung an die offizielle Bezeichnung des Staates Israel, der jedes Jahr den Gedenktag *ha yom ha shoah* (»Tag der Katastrophe«) begeht, ist dieses historische Ereignis m.E. mit Schoah zu benennen. Der in der Schweiz eingerichtete Fonds zu Gunsten der Opfer der Schoah stellt – so scheint es – einen Kompromiss dar und trägt den Namen »Schweizer Fonds zugunsten bedürftiger Opfer von Holocaust/Shoa«. Ich werde im Folgenden den Begriff Schoah verwenden, da er eine jüdische Selbstbezeichnung des Ereignisses darstellt (siehe KLAPPERT: Wurzel, 44; JÄCKEL: Mord, 24–26; GINZEL: Auschwitz, 248ff; MÜNZ: Gedächtnis, 100–110).

[25] METZ: Ökumene, 124.

30

Erinnerung bestimmt ist, ist präzisierend zu sagen: Sie ist eine Theologie, die sich erinnert an das, was mit dem Namen ›Auschwitz‹ im engeren und weiteren Sinne verbunden ist« – so der evangelische Theologe Peter VON DER OSTEN-SACKEN.[26] Christliche Theologie hat es bei diesem Unternehmen doppelt schwer. Sie muss über die Schoah als historisches Geschehen hinaus eine mit theologischen Argumenten operierende Tradition der Verachtung des Judentums aufarbeiten. Christliche Theologie muss sich überlegen, was sie sagt, welchen Traditionen sie folgt. Sie darf nicht unreflektiert vom Judentum sprechen. Und zugleich muss christliche Theologie die Hände reichen zum Dialog.[27]

1.1.3 Die Schoah als radikaler Impuls des Umdenkens für die christliche Theologie des 20. Jahrhunderts

Drei Jahre nach den Grauen des Zweiten Weltkrieges betonte der jüdische Historiker Jules ISAAC, der seine Frau und Tochter in der Schoah verloren hatte, in seiner 1948 erschienenen Schrift *Jésus et Israël* zwar die Verwurzelung Jesu und dessen Lehre in der jüdischen Tradition, warf aber den Autoren der Evangelien eine polemische Voreingenommenheit gegenüber »den Juden« vor.[28] Mit unhistorischen Zusätzen hätten diese dazu beigetragen, das jüdische Volk als Ganzes herabzusetzen. In seiner Studie unterzog er die vier Evangelien des Neuen Testaments einem Vergleich und stellte die These auf, dass das Johannes-Evangelium, aber auch bestimmte Teile des Matthäus-Evangeliums (worunter auch der *Blutruf* zu zählen ist) in erster Linie mit der Absicht verfasst worden seien, die ganze Verantwortung

---

[26] VON DER OSTEN-SACKEN: Christliche Theologie, 12.

[27] Ich danke G. Langer für seine Hinweise. P. Lapide bemerkt, dass das Ziel des christlich-jüdischen Dialogs das wahre Zwiegespräch, »in dem keiner recht hat, keiner siegt noch den anderen bekehrt, aber beide voneinander lernen«, sei (LAPIDE: Joseph, 12). C. Thoma spricht von einem »dialektischen und dialogischen Zusammenwirken von Christen und Juden« und plädiert für eine »Haltung des Bekennens«, des »Geltenlassens« und »der Rücksichtnahme« (siehe THOMA: Christliche Theologie, 266–269).

[28] Siehe Jules ISAAC: Jésus et Israël, Paris 1948.

für die Kreuzigung Jesu auf »die Juden« abzuwälzen, die als Volk die Botschaft Gottes endgültig zurückgewiesen hätten. Nach ISAAC reichen die tiefsten Wurzeln der christlichen Judenfeindschaft bis weit in die christliche Verkündigung – bis zu den Evangelien des Neuen Testaments – zurück. ISAACS Thesen wurden nicht unwidersprochen hingenommen[29] und regten in den folgenden Jahrzehnten die akademische Auseinandersetzung über die Judenfeindschaft im Neuen Testament an.[30] Besonders die in den Vereinigten Staaten von Amerika beheimatete *Holocaust-Theology* rang darum,[31] das Verhältnis zwischen Judentum und Christentum – in der theologischen Literatur meist verkürzt

---

[29] Siehe unter anderem BENOÎT: Jésus, 321–327. Siehe auch Die Argumentation des Augustinerpaters Gregory Baum: In den judenfeindlichen Textstellen des Neuen Testaments sah G. Baum in erster Linie Spuren, die auf einen Konflikt zwischen der jungen christlichen Gemeinde und ihrer Umwelt hindeuten. Nur weil die heutigen Rezipienten spätere Fehlinterpretationen im Ohr hätten, neigen diese im Nachhinein dazu, Judenfeindschaft herauszuhören. In der Einleitung zu Rosemary Ruethers Buch *Nächstenliebe und Brudermord* revidierte Baum seine Meinung (siehe RUETHER: Brudermord, 9–28; KAMPLING: Blut, 1, Anm. 6).

[30] Siehe unter anderem Willehad ECKERT/Nathan LEVINSON/Martin STÖHR (Hg.): Antijudaismus im Neuen Testament? Exegetische und systematische Beiträge, München 1967; Horst GOLDSTEIN (Hg.): Gottesverächter und Menschenfeinde? Juden zwischen Jesus und frühchristlicher Kirche, Düsseldorf 1979; Norman Arthur BECK: Mature Christianity. The Recognition and Repudiation of the Anti-Jewish Polemic of the New Testament, Selingsgrove 1985; Ekkehard W. STEGEMANN: Christliche Wurzeln der Judenfeindschaft vom Neuen Testament bis heute, in: Reformatio 37 (1988), 366–380; Judith Taylor GOLD: Monsters and Madonnas. The Roots of Christian Anti-Semitism, New York 1988; Elisabeth ENDRES: Die gelbe Farbe. Die Entwicklung der Judenfeindschaft aus dem Christentum, München 1989; Lillian C. FREUDMANN: Antisemitism in The New Testament, New York/London 1994; Dagmar HENZE/Claudia JANSSEN/Stefanie MÜLLER/Beate WEHN: Antijudaismus im Neuen Testament? Grundlagen für die Arbeit mit biblischen Texten, Gütersloh 1997; Max KÜCHLER: Der Grund des Antijudaismus – Jesus selbst?, in: Bibel und Kirche 44 (1989), 95–96; Carsten Peter THIEDE, Urs STINGELIN: Die Wurzeln des Antisemitismus. Judenfeindschaft in der Antike, im frühen Christentum und im Koran, Basel ³2002.

[31] Der Begriff ist umstritten: »Auschwitz jedoch ist gerade ein Zeichen für die absolute Sinnlosigkeit, in der ein Sinn – welcher Art auch immer – nicht zu eruieren ist. Von daher ist auch eine eigentliche ›Holocaust-Theologie‹ – wie man sie genannt hat – nicht möglich, [...].« (EHRLICH: Von Gott reden, 15). Siehe auch VON DER OSTEN-SACKEN: Grundzüge, 26, Anm. 50.

Israel und Kirche genannt – neu zu bestimmen.[32] Ihr Ziel, die bessere Fundierung der jüdisch-christlichen Beziehungen, verfolgte sie unter anderem mit provokativer Kritik. Jüdische und christliche Holocaust-Theologinnen und -Theologen gingen unter anderem von der Annahme aus, dass im Zentrum der Botschaft des Neuen Testaments die Verunglimpfung und Verwerfung des Judentums stehe, und dass das Christentum als solches judenfeindliche Tendenzen in sich berge.[33]

Ob der Vorwurf, dass das Neue Testament und seine Auslegung judenfeindliche, antijudaistische oder gar antisemitische Texte und Tendenzen enthalte, erhoben und aufrechterhalten werden kann, – und darauf hat auch Ingo BROER hingewiesen – ist zunächst wohl eine Frage der Definition der Begriffe Judenfeindschaft, Antijudaismus, Antisemitismus sowie der historischen und der theologischen Perspektive.[34] Die Suche nach judenfeindlichen Passagen, die im Neuen Testament selbst enthalten sein können, ist von der Frage nach einer judenfeindlichen, antijudaistischen oder antisemitischen Auslegung und Wirkung der Texte zu unterscheiden. Nicht in Zweifel gezogen werden kann, dass sich in den Evangelien die *loci classici* christlicher Judendiffamierung finden lassen.[35] Unbestreitbar ist auch, dass die Auslegung des Neuen Testaments, wie sie durch die christliche Theologie über Jahrhunderte hinweg erfolgte, wesentlich zur Verschärfung von antijudaistischen Vorurteilen gegenüber Jüdinnen und Juden beigetragen hat.[36]

---

[32] Siehe THOMA: Christliche Theologie, 232–236; THOMA: Art. *Antisemitismus VIII*, 165–168; MÜNZ: Gedächtnis, 199–399. Als Textsammlungen: Michael BROCKE, Herbert JOCHUM (Hg.): Wolkensäule und Feuerschein. Jüdische Theologie des Holocaust, München 1982; Dan COHN-SHERBOK (Hg.): Holocaust Theology. A Reader, New York 2002.

[33] Siehe RUETHER: Brudermord, 66–112. An anderer Stelle spricht R. Ruether vom »apokalyptischen Eifer«, der »den geschichtlichen Sinn der frühen Christen« getrübt hätte; vom »messianischen Absolutismus«, der den »christlichen Totalitarismus und Imperialismus« hervorrief (Ebd.: 233); von »einem entfremdeten und wütenden jüdischen Sektierertum, das glaubte, die richtige Auslegung der Schrift zu besitzen und auf dem wahren Eckstein des Gottesvolkes zu gründen« (Ebd.: 92f).

[34] Siehe BROER: Antijudaismus, 344.

[35] Siehe ENDRES: Farbe, 36; SCHRECKENBERG: Adversus-Judaeos (1.–11. Jh.), 41–154.

[36] Siehe EHRLICH: Juden und Katholiken, 75.

Auch wenn sich die Antisemitismusforschung im Kanon der wissenschaftlichen Theologie als eigenes Fach bis dato nicht etabliert hat, wird sie von den einzelnen exegetischen, historischen, systematischen und praktischen Disziplinen in ihren Forschungen immer wieder berührt. Ziel der theologischen Antisemitismusforschung ist nach Rainer KAMPLING in erster Linie:

[...] die Offenlegung theologischer, kirchlicher und religiöser Strukturen der Vergangenheit und Gegenwart, die antijüdische bzw. antisemitische Denkmuster, Vorurteile, Theorien und Praktiken ermöglichen oder transportieren.[37]

In diesen Zeilen wird auch die weit reichende Aufgabe heutiger akademischer Theologie deutlich. Zusammenfassend gesprochen, hat christliche Theologie in ihrer akademischen und pastoralen Arbeit dem Umstand Rechnung zu tragen, dass die Schoah zu einem prägenden »Datum der Theologiegeschichte« (Klaus HAACKER) geworden ist.[38]

1.2 Exegese und Wirkungsgeschichte

1.2.1 Von der Gefahr Heiliger Bücher

Der Heidelberger Neutestamentler Gerd THEISSEN begann 1996 seinen Artikel zur Frage des *Antijudaismus im Neuen Testament – ein soziales Vorurteil in heiligen Schriften* mit der pointierten Feststellung: »Heilige Schriften sind gefährliche Bücher.« Neben dem Heiligen enthielten die Texte des Neuen Testaments auch unheilige Elemente, die aufgrund der hohen Wertschätzung solcher Schriften von einer Aura von Heiligkeit umgeben seien. Auch die Bibel sei ein gefährliches Buch.[39]

---

[37] KAMPLING: Antisemitismusforschung, 68.

[38] Siehe HAACKER: Datum, 12–20.

[39] THEISSEN: Antijudaismus, 77. Siehe auch THEISSEN: Das Heilige in der Heiligen Schrift, in: Heimo HOFMEISTER (Hg.): Zum Verstehen des Gewesenen. Zweite Heidelberger Religionsphilosophische Diskussion, Neukirchen-Vluyn 1998, 19–26.

So banal dies auch klingen mag: Ausgangspunkt jeder Diskussion über Fragen, die neutestamentliche Schriften und ihre Auslegung betreffen, ist primär der Text selbst. Doch der Text setzt als Sinngefüge stets ein Vorverständnis voraus.[40] Im Falle der *Heiligen Schrift* bleibt diese Feststellung nicht ohne weit reichende Konsequenzen.[41]

Zwei Beispiele: Der Augustinerpater Gregory BAUM versuchte in seiner 1963 in deutscher Übersetzung erschienenen Schrift *Die Juden und das Evangelium. Eine Überprüfung des Neuen Testaments,*[42] die Evangelien als Reaktion auf Jules ISAACS Buch *Jésus et Israël* vom Vorwurf der Judenfeindlichkeit zu entlasten. Die Annahmen von ISAAC – so schrieb BAUM –

muß ein Christ ganz energisch zurückweisen, denn wenn man glaubt, daß das Evangelium die höchste Offenbarung göttlicher Liebe ist, kann man unmöglich zugeben, daß nur ein Teil des Neuen Testaments dazu bestimmt war, irgendein Volk der Verachtung preiszugeben und so durch direktes Eingreifen, Mißverständnis und Haß unter Menschen zu verstärken.[43]

Auch wenn die Argumentation von Gregory BAUM aus theologischer Perspektive nachvollziehbar ist, sind seine Worte in Bezug auf den Umgang mit Textstellen, die im Verdacht der Judenfeindlichkeit stehen, nicht ungefährlich. Ein solch geartetes Vor-

---

[40] »Voraussetzung jeder verstehenden Interpretation ist *das vorgängige Lebensverhältnis* zu der Sache, die im Text direkt oder indirekt zu Worte kommt und die das Woraufhin der Befragung leitet. Ohne ein solches Lebensverhältnis, in dem Text und Interpret verbunden sind, ist ein Befragen und Verstehen nicht möglich, ein Befragen auch gar nicht motiviert. Damit ist auch gesagt, daß jede Interpretation notwendig von einem *Vorverständnis* der Rede oder in Frage stehenden Sache getragen ist. [...] Ohne solches *Vorverständnis* und die durch es geleiteten Fragen sind die Texte stumm. Es gilt nicht, das Vorverständnis zu eliminieren, sondern es ins Bewußtsein zu erheben, es im Verstehen des Textes kritisch zu prüfen, es aufs Spiel zu setzen, kurz es gilt: in der Befragung des Textes sich selbst durch den Text befragen zu lassen, seinen Anspruch zu hören.« (BULTMANN: Hermeneutik, 227f). Siehe auch BULTMANN: Exegese, 142ff.
[41] Siehe SÖDING: Geschichtlicher Text, 75–130.
[42] Das englische Original erschien 1961 unter dem Titel: *The Jews and the Gospel, a re-examination of the New Testament.*
[43] BAUM: Evangelium, 14f.

verständnis führt *a priori* zu apologetischen Entlastungsversuchen.

Eine über dreißig Jahre später in der *Neuen Zürcher Zeitung* (NZZ) geführte Diskussion folgte ähnlichen Argumenten, ging aber einen Schritt weiter. Die im Zuge eines vom 30. Oktober bis zum 1. November 1997 im Vatikan abgehaltenen innerkirchlichen Symposiums über die *Wurzeln des Antijudaismus in der Christenheit* (in ambiente christiano) in der NZZ veröffentlichten Leserbriefe bringen dies zum Ausdruck. Papst JOHANNES PAUL II. merkte in seiner Schlussansprache vor den Teilnehmern dieser Veranstaltung Folgendes an:

In der christlichen Welt – ich sage nicht, in der Kirche als solcher – sind allzu lange irrige und ungerechte Interpretationen des Neuen Testaments, das jüdische Volk und seine angebliche Schuld betreffend, im Umlauf gewesen und haben feindselige Gefühle gegen dieses Volk entstehen lassen.[44]

Hierauf rekurrierend bemerkte ein Einsender, dass die »göttliche Offenbarung selbst« und nicht »irrige und ungerechte Interpretationen« am christlichen Antisemitismus Schuld seien.[45] In der Folge erschienen Leserinnen- und Lesermeinungen in der NZZ, die entweder für oder gegen einen Antijudaismus im Neuen Testament votierten und verschiedene Be- oder Entlastungsargumente der *Heiligen Schrift* anführten.[46] Die Beiträge artikulier-

---

[44] Zit. nach HELBLING: Kirche, 24.11.1997; Siehe HELBLING: Holocaust, 18.3.1998; STAMM: Vatikan, 1.11.1997. Siehe auch PÄPSTLICHE BIBELKOMMISSION, Das jüdische Volk, 164–165.

[45] F. P. stützt seine These mit dem Verweis auf Apg 7,52; 1 Thess 2,14f; Joh 8,44 (siehe Antijudaismus in der Bibel, in: *Neue Zürcher Zeitung*, 17.3.1998). Siehe auch HARENBERG: »Das Credo abschaffen«, 29.2.1996.

[46] H.-V. S. (*Neue Zürcher Zeitung*, 3.4.1998) stimmt, wenn auch nicht explizit, so doch »in einem gewissen Sinne« zu, dass die »sublimen« Aussagen von Joh 1,11 über Joh 8,44 bis zu den Paulusbriefen als antijudaistisch zu werten sind. Gleichzeitig sieht er aber in »Gewissenserforschung und Reue« sowie der »Versöhnung mit Gott und den Menschen« einen gangbaren Weg zur Überwindung des Antijudaismus. Deutlich fällt das Urteil von T. K. aus (*Neue Zürcher Zeitung*, 3.4.1998): »Unser Antijudaismus ist biblisch begründet [...]. Was bleibt anderes übrig, als hinzuknien und zu bekennen: Das Wort Gottes ist nicht Wort Gottes – sondern Menschenwerk. Jesus somit nicht Gottes-, sondern Menschensohn, eine menschliche Erfindung mithin?« Die Zusendungen entwickelten eine Eigendynamik. R. K. (*Neue*

ten unterschiedliche Vorverständnisse, die von den Einsendern dem biblischen Text entgegengebracht wurden. Sie werteten die biblischen Texte entweder als Worte der göttlichen Offenbarung oder sahen in ihnen literarische Zeugnisse von Menschen. Der letzte Beitrag dieser angeregt geführten Diskussion, die von der Debatte um die Rolle der Schweiz während des Zweiten Weltkrieges zusätzlich angefacht wurde, ging einen Schritt weiter, indem der Einsender darauf aufmerksam machte, dass nicht die Absicht der neutestamentlichen Verfasser entscheidend sei, sondern allein die Wirkung, die die Texte in der zweitausendjährigen Geschichte des Christentums entfaltet hätten.[47] Damit brachte er die Ebene der *Wirkungsgeschichte* von biblischen Texten in die Diskussion ein.

Biblische Texte stehen im Spannungsverhältnis zwischen der »höchsten Offenbarung göttlicher Liebe« und der immer wieder von Menschen erzählten und gedeuteten Geschichte. Oder anders ausgedrückt: Im Spannungsverhältnis zwischen göttlicher Eingebung, der *Inspiratio*, und menschlicher Vernunft, der *Ratio*. Diese eigentümliche Spannung hat Luise RINSER in ihrer Erzählung *Mirjam* auch mit Blick auf Mt 27,25 deutlich zum Ausdruck gebracht. In einem der Dialoge ist zu lesen:

Ich kann es dir nur anders sagen: Er war das fleischgewordene Wort von der ewigen Liebe. So sagst du. Aber wie passt dazu, dass er uns verfluchte? »Mein Blut komme über euch und meine Kinder.« Ist das Liebe, die so spricht?
Nie hat er das gesagt! [...] Das habt ihr erfunden, oder aber einer der Unsern, ein schlechter Berichter, der Jeschua nicht verstand.
Wenn ich dir glaube, Mirjam, und wenn dies nicht wahr ist, so ist vielleicht auch das andere nicht wahr: dass er am Kreuz gesagt habe, er verzeihe allen, die schuld sind an seinem Tod. So stimmt es nicht: Vater verzeih ihnen, so hat er gesagt, aber auch er selbst hat verziehen. Sein Sterben war ein einziges Verzeihen.[48]

Zürcher Zeitung, 9.4.1998) kontert gegen P. F.: »Wer das Neue Testament richtig versteht, wird daraus nirgends Motive für Judenhass ableiten können, [...].«

[47] Siehe Antijudaismus im Neuen Testament, in: *Neue Zürcher Zeitung*, 5.5.1998.

[48] RINSER: Mirjam, 73.

1.2.2 Biblische Texte zwischen göttlicher Inspiration und menschlicher Vernunft

Die lehramtlichen Aussagen des Zweiten Vatikanischen Konzils über Wesen und Auslegung der *Heiligen Schrift* bringen deutlich zum Ausdruck,[49] dass die katholische Exegese nicht das ganze Neue Testament mit dem *Wort Gottes* identifiziert.[50] Das Lehramt geht davon aus, dass die *Heiligen Schriften* das *Wort Gottes* enthalten, aber auch wahrhaftig das *Wort Gottes* sind.[51] Die Schriften des Neuen Testaments spiegeln ein Zusammenspiel zwischen menschlicher *Ratio* und göttlicher *Inspiratio* wieder,[52] das heißt sie sind Ausdruck eines Ineinandergehens der Umwelt der Autoren, mit ihren Eigenarten und Anschauungen sowie der »göttlichen Inspiration«.[53] Der katholischen *Inspirationslehre* seit Pius XII. ist die Kenntnis der Entstehung und Entwicklung der neutestamentlichen Schriften, die sie unter Anwendung der historisch-kritischen Methode zu ermitteln sucht, insofern wichtig, als sie anerkennt, dass die Texte von Menschen *mit* und *in* einem historischen Kontext geschrieben wurden. Das Lehramt hält jedoch daran fest, dass den Texten eine klare theologische Intention, da inspiriert, zu Grunde liegt.[54] Die theologische Inten-

---

[49] Dogmatische Konstitution über die göttliche Offenbarung *Dei Verbum* (abgedruckt, in: DH Nrn. 4201–4235). Siehe RATZINGER: Schriftauslegung, 15–44; DOHMEN/OEMING: Kanon, 43–49; KIRCHSCHLÄGER: Umbruch, 41–64.

[50] Siehe auch MÜHLENBERG: Art. *Schriftauslegung III*, 472f.

[51] Siehe *Dei Verbum* Nr. 24, in: DH Nr. 4231.

[52] Der Terminus *Inspiration* lehnt sich an den Vulgatatext von 2 Tim 3,16 und 2 Petr 1,21 an. Siehe RAHNER: Schriftinspiration, bes. 18–46.

[53] *Dei Verbum* Nr. 12, in: DH Nr. 4217. Die Inspirationslehre wurde von der Päpstlichen Bibelkommission in ihrem 1993 erschienenen Dokument *Die Interpretation der Bibel in der Kirche* in vertiefender Form erläutert. (PÄPSTLICHE BIBELKOMMISSION, Interpretation, 129–134). Siehe auch Dorothea SATTLER: Gottes Wort und die Menschen Worte. Systematisch-theologische Überlegungen zum Schriftverständnis, in: Rainer KAMPLING (Hg.): »Nun steht aber diese Sache im Evangelium...«. Zur Frage nach den Anfängen des christlichen Antijudaismus, Paderborn 1999, 31–51.

[54] *Dei Verbum* Nr. 11, in: DH Nr. 4215. Siehe ECKERT/LEVINSON/STÖHR: Antijudaismus, 8. U. Eco macht bezüglich einer *profanen* Inspiration von literarischen Texten auf Folgendes aufmerksam: »Wenn ein Autor schreibt, er habe im Rausch der Inspiration geschrieben, lügt er. Genie ist zehn Prozent Inspiration und neunzig Prozent Transpiration.« (ECO: Nachschrift, 18).

tion der Texte zu respektieren hieße, sie in einem differenzierten Sinn als *Wort Gottes* zu verstehen – so der Zürcher Neutestamentler Hans WEDER.[55] Dies ist im Umgang mit Textpassagen, die im Verdacht stehen, der Judenfeindschaft im Laufe der Geschichte immer wieder Vorschub geleistet zu haben, besonders wichtig. Norbert LOHFINK schreibt in Bezug auf Mt 27,25:

[...] das Problem für uns besteht darin, daß von der katholischen *Inspirationslehre* her vor allem zu fragen ist, was Matthäus mit seiner Darstellung bezweckte und was die von ihm damit gemachte Aussage uns wohl zu sagen hätte. Denn das wäre dann *Wort Gottes* an uns.[56]

Für Christinnen und Christen sind die Texte des Neuen Testaments von Gott inspiriert. Doch auch die göttliche Inspiration – so hält John Dominic CROSSAN fest – »muß notwendig ihren Weg durch ein Menschenherz und einen sterblichen Geist nehmen, durch persönliche Vorurteile und gemeinschaftliche Auslegung, durch Furcht, Abneigung und Haß sowie durch Glauben, Hoffnung und Liebe.«[57]

   Eine naiv verstandene *Inspirationslehre* ist als heuristisches Instrument für eine kritische Reflexion und Beurteilung biblischer Texte besonders in Bezug auf judenfeindliche Textstellen – so auch bei der Auseinandersetzung mit Mt 27,25 – untauglich und gefährlich.[58] Es besteht die Gefahr einer theologischen Vereinnahmung, die die Texte ausschließlich in christologischen, soteriologischen und ekklesiologischen Kategorien zu deuten versucht und den Text *als Text* aus den Augen verliert. Es wäre dies eine Art der Auslegung, die die *problematischen* Textpassagen des Neuen Testaments nur selektiv rezipiert oder kontrover-

---

[55] Siehe WEDER: Hermeneutik, 28.
[56] LOHFINK: Schriftinspiration, 22 (Hervorhebungen; ZK).
[57] CROSSAN: Jesus, 189.
[58] Siehe unter anderem KÖRTNER: Art. *Schriftauslegung IV*, 492. H.J. Venetz verglich in einer seiner Radiopredigten das Lesen einer biblischen Geschichte mit dem Trinken eines guten Weines (siehe VENETZ: Gott, 36). Sein Vergleich ist auf der Ebene des Sprachspiels sprechend. Führt man diesen allerdings weiter, so muss man zugestehen, dass es in der Bibel Texte gibt, die nicht unbedingt guter Wein sind, sondern einen furchtbaren Trank darstellen, der Kopfweh bereitet. Zu diesen Texten ist Mt 27,25 zu zählen.

sen Textstellen durch die Wahl von »bequemen« Auslegungsme-
thoden oder Bibelzitaten die antijüdische Spitze bricht.[59]

Besonders beim Umgang mit biblischen Texten, die im Verdacht stehen, Diffamierungen gegenüber Jüdinnen und Juden zu
schüren, schlage ich deshalb vor, biblische Texte zuerst einmal
als Texte zu begreifen.[60] Als literarische Werke also, die soziale
Realitäten widerspiegeln sowie mehr oder weniger konkrete
politische Ziele verfolgen. Der Text ist erzählte Geschichte und
erzählende Literatur zugleich, der von einer Gemeinschaft von
Menschen und ihrer Umwelt zeugt.

Begreift man biblische Texte primär *als Texte*, so entlasten
wir sie und uns zugleich. Auf diese Weise wird es eher möglich,
neutestamentliche Texte mit ihrem Sinnpotential zu Wort kommen zu lassen, statt sie zum Vornherein theologisch zu verzwecken.[61] Den Text *als Text* betrachten heißt zudem, den Autor und

---

[59] U. Luz gesteht ein, dass sich ihm bei der Kommentierung des Matthäus-
Evangeliums die Möglichkeit, die antijüdische Spitze einzelner Textpassagen durch
»eine Wahl von ›bequemen‹ Auslegungen« (U. Luz verweist auf die Auslegungen
von K.H. Schelkle, A. Sand, E. Schweizer und F. Mussner) zu brechen, geboten
habe (siehe LUZ: Menschensohn, 213; LUZ: Matthäus I/3, VIIf [Vorwort]).

[60] Siehe die Definition von Ch. Exum:»Texte spiegeln soziale Realitäten wider
und gestalten sie gleichzeitig mit. Literatur ist ein bedeutender Bestandteil des
Sozialisationsprozesses. Wenn wir Geschichten lesen oder hören (insbesondere
Geschichten, die in unserer Gesellschaft und unserem Kulturkreis besonders ange-
hen sind), erfahren wir, welches Verhalten der Norm entspricht und welches die
Gesellschaft nicht toleriert. Anhand von Beispielen lernen wir, was die Gesellschaft
von uns erwartet, welche Beschränkungen sie uns auferlegt und welche Möglichkeiten der Selbstverwirklichung uns offen stehen. Literatur hat unter anderem die
Funktion, Weltanschauungen zu prägen. Verständlicherweise liegt es im Interesse
der Gesellschaft – nicht unbedingt im Interesse des Einzelnen oder bestimmter
Gruppen in dieser Gesellschaft – den Status quo aufrechtzuerhalten, da jede Gesellschaft nur ein bestimmtes Maß an Unordnung und Gleichgewicht ertragen kann.«
(EXUM: Frauen, 11). R. Bultmann vertrat die Meinung, dass die Interpretation der
biblischen Schriften nicht anderen Bedingungen des Verstehens unterliege als jede
andere Literatur (siehe BULTMANN: Hermeneutik, 231). H.G. Gadamer, der den
Versuch unternahm, eine theologische Hermeneutik zu umreißen, widersprach R.
Bultmann in diesem Punkt:»Die Heilige Schrift ist Gottes Wort, und das bedeutet,
daß die Schrift vor der Lehre derer, die sie Auslegen, einen schlechthinnigen Vor-
rang behält. Das darf die Auslegung nie aus den Augen verlieren. Auch als wissenschaftliche Auslegung des Theologen muß sie stets festhalten, daß die Heilige
Schrift die göttliche Heilsverkündigung ist. Ihr Verständnis kann daher nicht allein
die wissenschaftliche Erforschung ihres Sinnes sein.« (GADAMER: Methode, 313f).

[61] Siehe SÖDING: Methodenbuch, 228.

die Gruppe von Menschen, die ihre Geschichte und Geschichten erzählen, zu (be-)greifen und deren Wirkungsgeschichte nachvollziehbar zu machen.[62]

1.2.3 Erklären und Verstehen – hermeneutische Grundlegung

Die Auslegung von biblischen Texten hat durch hermeneutische Reflexion zu klären, was es bedeutet, den biblischen Text zu verstehen und seine Bedeutung für die Gegenwart zu erfassen. Idealtypisch kann zwischen dem *Erklären* und dem *Verstehen* eines (biblischen) Textes unterschieden werden.[63] *Erklären* meint zunächst, die Aussagen der Texte aus ihrer eigenen Zeit, in ihrer eigenen Sprache und ihrer inneren Logik heraus zu rekonstruieren. Das *Erklären* führt auf »die Ebene theologischer Vorstellungen, Ansprüche, Entscheidungen und Behauptungen.«[64] Auf dieser Interpretationsebene wird der Text mit seinen Sinnangeboten, die im Laufe der Geschichte von der Leserin, vom Leser, immer wieder neu formuliert werden, greifbar. Das *Verstehen* greift weiter. Im Brennpunkt des historischen, theologischen und exegetischen Interesses steht beim *Verstehen* nicht bloß der biblische Text *als Text*, sondern der »paradigmatische Text« im Wandel seiner geschichtlichen Auslegung.[65] Hierbei geht es auch um die Rezeption und Wirkung biblischer Texte und damit verbunden um das Verhältnis von Text und Rezipienten – kurz: um *Auslegungs-* und *Wirkungsgeschichte*.[66]

---

[62] »Das Postulat, sich von den Vorstellungen zu trennen, die sich aus der historischen Verwicklung von Textautoren ergaben, ist schwer zu erfüllen, wenn der Text jahrhundertelang für den Christen das Hauptstück der Bibel ausmachte. Davon kommt selbst der Atheist nicht los, wenn er unserem Kulturkreis angehört.« (ENDERS: Farbe, 76).

[63] Siehe KÖRTNER: Art. *Schriftauslegung IV*, 493.

[64] SÖDING: Methodenbuch, 234.

[65] R. Bultmann beschrieb diesen Vorgang 1957 so: »Da der Exeget geschichtlich existiert und das Wort der Schrift als in seine besondere geschichtliche Situation gesprochen hören muß, wird er das alte Wort immer neu verstehen. [...] So gilt auch für die Schrift, daß sie das, was sie ist, nur mit ihrer Geschichte und ihrer Zukunft ist.« (BULTMANN: Exegese, 150).

[66] Siehe FRANKEMÖLLE: Wirkungsgeschichte, 67–82 (H. Frankemölle zeichnet ebenda die Einführung des Begriffes *Wirkungsgeschichte* in die exegetische For-

Der *Auslegungs-* oder *Rezeptionsgeschichte* liegt die Frage zugrunde, wie die Leserin, der Leser, die Texte rezipiert hat; die *Wirkungsgeschichte* fragt danach, welche Wirkungen der Text im Laufe seiner Auslegung in *der* Gesellschaft entfaltet hat.[67] Das Verhältnis zwischen *Auslegungs-* und *Wirkungsgeschichte* kann mit Ulrich LUZ mit dem Bild zweier konzentrischer Kreise begriffen werden, »so dass ›Wirkungsgeschichte‹ auch Oberbegriff zu ›Auslegungsgeschichte‹ ist.«[68] Die wirkungsgeschichtliche Methode versucht, eine mögliche, durch die Auslegung vermittelte Wirkung des biblischen Textes auf die Rezipienten und deren Umwelt zu klären. Insofern ist die *Wirkungsgeschichte* eines Textes »nichts anderes als der Geschichte gewordene Prozeß immer wieder neuer und immer wieder anderer Lesungen.«[69]

Wirkungsgeschichte ist eine hermeneutische Methode.[70] In der zweiten Hälfte des 20. Jahrhunderts haben insbesondere die

---

schung der jüngsten Zeit nach. Zum Verhältnis von Wirkungs- und Rezeptionsgeschichte siehe bes. 71–78); KAMPLING: Blut, 13, Anm. 77.

[67] Siehe auch die Definition von U. Luz: »Ich verstehe unter *Auslegungsgeschichte* die Geschichte der Auslegung eines Textes in Kommentaren und anderen theologischen Schriften. Unter *Wirkungsgeschichte* ist die Geschichte, Rezeption und Aktualisierung eines Textes in anderen Medien als dem Kommentar verstanden, also z.B. in Predigten, Kirchenrecht, Lied, in der Kunst, im Handeln und im Leiden der Kirche.« (LUZ: Matthäus I/1, 78).

[68] LUZ, Matthäus I/1, 78. K. Berger plädiert in seiner Methodenlehre für eine klare Trennung und argumentiert dahingehend, dass Auslegung zwar häufiger Wirkung voraussetze, aber dass Wirkung unabhängig von Auslegung erfolgen kann. Er führt weiter aus: »In der Auslegung wird das Schriftwort selbst direkt zitiert oder zum Thema gemacht. Der Kontext ist in diesem Falle Kommentar, oder das Schriftwort dient als beweisendes Argument. In der umfassenderen Wirkungsgeschichte dagegen kann die Verflechtung mit dem Kontext enger sein. [...] Wirkungsgeschichte ist soziologisch nicht so direkt abgrenzbar. Zur Erhebung der Wirkungsgeschichte wird es weniger wichtig sein zu fragen, welches biblische Wissen oder welche religiösen Vorstellungen als Vorverständnis lebendig sind, als vielmehr, mit welchen Stücken des Textes sich primär Evidenzerfahrung verband und welche Rolle diese im Miteinander der Menschen spielen konnten.« (BERGER: Methode, 106).

[69] LUZ: Matthäus I/3, VIII [Vorwort].

[70] Die wirkungsgeschichtliche Fragestellung hat in den Geisteswissenschaften besonders durch H.G. Gadamers *Prinzip der Wirkungsgeschichte* einen Aufschwung erlebt (siehe GADAMER: Methode, 284–290). Siehe auch GRIMM, Rezeptionsgeschichte, 12f.

Arbeiten von Rudolf BULTMANN,[71] Hans-Georg GADAMER und Paul RICOEUR die hermeneutische Theorie und ihre Anwendung in der Exegese geprägt.[72] Wirkungsgeschichtliches *Verstehen* meint nach GADAMER[73] – der den Begriff der *Wirkungsgeschichte* an zentraler Stelle in seinem Hauptwerk *Wahrheit und Methode* einführt – zunächst ein »Bewußtsein der hermeneutischen *Situation*«.[74] Zur Verdeutlichung führt GADAMER den Begriff des *Horizonts*[75] ein, der für den Standort und die damit verbundene Sichtweise, aus der der Betrachter seine Wirklichkeit wahrnimmt, steht und der durch geschichtliche und kulturelle Traditionen mitbestimmt ist. Das *Verstehen* setzt einerseits das Kennen des eigenen Horizonts voraus, andererseits bedingt es, dass die Horizonte aus denen ein Text oder ein Kunstwerk entstanden ist, rekonstruiert und nachvollzogen werden können. Jeder dieser Horizonte vermag einen anderen Aspekt, des im Text oder Kunstwerk innewohnendenen *Sinnpotentials*[76] zu entfalten.[77]

---

[71] Siehe unter anderem Johannes B. Brantschen: »Glauben und Verstehen« nach dem Tode Bultmanns, in: Ders.: Gott ist anders. Theologische Versuche und Besinnungen, Luzern 2005, 181–188.

[72] Siehe PÄPSTLICHE BIBELKOMMISSION, Interpretation, 125–134. Zu Ricoeur: Paul RICOEUR: Le conflit des interprétations. Essais d'herméneutique, Paris 1969 [2004]. Siehe auch Bernard C. LATEGAN: History in the Interpretation of Biblical Texts, in: Jens SCHRÖTER/Antje EDDELBÜTTEL (Hg.): Konstruktion von Wirklichkeit. Beiträge aus geschichtstheoretischer, philosophischer und theologischer Perspektive, Berlin 2004, 135–150.

[73] H.G. Gadamer definierte die hermeneutische Seite der Wirkungsgeschichte mit folgenden Worten: »Es wird also nicht gefordert, daß man die Wirkungsgeschichte als eine neue selbständige Hilfsdisziplin der Geisteswissenschaften entwickeln solle, sondern daß man sich selber richtiger verstehen lerne und anerkenne, daß in allem Verstehen, ob man sich dessen ausdrücklich bewusst ist oder nicht, die Wirkung dieser Wirkungsgeschichte am Werk ist.« (GADAMER: Methode, 285). Im Verständnis von H.T. Wrege kann sich Wirkungsgeschichte, die biblische Texte zum Gegenstand hat, nicht mit einem geisteswissenschaftlichen Begriffsverständnis zufrieden geben, da sie zur Praxis vordringen will (siehe WREGE: Wirkungsgeschichte, 19).

[74] Siehe GADAMER: Methode, 285.

[75] »Horizont ist der Gesichtskreis, der all das umfaßt und umschließt, was von einem Punkte aus sichtbar ist.« (GADAMER: Methode, 286).

[76] H.G. Gadamer geht davon aus, dass in jedem Kunstwerk oder Text ein »Sinnpotential« (Gadamer verwendet diesen Begriff nicht, umschreibt jedoch damit das Gemeinte; der Begriff wird bei R. Jauss, Literaturgeschichte, entwickelt; siehe BERG, Wort, 332) angelegt ist, das sich in verschiedenen Konkretionen entfaltet.

Verstehen ist das »*Einrücken in ein Überlieferungsgeschehen*, in dem sich Vergangenheit und Gegenwart beständig vermitteln.[78] Dies geschehe – so GADAMER – im Aufnehmen und Integrieren der in der Geschichte erkannten Horizonte mit dem eigenen Horizont, der so genannten *Horizontverschmelzung*.[79] Oder mit den Worten des Romanisten Hans Robert JAUSS:

Das »Urteil der Jahrhunderte« über ein literarisches Werk ist mehr als »das angesammelte Urteil anderer Leser, Kritiker, Zuschauer und sogar Professoren«, nämlich die sukzessive Entfaltung eines im Werk angelegten, in seinen historischen Rezeptionsstufen aktualisierten Sinnpotentials, das sich dem verstehenden Urteil erschließt, sofern es die »Verschmelzung der Horizonte« in der Begegnung mit der Überlieferung kontrolliert vollzieht.[80]

Biblische Texte *als Texte* sind diesem Prozess ebenfalls unterworfen. Im Umgang mit ihnen sind die positiven und negativen Folgen der an ihnen geleisteten Exegesen mitzuberücksichtigen. Die Aufgabe einer kritischen Wirkungsgeschichte, die einer Hermeneutik gegenübersteht, die nur nach dem Wesen überlieferter Inhalte fragt, formuliert Dorothee SÖLLE folgendermaßen: »Die Hermeneutik des Wesens bleibt so lange ungeschichtlich [...], wie sie nicht eine Hermeneutik der Folgen [...] einschließt und die Wirkungsgeschichte theologisch reflektiert.«[81]

Wirkungsgeschichtlich orientierte Auslegung erinnert an die Fülle des Sinnpotentials, die in biblischen Texten angelegt ist. Sie hat damit zugleich eine korrektive und selbstkritische Funk-

---

H.T. Wrege stellt die These auf, dass die Texte »Impulse« in sich speichern, die er mit der Terminologie Max Webers als »objektive Möglichkeiten« bezeichnet, die in der Wirkungsgeschichte dann ihre Wirkung entfalten, wenn die Ursprungssituation der betreffenden Texte strukturverwandt ist (siehe WREGE: Wirkungsgeschichte, 28–31).

[77] Siehe GADAMER: Methode, 281.

[78] GADAMER: Methode, 275.

[79] »Vielmehr ist Verstehen immer der Vorgang der Verschmelzung solcher vermeintlich für sich seiender Horizonte. [...] Im Walten der Tradition findet ständig solche Verschmelzung statt.« (GADAMER: Methode, 289).

[80] JAUSS: Literaturgeschichte, 186.

[81] SÖLLE: Phantasie, 15f.

tion.[82] Aus diesem Grund verstehe ich *Wirkungsgeschichte* als kirchen- und gesellschaftsrelevante Zeitgeschichte.

Eine wirkungsgeschichtliche Analyse darf sich nicht auf eine rein theologische Nabelschau beschränken, die sich ausschließlich auf das »Handeln und Leiden der Kirche« konzentriert. Sie vollzieht sich nicht nur in Verkündigung und Lehre, sondern zieht die Äußerungen der ganzen christlichen *Communio* mit ein.[83] Wirkungsgeschichte kann mit Horst Klaus BERG als »*Praxisgeschichte* der Überlieferung«[84] charakterisiert werden, da sie primär nicht nach glaubens- oder theologiegeschichtlichen Aspekten der Auslegungsgeschichte fragt, sondern »konsequent die Verwendung von (religiösen) Traditionen in bestimmten historischen Situationen und Konstellationen« untersucht.[85] Die Auslegung eines biblischen Textes ist demnach mehr als eine kognitive Interpretation. Deshalb kann und darf sich eine wirkungsgeschichtliche Analyse nicht auf die *bloße* Illustration kirchlicher Ideen- respektive Dogmengeschichte beschränken, die sich in einem theoretisch-wissenschaftlichen Rahmen bewegt, sondern sie muss ebenfalls danach fragen, welchen Niederschlag die Auslegung von biblischen Texten, kirchlichen Dogmen und religiösen Ideen im Fühlen, Handeln und Denken von konkreten Menschen – wir nennen sie *Gläubige* – in und außerhalb ihrer religiösen und kirchlichen Praxis gefunden hat.[86]

In Anlehnung an Michael LANGER ist die wirkungsgeschichtliche Analyse ein mehrdimensionales Arbeitsfeld. Es zeigt sich für die sich ändernden theologisch-kirchlichen, aber auch soziologisch-kulturellen Faktoren und Perspektiven sensibel. Oder anders ausgedrückt: Wirkungsgeschichtliche Analysen tragen

---

[82] Siehe LUZ, Menschensohn, 212; LUZ: Matthäus I/3, 397.

[83] In Anlehnung an die Schrift von G. Ebeling aus dem Jahre 1947, die den programmatischen Titel *Kirchengeschichte als Geschichte der Auslegung der Heiligen Schrift* trägt (siehe EBELING: Kirchengeschichte, 24; BERG: Wort, 331, der an dieser Stelle die Ausführungen G. Ebelings interpretiert).

[84] Siehe BERG: Wort, 334.

[85] BERG: Wort, 334f.

[86] Siehe WREGE: Wirkungsgeschichte, 11–13, bes. 16 (mit grundsätzlichen Überlegungen). Siehe auch MANDELKOW: Probleme, 94.

den verschiedenen Denk- und Lebenswelten Rechnung.[87] Wirkungsgeschichtliches Arbeiten kann auch deshalb als mehrdimensional bezeichnet werden, da es auf der Schnittstelle zwischen Exegese, Dogmatik, Pastoraltheologie, Feministischer Theologie, Judaistik, Geschichtswissenschaft, Soziologie, Politologie, Jüdische Studien (Jewish Studies) usw. angesiedelt werden kann. Wirkungsgeschichte ist – wie Geschichte im Allgemeinen – nicht zu bewältigen ohne Verallgemeinerungen. Sie lässt sich ohne Ungenauigkeiten nicht aufzeichnen. Sie ist nur im Abstrakten darstellbar, das sich an einigen konkreten Koordinaten orientiert. Die Analyse ist stets der Versuch einer Annäherung – »ein allgemein-spekulatives Konstrukt« (Friedrich DÜRRENMATT).[88]

Bei der Suche und Erforschung der Wirkung von biblischen Texten ist eine Orientierung an bestehender theologischer, exegetischer und historischer Literatur schwierig, da diese nur selten einschlägige Hinweise zur Wirkungsgeschichte im oben skizzierten Sinn enthält.[89] Quellen für die Wirkungsgeschichte als »*Praxisgeschichte* der Überlieferung« der römisch-katholischen Kirche im 19. und 20. Jahrhundert sind in erster Linie Predigten, Religionsbücher, Katechismen (einschließlich anderer, für die katholische Volksbildung bestimmter Materialien), Volkskalender, Kirchenzeitungen, Pfarrblätter usw. sowie das Pilgerwesen und religiöse Spiele.[90]

Eine Problemanzeige: Meist wird aus der Perspektive der Zeitgenossen dem oben aufgeführten Material die Qualität einer *historischen* Quelle abgesprochen. Da es sich oft um so genannte

---

[87] Siehe unter anderem Roland KUONEN: Gott in Leuk. Von der Wiege bis ins Grab – die kirchlichen Übergangsrituale im 20. Jahrhundert, Freiburg/Schweiz, 2000; Urs ALTERMATT (Hg.): Katholische Denk- und Lebenswelten. Beiträge zur Kultur- und Sozialgeschichte des Schweizer Katholizismus im 20. Jahrhundert, Freiburg/Schweiz 2003; SCHWEIZERISCHER ISRAELITISCHER GEMEINDEBUND (Hg.): Jüdische Lebenswelt Schweiz – Vie et culture juive en Suisse. 100 Jahre Schweizerischer Israelitischer Gemeindebund, Zürich 2004.

[88] Siehe DÜRRENMATT: Winterkrieg, 52–57.

[89] Hinweise auf die Wirkungsgeschichte enthalten die Bände der ökumenischen Reihe: *Evangelisch-katholischer Kommentar zum Neuen Testament* (EKK). Der Kommentar von Ulrich Luz legt auf die Wirkungsgeschichte der biblischen Texte besonderes Augenmerk.

[90] Siehe ALTERMATT: Koordinatensystem, 469.

»Volksliteratur« handelt, wurde sie nur in seltenen Fällen systematisch in Bibliotheken gesammelt. Die Predigt eines Dorfpfarrers oder die Andachtsschrift eines lokal verwurzelten Vereins lassen sich kaum mehr in den jeweiligen Pfarreiarchiven finden. Die Überlieferungslinien sind meistens an vielen Stellen unterbrochen oder weisen zumindest Risse auf. Für die Auseinandersetzung mit Textpassagen, denen der Vorwurf der Judenfeindlichkeit anhaftet, ist bezüglich der *zeitlichen Abgrenzung* zu beachten, dass es sich bei der christlich-kirchlichen Judenfeindschaft – wie auch Aram MATTIOLI betont – um »eine mentale Disposition von langer Dauer« handelt.[91] Eine klare und stringente zeitliche Abgrenzung ist dementsprechend schwierig. Bezüglich der *räumlichen Abgrenzung* kann festgehalten werden, dass man es bei der Untersuchung von römisch-katholischen Denk- und Lebenswelten mit ihren Glaubensregeln, ihrem Brauchtum und in ihrer gottesdienstlichen Praxis mit Phänomenen zu tun hat, die zumindest für das 19. und 20. Jahrhundert recht einheitlich – wenn auch mit Lokalkoloriten versehen – weitergegeben und praktiziert wurden und somit zu einem großen Teil transregional und transnational waren.[92]

1.2.4 Die hermeneutische Bedeutung der Schoah für die neutestamentliche Exegese

Am 16. April 1973 hielt das Komitee der französischen Bischofskonferenz in seiner Erklärung zur *Haltung der Christen gegenüber dem Judentum* fest, dass eine alte aber sehr anfechtbare Exegese behauptet habe, dass das jüdische Volk seiner Erwählung verlustig geworden sei.[93] (Selbst-)Kritisch ist hier anzumerken, dass katholische Exegese sowohl an der *alten* judenfeindlichen als auch an der *neuen* von der Schoah sensibilisierten Auslegung am Werk war, da alle im Laufe der Geschichte vorge-

---

[91] Siehe MATTIOLI: Begriffsklärung, 5.

[92] Siehe unter anderem Gunilla BUDDE/Sebastian CONRAD/Oliver JANZ (Hg.): Transnationale Geschichte. Themen, Tendenzen und Theorien, Göttingen 2006.

[93] In Übersetzung abgedruckt in GINZEL: Auschwitz, 284–295, 284, 288. Siehe auch EHRLICH: Haltung, 106f; BROER: Antijudaismus, 325.

tragenen Auslegungen ihre Begründung in der Bibel selbst fanden und sich auf sie beriefen. Dieses Beispiel verdeutlicht, dass der Schoah als »Datum der Theologiegeschichte« für die Exegese eine hermeneutische Bedeutung zukommt, die in der Notwendigkeit der Revision althergebrachter biblischer Einsichten liegt:

Die Bedeutung des Holocaust ist deshalb zunächst einmal eine hermeneutische, das heißt von dem existentiellen Erschrecken angesichts des Holocaust her wird zurück gefragt nach den antijudaistischen Wurzeln, die die Theologie zu den entsetzlichen theologischen Disqualifizierungen und Definitionen der Juden und des jüdischen Volkes bis hin zur Enterbungsthese geführt haben.[94]

Von verschiedener Seite wurde die Befürchtung geäußert, dass eine vom Trauma der Schoah gefangene Theologie in die biblischen Texte hineingelesen oder der Schoah gar ein falsch verstandener Offenbarungscharakter zugesprochen werden könnte.[95] Die hermeneutische Bedeutung der Schoah liegt unter anderem darin, von der Erkenntnis der Wirkungsgeschichte her judenfeindliche Tendenzen und Argumente in der *Heiligen Schrift* der Christinnen und Christen zu entlarven. Erst unter der Berücksichtigung einer zum Teil verhängnisvollen Auslegungs- und Wirkungsgeschichte kann der Blick für eine qualitativ neue Auslegung des biblischen Textes frei werden.[96] Besonders in der Auseinandersetzung mit dem christlichen Antijudaismus darf bei der Auslegung bestimmter Texte deren frühere judenfeindliche Exegese nicht ausgeblendet werden.

Diesem Postulat haben offizielle Dokumente verschiedener Kommissionen Rechnung getragen.[97] Für die exegetische For-

---

[94] Siehe KLAPPERT: Wurzel, 44f.

[95] G. Klein äußert die Befürchtung, dass *Auschwitz* die Aussagen aller neutestamentlichen Texte präjudizieren werde (siehe KLEIN: Präliminarien, 231). Siehe aber auch die Konkretisierungen für eine Exegese nach *Auschwitz* in HAHN: Exegese, 93.

[96] Siehe KAMPLING: Blut, 4.

[97] Zur Exegese siehe H. FRANKEMÖLLE: Fortschritte und Stillstand. Entwicklungen seit 1965 (40 Jahre *Dei Verbum*), in: Bibel und Kirche 60 (2005), 173–177; Siehe auch Josef Peter ZAUNER: Judentum und Erstes Testament in der römischen Liturgie unter Berücksichtigung der Dokumente des II. Vatikanischen Konzils, weiterführender Dokumente des Lehramtes und des Katechismus der katholischen

schung sind auf römisch-katholischer Seite zwei Dokumente wegweisend: Das von der *Päpstlichen Bibelkommission* am 23. April 1993 publizierte Dokument mit dem Titel: *Die Interpretation der Bibel in der Kirche* erwähnt den wirkungsgeschichtlichen Zugang zur Interpretation eines biblischen Textes explizit und führt aus:

Doch die Geschichte zeigt auch die Existenz von falschen und einseitigen Tendenzen der Interpretation, die unheilvolle Auswirkungen hatten, z.B. wenn sie zum Antisemitismus oder zu anderen Rassendiskriminierungen [...] führten. [...] Man muß sich davor hüten, den einen oder andren Zeitpunkt der Wirkungsgeschichte eines Textes zu privilegieren, um ihn zur einzigen Interpretations-Regel dieses Textes zu erheben.[98]

Acht Jahre später, 2001, folgte ein weiteres Schreiben der *Päpstlichen Bibelkommission*, das sich dem »jüdischen Volk und seiner Heiligen Schrift« widmete und auch von jüdischer Seite große Beachtung fand. Die Kommission anerkannte die Schoah als Bezugsrahmen heutiger Theologie und Exegese, indem sie vom »Schock der Schoah« sprach, der die von ihr aufgeworfenen Fragen in ein anderes Licht getaucht habe. Das Dokument hält einleitend zwei Fragen fest:

Können die Christen nach allem Geschehenen noch ruhig Anspruch darauf erheben, rechtmäßige Erben der Bibel Israels zu sein? Dürfen sie mit einer christlichen Auslegung dieser Bibel fortfahren, oder sollten sie nicht lieber respektvoll und demütig auf einen Anspruch verzichten, der im Licht des Geschehenen als Anmaßung erscheinen muss? Damit hängt die zweite Frage zusammen: Hat nicht die Darstellung der Juden und des jüdischen Volkes im Neuen Testament selbst dazu beigetragen, eine Feindseligkeit dem jüdischen Volk gegenüber zu schaffen, die der Ideologie derer Vorschub leistete, die Israel auslöschen wollten?[99]

Kirche, unpublizierte Magisterarbeit an der Universität Salzburg 1999. Ich danke Gerhard Langer für den Hinweis.

[98] PÄPSTLICHE BIBELKOMMISSION, Interpretation, 113. Siehe auch WEHRLI: Bibel, 4.3.1994.

[99] PÄPSTLICHE BIBELKOMMISSION: Das jüdische Volk, 7–8. Siehe auch Christoph DOHMEN (Hg.): In Gottes Volk eingebunden. Jüdisch-christliche Blickpunkte zum Dokument der Päpstlichen Bibelkommission »Das jüdische Volk und seine Heilige Schrift in der christlichen Bibel«, Stuttgart 2003.

Die Kommission hat sich in ihrem Schreiben beiden Fragen gestellt. Das ist wichtig, da in der Auseinandersetzung und im Umgang mit Texten, die im Verdacht der Judenfeindschaft stehen oder durch die Auslegungsgeschichte eine judenfeindliche Wirkung bekommen haben,[100] einiges für das Selbstverständnis christlicher Exegese, aber auch für das Verhältnis von Judentum und Christentum abhängt.[101]

Ist für die wissenschaftliche Theologie die Bedeutung der Schoah in erster Linie eine hermeneutische, formuliert die Geschichtswissenschaft ihr Interesse in einer anderen Terminologie. Die historische *Diskursanalyse* geht in ihrer theoretischen Grundlegung unter anderem von der These aus, dass Sprache historische und gesellschaftliche Wirklichkeit konstituiert.[102] Diese wissenschaftliche Herangehensweise hat in gleicher Weise ein erkenntnisgeleitetes Interesse an der Auslegungs- und Wirkungsgeschichte biblischer Texte, da die zu den verschiedenen Zeitpunkten mit der jeweiligen Sprache der Zeit geleisteten Auslegungen und Interpretationen verschiedene gesellschaftliche Codes und Wirklichkeiten produzierten, die sich auf das Verhalten gegenüber Jüdinnen und Juden gesellschaftlich integrierend, exklusiv oder gar tödlich auswirken konnten.[103]

---

[100] Siehe HAHN: Exegese, 93.

[101] Siehe BROER: Antijudaismus, 325.

[102] Siehe unter anderem Jens SCHRÖTER: Konstruktion von Geschichte und die Anfänge des Christentums: Reflexionen zur christlichen Geschichtsdeutung aus neutestamentlicher Perspektive, in: Jens SCHRÖTER/Antje EDDELBÜTTEL (Hg.): Konstruktion von Wirklichkeit. Beiträge aus geschichtstheoretischer, philosophischer und theologischer Perspektive, Berlin York 2004, 201–219.

[103] Siehe Achim LANDWEHR: Geschichte des Sagbaren. Einführung in die Historische Diskursanalyse, Tübingen 2001; Hans-Jürgen GOERTZ: Unsichere Geschichte. Zur Theorie historischer Referentialität, Stuttgart 2001.

1.3 Terminologische Klärung

1.3.1 Die Judenfeindschaft

Judenfeindschaft hat eine lange Vergangenheit, deren Anfang sich nicht ermitteln lässt. Seit der römischen Antike zieht sich die Judenfeindschaft – latent oder virulent – als Dauererscheinung durch die europäische Geschichte.[104] Judenfeindschaft ist in ihrer Begründung und in ihrer Erscheinungsform äußerst variabel. In der Alltagssprache werden die Begriffe Judenfeindschaft, Antijudaismus und Antisemitismus meist als Synonyme verwendet. Der wohl gängigste und populärste Begriff unter ihnen ist jedoch Antisemitismus, obwohl der Begriff – wie noch zu zeigen sein wird – mehr zu einer Verzerrung als zu einer Klärung des Phänomens beiträgt. Aus diesem Grund könnte man postulieren, den Begriff Antisemitismus zu vermeiden und stattdessen Begriffe wie Judenfeindschaft oder Antijudaismus konsequent zu verwenden. Doch, und darauf hat unter anderen auch Peter SCHÄFER hingewiesen, sind historische Probleme nicht mit der bloßen Änderung der Terminologie aus der Welt zu schaffen. Vielmehr ist zu fragen, ob durch die ganze Geschichte hindurch dieselbe Art von Judenhass und Judenfeindschaft wirksam war, oder ob Judenfeindschaft einzigartige Unterscheidungsmerkmale von anderen xenophoben Erscheinungen aufweist, mit denen »die Juden« von anderen ethnischen und sozialen Gruppierungen bewusst unterschieden wurden.[105] Eine differenzierte Terminologie ist notwendig, »um das Phänomen der Judenfeindschaft in

---

[104] »However, there is general agreement that antisemitism has been especially virulent and widespread since the advent of Christianity.« (FREUDMANN: Antisemitism, xi). Siehe auch MATTIOLI: Begriffsklärung, 4.

[105] »Things are not that easy, however, because historical problems are not solved by simply changing names, and the crucial questions are (a) whether there was always the same kind of hostility against and hatred of the Jews throughout history, and (b) whether there is something unique about this hostility directed at the Jews which distinguishes the Jews from other ethnic groups.« (SCHÄFER: Judeophobia, 197).

den verschiedenen Epochen und Formgebungen sowie Motivationen untersuchen zu können«.[106]

Die zeitgeschichtliche und sozialwissenschaftliche Forschung unterscheidet idealtypisch zwei Grundtypen von Judenfeindschaft: Zum Ersten den »christlichen Antijudaismus« und zum Zweiten den säkularen »modernen Antisemitismus«. Auch in der wissenschaftlichen Theologie hat sich diese Unterscheidung mittlerweile eingebürgert.[107]

Eine Bemerkung: Das römisch-katholische Lehramt unterscheidet in seinen Äußerungen ebenfalls zwischen einem »christlichen Antijudaismus« und einem »rassistischen Antisemitismus«. Der rassistische Antisemitismus wird in den Dokumenten als heidnisch und antichristlich, ergo als Produkt einer gottlosen Gesellschaft charakterisiert. Die Gleichsetzung der beiden Begriffe lehnt das Lehramt zu Recht ab. Die Schoah aber interpretieren die Dokumente in apologetischer Abgrenzung als die verheerenden Konsequenzen eines gottlosen Regimes.[108] Damit bringt das Lehramt zumindest zwischen den Zeilen zum Ausdruck, dass es zwischen dem Antijudaismus und dem Antisemitismus keinen direkten Konnex herstellen will. Im Gegensatz hierzu hielt eine 1992 von der *Schweizerischen Bischofskonferenz*, dem *Schweizerischen Israelitischen Gemeindebund* (SIG) und der *Jüdisch / Römisch-Katholischen Gesprächskommission* herausgegebene Schrift mit dem Titel *Antisemitismus: Sünde gegen Gott und die Menschlichkeit* unmissverständlich fest:

Durch fehlgeleitete Predigt und Katechese hat die Kirche zur Schaffung jenes Klimas beigetragen, in dem die Mörder des Nazireiches ihr verbrecherisches Werk gegen die Juden vollführen konnten.[109]

Bedeutung und Inhalt dieser Begriffe ist gerade deshalb wichtig, da kritisches Argumentieren bei der Aufdeckung und Analyse

---

[106] Siehe STEGEMANN: Wurzel, 397.

[107] Siehe STEGEMANN: Schwierigkeit, 48.

[108] Genau an dieser Stelle wird die Frage nach einer Kontinuität vom »christlichen Antijudaismus« zum »modernen Antisemitismus« akut, da eine stringente Trennung der beiden Phänomene kaum möglich ist. Siehe unter anderem STAMM: Vatikan, 1.11.1997; STAMM: Bedauern, 17.3.1998; LÜTKEHAUS: Anatomie, 13.8.1998; FRANKEMÖLLE: Antijudaismus im Matthäusevangelium?, 79, Anm. 23.

[109] Antisemitismus: Sünde gegen Gott und die Menschlichkeit, 9.

judenfeindlicher Tendenzen und Stereotype auf einen Minimalkonsens in der Definition der Terminologie angewiesen ist.[110] Ein Postulat, das sich bei Begriffen wie Antijudaismus und Antisemitismus nur mit erheblichen Einschränkungen einfordern lässt. Mit Blick auf den Antijudaismus spricht Hubert FRANKEMÖLLE von einer »babylonischen Sprachverwirrung«.[111]

1.3.2 Der Antijudaismus

Im Zuge der Schweizer Geschichtsdebatte haben verschiedene Historikerinnen und Historiker darauf hingewiesen, dass die so genannte »Judenfrage«[112] in ihrem Ursprung immer auch eine christliche Frage war.[113] Dieser Tatsache versucht der Begriff »christlicher Antijudaismus« Rechnung zu tragen, indem er die christliche Beteiligung an judenfeindlichen Haltungen und Handlungen benennt. Der Begriff bezeichnet eine religiös geprägte Judenfeindschaft. Bei seiner Entstehung nimmt die judenfeindliche Rezeption des kanonischen und nachkanonischen Schrift-

---

[110] Als Stereotypen werden Vorurteile und Projektionen bezeichnet, die sowohl auf der kollektiven wie auch auf der individuellen Ebene zur Abwehr von eigenen negativen Gefühlen dienen. Sie können auch als antisemitische Vorurteile begriffen werden, die, wie Vorurteile über gesellschaftliche Gruppen im Allgemeinen, nicht als Stereotypen erkannt, sondern für wahre Aussagen genommen und weitergegeben werden. Da sich das Vorurteil von seinem Objekt ablöst und eine Eigendynamik entwickelt, sind jene, die antisemitische oder rassistische Zuschreibungen äußern, davon überzeugt, dass sie nachprüfbar und nachweisbar sind (siehe EIDGENÖSSISCHE KOMMISSION GEGEN RASSISMUS: Antisemitismus in der Schweiz, 18).

[111] Siehe FRANKEMÖLLE: Antijudaismus im Matthäusevangelium?, 78–84.

[112] Siehe Alex BEIN: Die Judenfrage. Biographie eines Weltproblems, 2 Bd., Stuttgart 1980.

[113] Siehe PICARD: Die Schweiz und die Juden 1933–1945, 70f; EIDGENÖSSISCHE KOMMISSION GEGEN RASSISMUS: Antisemitismus in der Schweiz, 15; ALTERMATT: Koordinatensystem, 469. H.M. Broder konstatiert: »Der Antisemitismus gehört zur abendländischen Kultur wie der Glaube an den ewigen Kampf zwischen Gut und Böse, er ist Teil und Erbe der christlichen Tradition, die weder mit ein paar einsichtigen Worten aus dem Vatikan noch einem Bekenntnis zu den Werten der Aufklärung oder den Zielen des Sozialismus aus dem kollektiven Bewusstsein getilgt werden kann.« (BRODER: Antisemit, 56). Siehe auch Helmut Gollwitzer: Die Judenfrage – eine Christenfrage. Ein zusammenfassendes Wort, in: MARSCH, Wolf Dieter/THIEME, Karl (Hg.): Christen und Juden. Ihr Gegenüber vom Apostelkonzil bis heute, Mainz 1961, 284–292.

tums eine zentrale Bedeutung ein, da sie die christlich motivierte Judenfeindschaft und ihre Verankerung in der abendländischen Geschichte entscheidend mitprägte.[114] Bis weit ins 19. Jahrhundert hinein kann Judenfeindschaft als ein weitgehend christliches Phänomen bezeichnet und als solches betrachtet werden.[115]

»Den Juden« wurde in stereotyper Verfestigung eine genaue Rolle in der christlichen Heilsgeschichte (Soteriologie) zugewiesen, die sie nicht verlassen konnten. Sie waren die einzigen negativen Zeugen der die christliche Tradition begründenden Kreuzigung und das Instrument der Vorsehung zugleich. Oder mit den Worten von Herbert A. STRAUSS und Norbert KAMPE:

Sie [»die Juden«; ZK] verursachen nach den Evangelien die den Glauben erst begründende Tat, die Kreuzigung, tun also den Willen Gottes, und sie vergehen sich zugleich an Gott, begehen angeblich das schändliche und widernatürliche Verbrechen des Gottesmordes.[116]

Getreu diesem Argumentationsmuster blieb die kirchliche Lehre auf »die Juden« als eine Art »heilsgeschichtliche Versicherungsprämie« (Jacques PICARD) angewiesen.[117] Dem christlichen Antijudaismus lag eine kirchlich sanktionierte *Lehre der Verachtung*[118] (»L'enseignement du mépris«[119]) zugrunde, die vor allem mit religiösen Antithesen operierte (»Gottesmörder«, »verstockte

---

[114] Von der antijüdischen Einstellung der Kirchenväter legen die so genannten »adversus-Judaeos-Texte« ein gewichtiges Zeugnis ab (siehe RUETHER: Brudermord, 116f). Siehe auch Herbert FROHNHOFEN (Hg.): Christlicher Antijudaismus und jüdischer Antipaganismus. Ihre Motive und Hintergründe in den ersten drei Jahrhunderten, Hamburg 1990; Heinz SCHRECKENBERG: Christliche Adversus-Judaeos-Bilder. Das Alte und Neue Testament im Spiegel der christlichen Kunst, Frankfurt am Main 1999; Heinz SCHRECKENBERG: Die christlichen Adversus-Judaeos-Texte und ihr literarisches und historisches Umfeld (1.–11. Jh.), Bern ²1990; Heinz SCHRECKENBERG: Die christlichen Adversus-Judaeos-Texte und ihr literarisches und historisches Umfeld (13.–20. Jh.), Bern 1994.

[115] Siehe MATTIOLI: Begriffsklärung, 4.

[116] STRAUSS/KAMPE (Hg.): Antisemitismus, 15.

[117] Siehe PICARD: Die Schweiz und die Juden 1933–1945, 76.

[118] P. Lapide fügt an, dass »giftige Schlangen«, »Teufelsbrut« und »Satanssynagoge« nur wenige der höchst amtlichen Benennungen seien, mit denen 92 Papstbullen und über 120 Konzilsbeschlüsse, von Nicäa bis weit in die Neuzeit, die Juden und das Judentum bedacht hätten (siehe LAPIDE: Messias, 237).

[119] Siehe ISAAC: Genèse, 159–172.

Ketzer«, »Teufelskinder«, »Hostienfrevler«, »Ritualmörder«, »Wucherer« usw.). »Die Juden« verleumdende Legenden und konstruierte Vorwürfe gingen in die religiöse Volkskultur und Volksfrömmigkeit ein und entfalteten ihre zerstörerische Wirkung.[120] Auf diese Weise wurden »die Juden« im Laufe der Jahrhunderte mit Attributen versehen, die sich zu einer Negativfolie verdichteten, deren Wirkung weit über ihre Entstehungszeit hinausreichte.[121]

Eine allgemein gültige Definition des Begriffes Antijudaismus existiert indessen nicht. Hubert FRANKEMÖLLE legt folgende Definition vor: »Auch bei diesem Begriff [dem Antijudaismus; ZK] assoziiere ich eine globale, pauschalisierende und totale Ablehnung aufgrund irrationaler und emotionaler Elemente, die auf Abgrenzung und Diffamierung zielen, ohne dass man konkret Juden kennt.«[122] Neben diesem Definitionsversuch sei der von Ulrich LUZ angemerkt, der die antipharisäische Polemik in Mt 23 als »emphatische Ablehnung des Judentums als Religion von einem anderen religiösen Standpunkt aus« bezeichnete.[123] Das Schreiben der *Päpstlichen Bibelkommission: Das jüdische Volk und seine Heilige Schrift in der christlichen Bibel* definiert den Antijudaismus in Bezug auf das Lukas-Evangelium folgendermaßen: »Der Antijudaismus besteht [...] in der Verwünschung der Verfolger und im Hass gegen sie und ihr ganzes Volk.«[124] Da der Antijudaismus sehr unterschiedlich ausfallen

---

[120] Das wohl bekannteste Beispiel ist die Legende vom »Ewigen Juden« namens Ahasver (siehe KÖRTE/STOCKHAMMER: Ahasvers Spur, 9–14; Ebd. 237f; KUSCHEL: Jesus, 366–371; ikonographische Belege: SCHRECKENBERG: Kunst, 303–308).

[121] Siehe STRAUSS/KAMPE (Hg.): Antisemitismus, 15; ALTERMATT: Koordinatensystem, 471.

[122] FRANKEMÖLLE: Antijudaismus im Matthäusevangelium?, 80. P. von der Osten-Sacken begreift den Antijudaismus als eine Theologie oder Verkündigung, »in der das Leben des jüdischen Volkes in seinem Verhältnis zu Gott in der Gegenwart allein im Zeichen von Gericht und Tod (oder auch von beidem) und einer gegenwärtig nicht wirkkräftigen Verheißung interpretiert wird.« (VON DER OSTEN-SACKEN: Grundzüge, 32). Daneben gibt es einige Versuche, den Antijudaismus in anderen Kategorien zu definieren. So zum Beispiel vom Sozialwissenschaftler Michael Ley, der den christlichen Antisemitismus als »in nuce die historisch schlimmste und dauerhafteste Kulturpathologie« bezeichnet (LEY: Antijudaismus, 35).

[123] Siehe LUZ: Matthäus I/3, 395.

[124] PÄPSTLICHE BIBELKOMMISSION: Das jüdische Volk, 144.

kann, wird er mit Ingo BROER »am besten auf ein Ressentiment gegen Juden als Juden zurückgeführt.«[125]

Ich verstehe unter christlich-kirchlichem Antijudaismus eine Form von Judenfeindschaft, die zur Begründung ihrer ablehnenden Haltung »Juden« gegenüber auf biblisch-theologische sowie dogmatisch fundierte Vorurteile gegen »die Juden« in ihrer Gesamtheit zurückgreift. Die daraus resultierenden mentalen Dispositionen und Stereotype waren und sind zum Teil noch heute ein integraler Bestandteil der christlichen Lehre über »die Juden«.

1.3.3 Der Antisemitismus

Im Gegensatz zu Judenfeindschaft oder Antijudaismus ist der Begriff Antisemitismus verbreiteter, obwohl die Terminologie an sich recht jung ist. Der Begriff Antisemitismus entstand im Umfeld einer weitgehend säkular argumentierenden Judenfeindschaft. Geprägt wurde er 1879 vom Berliner Publizisten Wilhelm MARR, der ihn als politisches Schlagwort mit dem erklärten Ziel, »die Juden« als »Rasse« zu bekämpfen, verwendete. »Die sprach- und sachlogische Voraussetzung für die Entstehung des Begriffes Antisemitismus war die Bildung und Verbreitung des Begriffes Semitismus«[126] der auf Sem (Gen 5–11), den ältesten Sohn Noahs, zurückzuführen ist. Der ursprünglich in der theologischen Literatur des 18. Jahrhunderts gebräuchliche Begriff wurde wenig später von der linguistischen Forschung übernommen und diente zur Unterscheidung der semitischen (Hebräisch, Arabisch und Aramäisch) von den indoeuropäischen respektive indogermanischen oder arischen Sprachen. Die Ethnologie benutzte die ebenfalls aus der Sprachwissenschaft entlehnten Begriffe »Arier« respektive »Indo-Europäer« und »Semiten« zum Zweck der Kontrastierung.

---

[125] BROER: Art. *Antijudaismus*, Sp. 113. Siehe auch WEISS: Gibt es heute Antijudaismus?, 29.

[126] WEINZIERL: Art. *Antisemitismus VIII*, 158.

Mitte des 19. Jahrhunderts wurde der Begriff »Semit«, im Anschluss an das Werk des französischen Philosophen Joseph Artur Graf VON GOBINEAU,[127] immer häufiger auf »die Juden« angewandt und etablierte sich schließlich als *Terminus technicus* der Rassentheorie, in der »Semiten« mit »Juden« gleichgesetzt wurden.[128] Damit wurde er zum Ausdruck eines Rassenressentiments, sofern er nicht alle Völker semitischer Sprache, sondern ausschließlich »die Juden« meinte. »Race« bezeichnete in diesem Kontext eine biologisch verstandene Abstammungsgemeinschaft, die eine ethnologisch definierte Gruppe implizierte, die dem europäischen »Wesen« fremd war. Auf diese Weise wurden »Semiten« zur Antithese pervertiert. Mit einer pseudo-wissenschaftlichen Herleitung der »Semiten«, die sich an vulgärdarwinistischen Argumenten orientierte, erhielt dieses Rassenkonstrukt die Weihe und den Nimbus einer (Pseudo-) Wissenschaft. L. LEVAILLANT betonte hingegen bereits im April 1933 in einer Sitzung des Central-Comités des *Schweizerischen Israelitischen Gemeindebundes* (SIG), dass es sich beim Antisemitismus »um eine Sache des Gefühls handle, sodass mit Verstandesargumenten« diesem Phänomen kaum beizukommen sei.[129] Durch ethnologische oder biologische Definitionen vollzog sich die Loslösung des Judentums von seinem bislang religiös definierten Charakter. Waren »die Juden« und das Judentum bislang mit ihrer christlichen Umwelt (wenn auch negativ) verknüpft und so als Bestandteil der abendländischen Kultur ausgewiesen, wurde ihnen nun diese kulturelle Basis *per definitionem* entzogen.[130]

---

[127] Joseph Arthur VON GOBINEAU: Essai sur l'inegalité des races humaines, [s.l.] 1853–1855. Gobineau unterschied zwischen einer höheren resp. überlegenen männlich-arischen Rasse von den weiblichen nicht-arischen Rassen. Siehe auch WEICHLEIN: Nationalbewegungen, 17.

[128] Siehe STEGEMANN: Wurzel, 367.

[129] AfZ: IB SIG-ARCHIV: 1.4.1 Protokolle des Central-Comités (CC), 27.4.1933, 3. Siehe MATTIOLI: Begriffsklärung, 5.

[130] Die neuen Definitionen verlangten auch nach der Schöpfung von differenzierenden Begriffen wie »Semitismus«, »Judentum«, »Mosaismus«, die bemüht waren, einzelne Aspekte im Umfeld des Judentums zu fassen: »Semitismus, Bezeichnung für das ausschließlich vom ethnolog. Standpunkt aus betrachtete Judentum. Der S. begreift daher nur die Judenschaft als Volksstamm, aber nicht auch als Glaubensgenossenschaft, wie dies bei der Bezeichnung Judentum der Fall ist, während Mosaismus sich vorzugsweise auf die religiösen und religiös-polit. Verhältnisse bezieht (s.

Der Antisemitismus als gesellschaftliche und politische Bewegung des ausgehenden 19. Jahrhunderts wollte in erster Linie die politische Emanzipation der Jüdinnen und Juden rückgängig machen. Der politische Antisemitismus instrumentalisierte die verschiedenen, aus dem Begriff »Semitismus« hergeleiteten Konstruktionen je nach politischer oder ideologischer Gesinnungslage und bediente sich seiner religiösen, kulturellen und rassistischen Formgebung. Dabei nahm er durch seine Unbestimmtheit »Omnibus«-Charakter ein, da er sich mit verschiedenen Inhalten füllen ließ und so als manipulatives Instrument in jeder politischen Lage eingesetzt werden konnte.[131] In seiner sozio-kulturellen Form betrafen die an »die Juden« gerichteten Vorwürfe die gesellschaftlichen Felder der Ökonomie und des kulturellen Lebens. Jüdinnen und Juden personifizierten Begriffe wie Geld, Banken, Kapitalismus, Finanzwirtschaft usw. In dieser Form des Antisemitismus wurde »den Juden« ein überwältigender Einfluss in Presse, Theater und Kino zugeschrieben.[132] Auf beiden dieser gesellschaftlichen Ebenen standen »die Juden« für ein moralisches »Übel« der Moderne, das es zu bekämpfen galt.[133] Soziologisch hatte der Antisemitismus die Funktion eines »kulturellen Codes«, eines »Singulum kultureller Identität«, der eine Zugehörigkeit zu einem spezifischen kulturellen Lager zum Ausdruck brachte.[134] Die Soziologin Helen FEIN gelangt bei ihrem Definitionsversuch zu folgendem Ergebnis:

Ich schlage vor, Antisemitismus als anhaltende und latente Struktur einer gegen Juden als Kollektiv gerichteten feindlichen Überzeugung zu definieren, die sich bei Einzelpersonen als Haltung, in einer Kultur als Mythos, Ideologie, Tradition oder in der Bildsprache manifestiert. Auf der

---

Antisemitismus).« (Art. *Semitismus*, 847). Siehe auch THIEDE/STINGELIN: Wurzeln, 9–10.

[131] PICARD: Antisemitismus, 585.

[132] Eine eindrückliche Sammlung aus jüngster Zeit: Tobias JAECKER: Antisemitische Verschwörungstheorien nach dem 11. September. Neue Varianten eines alten Deutungsmusters, Münster 2004.

[133] Siehe unter anderem KARADY: Utopie, 218; ALTERMATT: Ambivalences 67–74; METZGER: Antisemitismus in St. Gallen, 22–25.

[134] Siehe VOLKOV: Jüdisches Leben, 13–36; ALTERMATT: Koordinatensystem, 469; PICARD: Die Schweiz und die Juden 1933–1945, 43. LANDWEHR: Diskursanalyse, 52–53.

Handlungsebene drückt er sich in gesellschaftlicher oder juristischer Diskriminierung sowie politischer Mobilisierung und kollektiver oder staatlicher Gewalt gegen Jüdinnen und Juden aus. Er ist dazu bestimmt und/oder hat zum Ziel, Juden als Juden zu distanzieren, zu verdrängen oder zu vernichten.[135]

In seiner allgemeinsten Form richtet sich jedoch auch der Antisemitismus – unabhängig von seiner Motivation – gegen den Juden *als Juden*.[136] Die terminologische und definitorische Annäherung an die Begriffe Antijudaismus und Antisemitismus macht das Bestreben nach einem differenzierten Vokabular offenkundig, da das Phänomen der Judenfeindschaft weder terminologisch noch inhaltlich einfach unter dem Begriff Antisemitismus zusammengefasst werden kann.[137]

Sowohl der Definitionsversuch des Antijudaismus als auch der des Antisemitismus endet in der Erkenntnis, dass es sich um Phänomene handelt, die sich gegen den Juden *als Juden* richten.[138]

Exkurs 1: Antijudaismus oder Antisemitismus im Neuen Testament? – Eine Problemanzeige

Hat der *Blutruf* als »antisemitischer« oder »antijudaistischer« Vers zu gelten, wie dies oft behauptet wurde?[139] Im Falle des

---

[135] »I propose to define antisemitism as a persisting latent structure of hostile beliefs toward Jews as a collectivity manifested in individuals as attitudes, and in culture as myth, ideology, folklore, and imagery, and in actions – social or legal discrimination, political mobilization against the Jews, and collective or state violence – which results in and/or is designed to distance, displace, or destroy Jews as Jews.« (FEIN: Antisemitism, 67).

[136] Siehe MATTIOLI: Begriffsklärung, 5.

[137] In Bezug auf die terminologische Unterscheidung: »Da auch sie [die Begriffe: Antijudaismus, Judenhass, Judenfeindschaft u.ä.; ZK] irreführend sind, und da sich vor allem der Begriff Antisemitismus nicht mehr ausbürgern läßt, sind alle angeführten Begriffe weiterhin nebeneinander zu verwenden.« (LANGE/THOMA: Art. *Antisemitismus I*, 114).

[138] Als Überblicksdarstellungen siehe auch Werner BERGMANN: Geschichte des Antisemitismus, München 2002; Ernst SIMMEL (Hg.): Antisemitismus, Frankfurt am Main 2002; Wolfgang BENZ: Was ist Antisemitismus?, München 2004.

[139] »Jedenfalls enthält das Matthäusevangelium den, der Wirkung in der Geschichte des christlichen Antisemitismus nach, wohl fatalsten Text, den ›Blutruf‹ (Mt 27,25).« (KRUIJF: Art. *Antisemitismus III*, 126).

Antisemitismus ist diese Frage einfach zu beantworten. Die terminologische Annäherung an den Begriff hat deutlich gemacht, dass von einem Antisemitismus im Neuen Testament nicht gesprochen werden kann. Die Antike kannte kein vergleichbares Konzept von Rasse, wie sie dem Antisemitismus des ausgehenden 19. Jahrhunderts zugrunde lag, noch setzte sie »die Juden« als Volk mit einer bestimmten ökonomischen Gruppe gleich.[140]

Im Falle eines »Antijudaismus-Vorwurfes« an neutestamentliche Texte ist die Frage differenzierend zu beantworten, da es sich nicht um ein homogenes Werk aus der Feder eines Autors handelt, sondern um eine Sammlung von Schriften verschiedenster Autoren(-Kreise). Hier stellt sich die Frage, welcher Stellenwert den einzelnen neutestamentlichen Aussagen respektive den einzelnen Versen, die mit dem Vorwurf des Antijudaismus behaftet wurden, zukommen darf.[141] Methodisch ist es angebracht, die einzelnen Teile des Neuen Testaments und die damit verwandte Literatur von Fall zu Fall zu untersuchen.[142] Doch auch wenn die exegetische Erklärung unproblematisch ist, tauchen da Probleme auf, wo gar nicht die Texte selbst, sondern ihre Auslegungs- und Wirkungsgeschichte judenfeindlich waren oder für eine zusätzliche Verschärfung des Antijudaismus gesorgt haben.[143]

Eine mögliche Antwort auf diese Frage erfordert zudem eine genaue Begriffsbestimmung von Antijudaismus.[144] Da es jedoch keine allgemeingültige Definition des Begriffes gibt, ziehen viele Autorinnen und Autoren ihre eigene Definition heran, mit der Konsequenz einer definitorischen Willkür, die je nach Intention der Autorin oder des Autors von einem Antijudaismus sprechen mag oder eben auch nicht.

---

[140] Siehe SCHÄFER, Judeophobia: 197f; KRUIJF: Art. *Antisemitismus III*, 122f; Zu den »Weherufen« in Mt 23 siehe LUZ: Matthäus I/3, 395f.

[141] W. Schrage verweist auf Lk 11,39ff; Mt 23; Mt 27,25; Joh 8,37f; Offb 3,9 (siehe SCHRAGE: Ja und Nein, 130). U. Tal nennt Mt 27,25 und 1Thess 2,15 (siehe TAL: Christians, 304). G. Czermak führt unter anderem Mt 27,25; Joh 8,44; 1Thess 2,15f; Phil 3,2 auf (siehe CZERMAK: Juden, 16–26).

[142] Siehe KRUIJF: Art. *Antisemitismus III*, 123.

[143] Siehe SCHRAGE: Ja und Nein, 130.

[144] Siehe BROER: Antijudaismus, 344; LUZ: Matthäus I/3, 395.

Gegen den Vorwurf des Antijudaismus ist oft das Argument zu Felde geführt worden, dass die Autoren des Neuen Testaments überwiegend, wenn nicht ausschließlich, Juden waren, die sich nicht als Apostaten verstanden und sich ihres Judentums keineswegs schämten. Aus dieser Annahme wurde gefolgert, dass es sich bei den Auseinandersetzungen, die sich im Neuen Testament verbal niedergeschlagen haben, um innerjüdische Polemik handelt.[145] Eine Unterscheidung zwischen innerjüdischer Polemik und christlicher Judenfeindschaft ist schwierig,[146] auch wenn im Hinblick auf die historische Entwicklung eine Unterscheidung sinnvoll wäre.

Eine generelle Zurückweisung des »Antijudaismus-Vorwurfs« mit dem Argument, dass die damaligen Akteure Juden waren, greift zu kurz, denn im Falle von Mt 27,25 wurde der Vers und sein Umfeld, wenn sie von Heidenchristinnen und Heidenchristen gelesen wurden, zu einem anti-jüdischen Buch, das einer neuen nichtjüdischen Religion als Grundlage diente.[147] Die *Päpstliche Bibelkommission* kam im Jahre 2001 zum Schluss:

Einen echten Antijudaismus, das heißt eine Haltung von Verachtung, von Feindschaft und von Verfolgungswut gegenüber den Juden als Juden findet sich in keinem Text des Neuen Testaments und ist mit der Lehre des Neuen Testaments unvereinbar. Was es gibt, sind Vorwürfe gegenüber bestimmten Arten von Juden aus religiösen Gründen und auf der anderen Seite polemische Texte, die die christliche apostolische Verkün-

---

[145] Siehe unter anderem THIEDE/STINGELIN: Wurzeln, 93–120.

[146] In Bezug auf die »Jesus-Tradition« spricht M. Küchler von einem fundamentalen Unterschied, der »tödlich notwendig« sei: »Jesus formulierte seine Anklage – wenn auch noch so prophetisch vehement – als *Jude* aus *jüdischer Tradition* an sein *jüdisches* Volk. [...] Wenn nun aber ein *Christ*, z.B. des 4. Jhs., aus *christlicher* Tradition [...] die Anklage an das jüdische Volk erhebt, so hat das eine ganz andere Dimension: Es klagt ein Fremder einen Fremden oder Fremdgewordenen an.« (siehe KÜCHLER: Grund, 96). Eine ähnliche Meinung vertritt C. Thoma: »Antisemitismus [wobei die begriffliche Unterscheidung zwischen ›Antijudaismus‹ und ›Antisemitismus‹ in diesem Fall bei C. Thoma nicht ganz klar ist; ZK] kann nur von draußen her kommen. Nichtjuden oder jüdische Dissidenten können ihn erzeugen.« (THOMA: Christliche Theologie, 238). Siehe SAND: Matthäus-Evangelium, 150f.

[147] Siehe LUZ: Matthäus I/3, 396.

digung gegenüber Juden in Schutz nehmen sollen, die ihr Widerstand entgegenbringen.[148]

Die gegenwärtige Diskussion scheint in die Richtung zu gehen, dass biblische Texte zumindest in der deutschsprachigen Forschung nicht pauschal als »antijudaistisch« (ab-)qualifiziert werden.[149] Für die Spannungen und offenen Auseinandersetzungen, die im Neuen Testament ihren Niederschlag gefunden haben, findet sich ein vielfältiges exegetisches Vokabular. Wenn schon, so sollte explizit von einem »neutestamentlichen Antijudaismus« gesprochen werden.[150] Der Freiburger Neutestamentler Max KÜCHLER gibt zu bedenken: »Christlicher Antijudaismus fand und findet zwar immer wieder Gründe in einzelnen Worten der Jesus-Tradition; seiner Begründung steht jedoch die ganzheitliche Gestalt und Botschaft Jesu diametral entgegen.«[151] Auch aus diesem Grunde ist es wichtig, ernsthaft die Frage zu stellen, was Christinnen und Christen, so genannte Märtyrer und Heilige sowie Theologinnen und Theologen im Laufe der Geschichte in ihrer religiösen Praxis *aus* und *mit* diesen Texten *gemacht* haben. Es geht darum, »die Frage der Geltung biblischer Texte im Auge zu behalten und die geschichtliche wie die aktuelle Relevanz der Texte zur Sprache zu bringen.«[152]

---

[148] PÄPSTLICHE BIBELKOMMISSION: Das jüdische Volk, 166.

[149] In der angelsächsischen Forschung hat sich der Begriff »Antijudaism« nicht durchgesetzt.

[150] Siehe Gerd THEISSEN: Antijudaismus im Neuen Testament – ein soziales Vorurteil in heiligen Schriften, in: Jörg THIERFELDER/Willi WÖLFING (Hg.): Für ein neues Miteinander von Juden und Christen, Weinheim 1996, 77–97; Samuel VOLLENWEIDER: Der Anfang einer unseligen Tradition, in: Walter DIETRICH/Martin GEORGE/Ulrich LUZ (Hg.): Antijudaismus – christliche Erblast, Stuttgart 1999, 40–55.

[151] KÜCHLER: Grund, 96.

[152] SÖDING: Schriftauslegung, 229.

1.3.4 Vom Antijudaismus zum Antisemitismus – Kontinuitäten und Brüche

Die oft unter dem Schlagwort wie »Vom Kreuz zum Haken-kreuz« oder der Frage »Gibt es eine kontinuierliche Blut-Mörder-Spur von Golgotha bis Auschwitz?«[153] aufgestellte These, dass ein direkter Weg vom christlichen Antijudaismus zur nationalsozialistischen Ideologie mit seinem ausgeprägten modernen Antisemitismus und damit weiter zur Vernichtung der europäischen Jüdinnen und Juden führen würde,[154] macht zwar zu Recht auf einen Konnex zwischen dem christlich-kirchlichen Antijudaismus und dem modernen, rassistisch argumentierenden Antisemitismus aufmerksam, ist aber problematisch. Diese Optik stellt eine Verkürzung dar, die nach Michael LANGER mit dem Konzept eines ewigen Antisemitismus den zeitgeschichtlichen Kontext zuwenig würdige und dem methodischen Fehler verfalle, Geschichte ausschließlich von ihrem katastrophalen Ende her zu betrachten.[155]

Bezüglich der wissenschaftlichen Diskussion über Kontinuität und Kontinuitätsbrüche des Antisemitismus respektive der Judenfeindschaft des 19. und 20. Jahrhunderts, seiner Form, seinem Inhalt und seinem gesellschaftlichen Stellenwert nach kann mit Herbert A. STRAUSS und Norbert KAMPE festgehalten werden, dass weder »die Behauptung einer durchgehenden Linie von der Judenfeindschaft der Kirchenväter über Luthers Haßtiraden bis zum Vernichtungswillen Hitlers, noch die Darstellung des Rassenantisemitismus als eines völlig neuartigen Phänomens, das mit der traditionellen christlich-abendländischen Judenfeindschaft kaum mehr als den Namen oder die Gruppe der Opfer gemeinsam habe«, der komplexen historischen Wirklichkeit entspricht.[156]

Der moderne Antisemitismus lernte trotz seiner Feindschaft gegenüber dem traditionellen Christentum viel von diesem und

---

[153] Siehe Randolph L. BRAHAM: The Origins of the Holocaust: Christian Anti-Semitism, New York 1986.

[154] Siehe VON DER OSTEN-SACKEN: Grundzüge, 28.

[155] Siehe LANGER: Vorurteil, 9f.

[156] STRAUSS/KAMPE: Antisemitismus, 23.

schuf so eine wohl vorbereitete, systematische Ideologie mit einer eigenen Logik.[157] Im Zuge der Modernisierung der europäischen Gesellschaft im 19. und 20. Jahrhundert bot der christliche Antijudaismus ein ungeheuer vielfältiges Spektrum von judenfeindlichen Stereotypen an, an die der politische und rassistische Antisemitismus bewusst oder unbewusst anknüpfen konnte.[158] Urs ALTERMATT urteilt in dieser Frage differenziert und spricht von einer »partiellen Kontinuität«.[159]

Lediglich ein Beispiel unter vielen: *Der Kompass.* Zeitschrift des Detaillistenverbandes des Kantons Luzern (Rabattsparverein und Geschäftswehr), Organ des Mittelstandes zum Schutze berechtigter Interessen, äußerte sich am 7. April 1938 zur »Judenfrage«. Der Autor tat dies mit einem *Streiflicht auf das Weltjudentum*:

Solange die Juden das Volk der Erwählung, die Erben der Wahrheit waren, richtete sich allerdings ihre Hauptkraft auf die Verbreitung der höchsten Ideale. Doch selbst nach der Zerstörung von Jerusalem und der totalen Vernichtung der jüdisch-hohenpriesterlichen Tradition bleibt dieses Volk gross, einflussreich, bedeutungsvoll. Mit der alten Messiasidee im Herzen, voll tiefer Abneigung gegen alles Christliche und von einem vorbildlichen Familiengeist beseelt, zerstreute sich die jüdische Nation und Rasse in alle Ecken und Enden der Welt. Eigenmächtig und unbelehrbar vom Baume des Lebens sich trennend und von falscher Messiashoffnung durchdrungen, geht das jüdische Volk bald weltbeherrschend, bald verfolgt, bedrückt und deklassiert, seine Wege immer unverdrossen weiter, immer betriebsam, immer treibend, rassenrein in Ziel und Zweck. Und dieses seltsame Volk wird trotz Verfolgung weiterleben, denn es ist eine allgemeine Annahme der Christenheit und ein festverankerter Glaube, dass es fortexistieren wird bis zu dem Tage, da von seinen

---

[157] »The anti-Christian elements of racial anti-Semitism were interpreted in such a way that the traditional theological concepts of Christianity were not completely rejected; only their meanings were changed by using a pseudoscientific jargon and applied to the historical realities of that day, without the salutary correction of Christian discipline and belief. [...] The racial anti-Semites, despite their antagonism towards traditional Christianity, learned much from it, and succeeded in producing a well-prepared, systematic ideology with a logic of its own that reached its culmination in the Third Reich.« (TAL: Christians, 305).

[158] Siehe STEGEMANN: Unverständnis, 501; LÄMMERMANN: Motivierung, 58–84; GINZEL: Judenhaß, 124–169.

[159] Siehe ALTERMATT: Katholizismus und Antisemitismus, 56.

Augen der Schleier fällt und eine transzendentale Kraft sein Herz erweicht [...].[160]

Die Interaktion antijüdischer Diskriminierung, die aus der Tradierung eines fest verankerten »Bildes des Juden« in der christlich-abendländischen Tradition herrührte, mit dem politischen und rassistischen Antisemitismus folgte komplexen Mechanismen und entfaltete eine eigene Dynamik.[161] Dieser Vorgang kann nicht nur im nationalsozialistischen Deutschland, sondern auch in der Schweiz beobachtet werden, auch wenn deutliche Unterschiede zu konstatieren sind.[162]

Besonders in stark kirchlich-konfessionell geprägten Denk- und Lebenswelten mit einer introvertierten und gruppenegoistischen Perspektive konnte der moderne Antisemitismus die traditionelle judenfeindliche Predigt als Trittbrett benutzen,[163] um so moderne antisemitische Haltungen begründen zu können. Berührungspunkte zwischen dem christlich-kirchlichen Antijudaismus und dem modernen Antisemitismus entstanden dort, wo antijudaistische Vorurteile zur Begründung und Mobilisierung des modernen Antisemitismus beitrugen.[164] So konnte »der alte christlich-kirchliche Antijudaismus auch im Zeitalter des bürgerlichen Liberalismus aus gesellschaftlichen Wurzeln neue Triebe ausschlagen lassen«.[165] Rückgriffe auf biblisch-theologische

---

[160] Unsere Stellung zur Judenfrage, in: *Kompass*, 7.4.1938.

[161] Siehe STEGEMANN: Unverständnis, 502. E.W. Stegemann vertritt die These, dass Judenfeindschaft als ein zusammenhängendes Phänomen, das heißt als ein Syndrom anzusehen sei, »für dessen Entstehung und Ausbildung das Christentum gesorgt hat und noch sorgt, und zwar auch dort, wo das nicht sichtbar oder bewusst ist.« (STEGEMANN: Wurzel, 371).

[162] Siehe STEGEMANN: Unverständnis, 501.

[163] Siehe THOMA: Konzilserklärung, 32f.

[164] Katholische Publizisten in der Schweiz konnten zur Begründung ihrer antisemitischen Haltung auf Stereotype religiöser Judenfeindschaft zurückgreifen und die »Judenfrage« theologisch begründen. Somit ergab sich für sie die Möglichkeit einer Polemik gegenüber angeblichen »jüdischen Machenschaften« in der Gesellschaft. Als Konsequenz wurden im Kontext des modernen Antisemitismus antisemitische und antijudaistische Feindbilder im Katholizismus verstärkt, die zur Förderung einer katholischen Massenreligiosität und damit verbunden zur Bildung eines katholischen Orientierungs- und Koordinatensystems beitrugen (siehe ALTERMATT: Koordinatensystem, 471f).

[165] PICARD: Die Schweiz und die Juden 1933–1945, 72.

Denkformen, die in populistischer Ausprägung verbreitet wurden, konnten zur Begründung und Aufrechterhaltung von judenfeindlichen Stigmata, mit denen Jüdinnen und Juden im Laufe der Geschichte behaftet wurden, herangezogen und instrumentalisiert werden.[166] Hierbei ist die Rolle von Geistlichen und Theologen von großer Bedeutung, da diese durch ihr Studium über das nötige Spezialwissen verfügten.[167]

Der Prozess des Ideenaustausches war jedoch nicht nur »einspurig«, das heißt vom christlich-kirchlichen zum modernen rassistisch-argumentierenden Antisemitismus hin möglich. Viktor VON ERNST, Professor für Kirchenrecht und Fundamentaltheologie sowie Redaktor der *Schweizerischen Kirchenzeitung*,[168] entwarf in einem Artikel zu Ostern des Jahres 1941 eine von den Kriegsjahren geprägte Leidensmystik der Kreuzesnachfolge. Dabei bediente er sich im dualistischen Spiel[169] zwischen Innerweltlichem respektive Irdischem und Übernatürlichem »der Juden« als Kontrastfiguren. Diese wurden vom Autor als ein Volk dargestellt, das im Irdischen verhaftet bleiben würde. Durch die Verwerfung des »übernatürlichen Messias«, dem der rabbinische Messianismus »der Juden« als innerweltliche Doktrin gegenüberstehe, brach das »irdische Schicksal über Israel herein: die Zerstörung Jerusalems, die Vernichtung des jüdischen

---

[166] R. Feneberg macht zu Recht darauf aufmerksam, dass gelebter christlicher Glaube nach dem »Verwerfungsmodell« (die Juden sind danach von Gott verworfen, weil sie Jesus kreuzigten) eben gelebter Antijudaismus sei, gelebter Antijudaismus aber bedeutete unter der Herrschaft Hitlers Antisemitismus (siehe FENEBERG: Antijudaismus, 213).

[167] Siehe ALTERMATT, Koordinatensystem, 472; ALTERMATT: Kulturkampf, 27.6.1998.

[168] Zur Person siehe RIES: Art. *Ernst, Viktor von*, 5.11.2003.

[169] Eines der schärfsten Werke, das mir bekannt ist und mit dem dualistischen Prinzip von Gut – Böse, Licht – Dunkel usw. operiert, ist die Schrift des Theologen A. Orel: Anton OREL: Judaismus, der weltgefährlichste Gegensatz zum Christentum, Graz ³1934. F.A. Herzog schrieb in der Schweizerischen Kirchenzeitung in seiner Rezension: »Orel zeigt, wie das Judentum zum nationalistischen Judaismus ausartete und als solches den Heiland der Welt verleugnete und tötete und seither verfolgte. Er findet scharfe, aber aus gut christlichen und kirchlichen Quellen geschöpfte Worte gegen eine weitgehende Aufnahme von Juden, auch getauften, in christliche Einflusskreise.« (Franz Alfred HERZOG: Rezensionen, in: *Schweizerische Kirchenzeitung*, 3.9.1936).

Staates, die Zerstreuung der Juden in alle Welt.« Der Christ, so fährt VON ERNST in seiner Argumentation fort, dürfe das Glück nicht auf Erden suchen, sondern in der Kreuzesnachfolge, da der Weg der Verklärung über Golgotha führe. VON ERNSTS Ausführungen lehnten sich an das Gedankengut und Vokabular der so genannten Erneuerungsbewegungen, wie sie die Nationalsozialisten im Dritten Reich oder die »Fronten« in der Schweiz darstellten, an: So unterschied er stark zwischen dem Irdischen und dem Übernatürlich-Kosmischen und sprach vom »übernatürlichen Messias«, die Bergpredigt (Mt 5,1–7,29) bezeichnete er gar als »Reichsprogramm« Jesu.[170] Als frappantes Beispiel einer an der Freiburger Universität vorhandenen Predigtsammlung ist die 1937 im Innsbrucker Tyrolia-Verlag erschienene *Lebendige Predigt* von Konrad METZGER zu nennen. Der Autor spricht in dieser Schrift – um nur zwei Beispiele zu nennen – von den »Heiligen Drei Königen im deutschen Volk« oder »von der Überlegenheit von Rassechristen«.[171]

Die Frage, inwiefern zur Begründung des Antisemitismus »religiöse Motive aufpoliert und mit vermeintlich sachlichen Inhalten alte Schläuche nachgefüllt wurden«,[172] führt in den Bereich der Wirkungsgeschichte von biblischen Texten. Die oben beschriebene unheilvolle Interaktion und Allianz zwischen dem christlich-kirchlichen Antijudaismus und dem modernen Antisemitismus bringt die Konsequenz mit sich, dass die Kritik im christlich-theologischen wie im exegetischen Bereich weitgehend mit einer Selbstkritik der eigenen Tradition von antijüdischen Topoi einhergehen muss.

Bei der Betrachtung von Mt 27,25 als Manifest einer vermeintlichen »jüdischen Blutschuld« oder »Selbstverfluchung« wird die Frage nach der Wirkung dieses Verses unmittelbar vor und nach der Schoah akut.

---

[170] Siehe Viktor VON ERNST: »Der Friede sei mit euch! Fürchtet euch nicht!«, in: *Schweizerische Kirchenzeitung*, 10.4.1941.

[171] Siehe Konrad METZGER: Lebendige Predigt, Innsbruck 1937.

[172] PICARD: Die Schweiz und die Juden 1933–1945, 72.

2. Eine Wirkungsgeschichte des Blutrufes in der Schweiz

2.1 Eine kurze literarisch-dokumentarische Annäherung

Man muss nicht lange suchen, um erste Spuren von Mt 27,25 in Selbstzeugnissen oder Berichten zu finden. Ich stelle drei Textbeispiele dem folgenden Kapitel voran, da sich durch diese Texte einiges über das Wirkungsfeld des *Blutrufes* in Erfahrung bringen lässt.

Der 1913 in München mit dem Namen Fritz ROSENTHAL geborene Schalom BEN-CHORIN wurde 1933 als Zwanzigjähriger, nachdem die NSDAP an die Macht gelangt war, mit der Brutalität der nationalsozialistischen SA konfrontiert. Er wurde festgenommen und in der Haft misshandelt. 1935 entschloss er sich zur Flucht nach Palästina. In seinen autobiographischen Betrachtungen berichtet BEN-CHORIN aus seiner Kindheit, in der er sich auch mit der christlichen Judenfeindschaft auseinandersetzen musste:

Der jäh auflodernde Haß gegen die Juden, wie er sich im Unheilsjahre 1923 bereits ankündigte, schreckte uns auf. Auch in der Schule war dieser Haß zu spüren, so daß wir jüdischen Schüler uns gegen manchen Angriff tapfer zu wehren hatten. Der alte Fluch, den angeblich die jüdische Menge vor Pilatus ausgestoßen haben soll, die Kreuzigung Jesu fordernd: »Sein Blut komme über uns und unsere Kinder« verdüsterte auch meine Kindheit. Ich sehe noch die bedrohlichen Gesichter der Nachbarskinder vor mir, die mich auf der Spielwiese des Hirschangers im Englischen Garten umstanden und mich fragten: warum *wir* den Heiland gekreuzigt hätten? [...] Nie hätte ich gedacht, daß ich für die Leiden des am Kreuze Erhöhten verantwortlich gemacht würde.[1]

---

[1] BEN-CHORIN: Jerusalem, 12.

Zum Osterfest des Jahres 1940 schieb E. BECKER-KOHN, die vom Judentum zum Christentum übergetreten war, in ihr Tagebuch:

Die Kartage sind für mich furchtbar schwer zu ertragen. Ich breche fast zusammen unter der Schuld, die das Judentum auf sich geladen hat. »Sein Blut komme über uns und unsere Kinder.« Ist das, was die Juden jetzt erleiden müssen, eine Sühnestrafe für den Mord am Gottmenschen?[2]

In seinem Dokumentarfilm *Shoah* fing der Filmemacher Claude LANZMANN Orte, Stimmen und Gesichter von Menschen ein, die die Schoah als Opfer oder stille Zuschauer erlebt haben. In einem seiner zahlreichen Gespräche, die LANZMANN auch in die Nähe des ehemaligen Konzentrationslagers Chelmno/Kulmhof führten, wo mindestens 152.000 Menschen einen qualvollen Tod fanden,[3] wird Mt 27,25 in der folgenden Szene genannt:

Gruppe von Dorfbewohnern von Chelmno. Sie umringen Simon Srebnik [...]

Wie konnte ihrer Meinung nach den Juden diese Geschichte passieren?

Weil sie die Reichsten waren!
Auch viele Polen sind umgebracht worden, wirklich! Priester!
Herr Kantarowski wird berichten, was einer seiner Freunde ihm erzählt hat. Das ganze hat sich in Mindjewyce ereignet, in der Nähe von Warschau.
Die Juden von Mindjewyce sind auf einem Platz zusammengetrieben worden, und der Rabbiner wollte zu ihnen sprechen.
Er hat einen SS-Mann gefragt: »Kann ich zu ihnen sprechen?«
Und der hat geantwortet: »Ja.«
Darauf hat der Rabbiner gesagt, daß vor sehr, sehr langer Zeit vor fast zweitausend Jahren, die Juden Christus, der völlig unschuldig war, zum Tode verurteilt haben.
Als sie es gesagt haben, als sie ihn zum Tode verurteilt haben, schrieen sie: »Sein Blut komme über uns und unsere Kinder!«

---

[2] Zit. nach BROER: Antijudaismus, 333, Anm. 28 (Original in: E. BECKER-KOHN: Aus meinem Tagebuch 1937–1946, in: Emuna. Israel-Forum 1976, Heft 1, 21–42; Heft 2, 24–18).
[3] WAGNER: Art. *Chelmno/Kulmhof*, 411.

Weiter hat der Rabbiner gesagt: »Vielleicht ist jetzt der Zeitpunkt, daß dieses Blut über uns kommt. Also wollen wir nichts tun, gehen wir, tun wir, was sie von uns verlangen, gehen wir!«

Er glaubt also, daß die Juden für den Tod Christi gebüßt haben?

Er ...
Er glaubt das nicht, und er denkt auch nicht,
daß Christus sich rächen wollte.
Nein, er ist nicht dieser Ansicht.
Das war der Rabbiner, der das gesagt hat.

Ah, der Rabbiner hat das gesagt!

Es war der Wille Gottes, das ist alles.

Ja, ja... was hat sie gesagt?

Als Pontius Pilatus sich die Hände gewaschen hat, sagte er:
»Dieser Mann ist unschuldig,
ich will mit dieser Geschichte nichts zu tun haben«,
und er hat Barrabas geschickt.
Aber die Juden haben gerufen:
»Sein Blut über uns!«
Das ist das Ende, jetzt wissen Sie alles.[4]

All diesen frappierenden Beispielen ist gemein, dass sie Mt 27,25 in einen kausalen Zusammenhang mit einer jüdischen Schuld an der »Kreuzigung des Heilands«, »am Mord am Gottmenschen« oder am Todesurteil über Jesus von Nazareth stellen. Von dieser vermeintlichen Tat ausgehend, die sich in der Wahrnehmung der Autorin sowie der beiden Autoren auch in der Gegenwart als wirksam erweist, werden zeitgenössische Ereignisse gedeutet. E. BECKER-KOHN weist die Kartage als eine Zeit aus, in der die Wirkung von Mt 27,25 besonders virulent zu sein scheint. Zu Recht fragt Ingo BROER, wie es um die Predigt und den Religionsunterricht angesichts dieser Worte bestellt sein musste.[5] Das dritte Beispiel legt gar die verheerende Interpretation des *Blutrufes* von christlicher Seite in den Mund eines Rabbiners. Dadurch wird Mt 27,25 in der oben wiedergegebenen Sze-

---

[4] LANZMANN: Shoah, 108, 112f (franz. Original LANZMANN: Shoah, 112–113). Siehe auch LOVSKY: »Son sang sur nous et nos enfants«, 343.

[5] Siehe BROER: Antijudaismus, 333, Anm. 28.

ne zu einer grotesken jüdischen Selbstanklage und -reflexion. Als Anhaltspunkte für eine Wirkungsgeschichte von Mt 27,25 ergeben sich:

Erstens: Die eminente Bedeutung des *Blutrufes* im Kontext der absurden Idee eines jüdischen »Gottesmordes«.[6] Zweitens: Die in diesen Beispielen vertretene Ansicht, dass die negativen Ereignisse der Gegenwart durch die Konsequenzen aus Mt 27,25 gedeutet werden können. Und schließlich drittens: Der Hinweis auf die christliche Passionszeit, deren Höhepunkt der Karfreitag bildet, in der sich die Wirkung des *Blutrufes* besonders stark zu entfalten scheint.

Bevor auf die schweizerische Wirkungsgeschichte von Mt 27,25 näher eingegangen wird, soll die Judenfeindschaft in der Schweiz in der ersten Hälfte des 20. Jahrhunderts als solche kurz beleuchtet werden.

2.2 Judenfeindschaft in der Schweiz in der ersten Hälfte des 20. Jahrhunderts

In der Forschung herrscht mittlerweile Konsens darüber, dass Judenfeindschaft in der ersten Hälfte des 20. Jahrhunderts auch in der Schweiz wirksam war und auf eine lange Tradition zurückblicken konnte.

Judenfeindschaft war hierzulande nicht nur in seiner offenen und aggressiven Form des primitiven »Radau-Antisemitismus« der Schweizer Fronten gegenwärtig, sondern schlummerte auch in seiner latenten, und gerade deshalb so gefährlichen, Form in den verschiedensten religiösen und politischen Denk- und Lebenswelten der Schweiz.[7] Judenfeindschaft und Antisemitismus schweizerischer Prägung artikulierten sich besonders im Umfeld

---

[6] In dieser Arbeit werden die Begriffe »Gottesmord«, »Messiasmord« immer wieder verwendet. Ich schließe mich hier der Frage von R. Kampling, ob es sinnvoll ist, diese Begriffe überhaupt noch zu verwenden, an. (siehe KAMPLING: Blut, 237, Anm. 24).

[7] Siehe unter anderem Aaron KAMIS-MÜLLER: Antisemitismus in der Schweiz 1900–1930, Zürich ²2000; SCHMID: Schalom, bes. 36–248; KUPFER/WEINGARTEN, Ausgrenzung, 89–123.

xenophober Tendenzen, das heißt im Kontext der Ängste, die mit dem politischen Schlagwort der »Überfremdung« in weiten Kreisen der Bevölkerung erzeugt und instrumentalisiert werden konnten.[8] Für den sich kulturell gehoben gebärdenden Schweizer galt der Antisemitismus an sich als undemokratisch, ergo in höchstem Masse als *unschweizerisch*.[9] Diese Feststellung bedeutete jedoch nicht, dass in Gesprächen über »die Juden« oder den Antisemitismus nicht die »vertrauten und handlichen Symbole der Ablehnung« assoziiert werden konnten.[10] Solche vertrauten und handlichen Symbole der Ablehnung konnten Argumentationsmuster und Stereotype des christlich-kirchlichen Antijudaismus, der auf biblisch-theologische sowie dogmatisch begründete und geprägte Judenfeindlichkeit rekurrierte, einnehmen.[11]

Zwei Beispiele: Der Schweizer Schriftsteller Friedrich DÜRRENMATT weiß aus der gewerblich-bäuerlichen Lebenswelt des dörflichen Berner Emmentals, das sich in einer christlich-protestantischen Ordnungswelt verankert wusste,[12] zu berichten:

---

[8] Am 27. Juli 1944 schrieb Prof. V. von Ernst, Professor und nebenamtlicher Redaktor der *Schweizerischen Kirchenzeitung*, unter dem Titel: »Zu den Judenmassacres«: »Man wird nicht übersehen können, daß in manchen Ländern eine Judenfrage besteht. Der jüdische Einfluß im wirtschaftlichen und kulturellen Leben ist da verderblich. In der Schweiz kennen wir ihn nicht, aber wo unser Volk jetzt mit den Flüchtlingslagern und -unterkünften immigrierter Juden in Berührung kommt, ist der Antisemitismus auch bei uns ins Kraut geschossen.« (Viktor VON ERNST: Zu den Judenmassacres, in: *Schweizerische Kirchenzeitung*, 27.7.1944). Siehe STEGEMANN: Unverständnis, 501f; TANNER: Diskriminierung, bes. 336f; Alfred A. HÄSLER: Das Boot ist voll. Die Schweiz und die Flüchtlinge 1933–1945, Zürich [9]1992; Patrick KURY: Über Fremde reden. Überfremdungsdiskurs und Ausgrenzung in der Schweiz 1900–1945, Zürich 2003.

[9] »Wir beobachten z. Zt. ein Zunehmen des Antisemitismus, der in seiner Unsachlichkeit um die Reinhaltung unserer eigenen schweizerischen demokratischen Denkart zu ernster Besorgnis Anlaß gibt. [...] Der Antisemitismus schlechthin ist intolerant, er ist somit undemokratisch und greift an die Wurzeln unserer Demokratie. [...] Der Antisemitismus, wie er heute propagiert wird, führt in seinem Gefolge Anschauungen, die unserem demokratischen Denken fremd sind.« (GENERALADJUTANTUR SEKTION HAUS UND HEER [Hg.]: Wehrbrief Nr. 26. Die Judenfrage, Bern 1943).

[10] PICARD: Die Schweiz und die Juden 1933–1945, 43.

[11] Siehe Ursula KÄSER-LEISIBACH: Die begnadeten Sünder. Stimmen aus den Schweizer Kirchen zum Nationalsozialismus 1933–1942, Winterthur 1994.

[12] »Die Erwachsenen, die mich umgaben, praktizierten ein bürgerlich-bäurisches Christentum, nicht verlogen, wie man heute so leicht glaubt. In den Augen dieser

72

Über eine Diskussion zwischen dem Vater DÜRRENMATTS, der evangelischer Pfarrer war, und dem Kirchgemeindepräsidenten zur Frage, ob Adolf HITLER Christ sei oder nicht, ist zu erfahren:

> Der Antisemitismus wurde nicht besprochen, man war zwar nicht antisemitisch, aber auch nicht judenfreundlich, das störrische Volk wollte und wollte den Messias nicht anerkennen und hatte sich selber verflucht: Am Antisemitismus waren die Juden selber schuld, [...].[13]

In dieser ambivalenten,[14] den Antisemitismus tabuisierenden, *in nuce* aber judenfeindlichen Haltung, sind zwei gängige antijudaistische Stereotype enthalten. Zum Ersten das der »jüdischen Verstocktheit«,[15] das aus dem Vorwurf der Weigerung »der Juden« bestand, Jesus von Nazaret als ihren Messias er- und anerkennen zu wollen. Zum Zweiten das Stigma einer jüdischen »Selbstverfluchung«, verbunden mit der Idee einer jüdischen *Kollektivschuld* am Tode Jesu, deren Begründung auf Mt 27,25 basierte.[16] Beide Stereotype gehören zu den Leitideen, die in der religiös begründeten Polemik gegen »die Juden« kontinuierlich reproduziert und instrumentalisiert wurden.

Menschen stimmte die Ordnung noch, in der sie lebten [...], und wo sie nicht mehr stimmte, da lag die Schuld am Unglauben. Es war eine gottgewollte Ordnung, die auch den Staat umschloß, Patriotismus und Christentum standen nicht im Widerspruch. Aber auch die verschiedenen Klassen waren gottgewollt: [...].« (DÜRRENMATT: Mondfinsternis, 179).

[13] DÜRRENMATT: Mondfinsternis, 183f. An anderer Stelle schreibt F. Dürrenmatt: »Sie [die Erwachsenen; ZK] waren nicht Antisemiten, aber die Juden hatten Christus ans Kreuz geschlagen und mußten nun dafür büßen; [...]« (Ebd.: 179). Siehe PICARD: Die Schweiz und die Juden 1933–1945, 42.

[14] Äußerungen wie: »Es gibt auch anständige Juden« oder »Natürlich bin ich kein Antisemit – aber ... die Juden sind doch ... die Juden haben doch ...« geben ein ähnlich ambivalentes Bild wieder. Siehe STEIGER: Antisemitismus, 61–63. In diesem Sinne hielt auch Prof. Dr. Bickel in seinem Vortrag zur Gründerversammlung der »Christlich-Jüdischen Arbeitsgemeinschaft zur Bekämpfung des Antisemitismus« in Zürich am 28. April 1946 fest: »Da denkt mancher, das sei doch nicht so schlimm, wenn einmal von den ›Saujuden‹ gesprochen wurde oder ähnliches. Ich bin dagegen der Meinung, daß der Antisemitismus als Gift mit dem ›Saujuden‹ anfängt und mit Raub und Totschlag und Auschwitz und Maidanek aufhört! Wenn einer von einem Juden spricht: ›er sei zwar ein Jude aber trotzdem ein anständiger Mensch‹, so ist er in seiner Seele antisemitisch vergiftet [...]« (BICKEL, Gründerversammlung, 28. April 1946).

[15] Siehe SCHRECKENBERG: Adversus-Judaeos (1.–11. Jh.), 129–131.

[16] Siehe LANGER: Vorurteil, 25f.

Auch der im Mai 1943 von der *Generaladjutantur Sektion Heer und Haus* der Schweizer Armee herausgegebene *Wehrbrief Nr. 26*, der sich als Informationsschrift vorwiegend an die Kompaniekommandanten der mobilisierten Schweizer Armee zur Diskussion mit der Truppe richtete und die so genannte »Judenfrage« aufgriff, erwähnte den Vorwurf des »Gottesmordes« explizit.[17] Wörtlich war zu lesen:

Seit dem frühen Mittelalter bis zum heutigen Tag richteten sich religiös und national extremistische Bewegungen gegen die Juden. Neben dem später fallen gelassenen primitiven Argument, die Juden hätten Christus ans Kreuz geschlagen, waren folgende Gründe dafür maßgebend: [...].[18]

Obwohl die Armeeführung den Vorwurf des »Gottesmordes« als überwunden erachtet, lässt die bloße Erwähnung dieses antijudaistischen Topos den Schluss auf eine gewisse Verbreitung in den Reihen der Schweizer Milizarmee *e silentio* zu.

Zu einem latenten oder virulenten Antisemitismus in der Schweiz ist zu bemerken: Auch wenn der Antisemitismus in der Schweiz zwischen 1933 und 1945 keine eliminatorische Dimension (Daniel J. GOLDHAGEN) annahm, so war er doch in vielen gesellschaftlichen Kreisen latent vorhanden.[19] Das Urteil der *Unabhängigen Expertenkommission Schweiz – Zweiter Weltkrieg* (UEK) fiel in dieser Hinsicht klar – wenn auch provokativ pauschal – aus. Der Schlussbericht der UEK hält fest, dass »antisemitische Vorurteile und christlich geprägte Judenfeindschaft auch in der Schweizer Bevölkerung allgemein üblich« waren.[20] Jacques PICARD spricht von einer »Verschweizerung« des Antisemitismus,[21] der einer Tabuisierung unterlag und eine Art gesellschaftlichen Code darstellte.[22]

---

[17] Siehe auch KELLER: L'armée, 26–29.

[18] GENERALADJUTANTUR SEKTION HAUS UND HEER (Hg.): Wehrbrief Nr. 26.: Die Judenfrage, Bern 1943. Siehe auch SENN: Armee, 20.10.1999.

[19] Siehe Daniel Jonah GOLDHAGEN: Hitler's Willing Executioners. Ordinary Germans and the Holocaust, New York 1996.

[20] UNABHÄNGIGE EXPERTENKOMMISSION (UEK): Schweiz, 150.

[21] PICARD: Die Schweiz und die Juden 1933–1945, 38–40.

[22] Mit den Worten von J. Picard: »Für den kulturell gehobenen Schweizer galt es nicht als fein, für den patriotischen Geist als ›unschweizerisch‹, sich mit dem lärmigen Radau-Antisemitismus einzulassen. Man hatte feinere und bedeutsamere Codes:

Ähnlich interpretiert auch Gerhart M. RIEGNER den helvetischen Antisemitismus, den er mit dem Attribut »vorbeugend« oder »prophylaktisch« versah: Man »liess die Juden nicht in die zentralen Stellen der Schweizer Politik, der Schweizer Presse, der Schweizer Wirtschaft hinein, dann brauchte man sie nachher auch nicht aus diesen Stellen rauszuschmeissen.«[23] Golo MANN qualifizierte 1960 den Antisemitismus der Schweizer als »überaus diskret und in sicheren Grenzen gehalten«. Zynisch hielt er fest: »Wenn Antisemitismus sein muss, dann ist der Antisemitismus schweizerischer Art wohl der erträglichste, zivilisierteste. Nun, in der Schweiz hat eben alles eine menschliche Dimension.«[24]

In Anlehnung an den Historiker Fritz STERN kann von einem *feinen Schweigen* gesprochen werden, das auch in der Schweiz während der Zeit der Krise von 1933 bis 1945 und bis weit in die Nachkriegszeit das gesellschaftliche Klima prägte. Eine Art indifferentes Schweigen, das dem Wegsehen gegenüber dem Elend Vorschub leistete und eine klare Stellungnahme gegen die Schoah und den Antisemitismus be- wenn nicht gar verhinderte.[25] Der christliche Antijudaismus und die introvertierte sowie gruppenegoistische Haltung der Schweizer Katholikinnen und Katholiken, die sich in den Kriegsjahren von protestantischer Seite dem Vorwurf der mangelnden patriotischen Gesinnung ausgesetzt sahen und sich als bedrohte Minderheit fühlten, hemmte das Zustandekommen einer breiten Solidarität mit der jüdischen Schweiz.[26]

Antisemitismus war also beileibe kein Kompliment, doch dies brauchte nicht zu bedeuten, dass in Gesprächen über Juden nicht die vertrauten und handlichen Symbole der Ablehnung assoziiert wurden.« (PICARD: Die Schweiz und die Juden 1933–1945, 43).

[23] RIEGNER: Vorbeugender Antisemitismus, 50.
[24] MANN: Über Antisemitismus, 196.
[25] Siehe STERN: Schweigen, 158–160.
[26] Siehe KELLER: Bettag, 145f.

2.3 Die christliche Passionszeit als Quelle judenfeindlichen Denkens

Auch für eine schweizerische Wirkungsgeschichte von Mt 27,25 ist die Passionszeit mit dem Karfreitag von herausragender Bedeutung, da der *Blutruf* als Bestandteil der Passionserzählung des Matthäus-Evangeliums[27] seinen biblischen, theologisch-dogmatischen und liturgischen Sitz in der christlichen und kirchlichen Praxis hatte und hat. Mit den Worten des Liturgiewissenschaftlers Adolf ADAM bildete und bildet der Karfreitag zusammen mit Ostern die »Herzmitte des Kirchenjahres«.[28] Pius PARSCH gab 1931 in seinen *Liturgischen Predigten* zur Bedeutung der Passionszeit im Allgemeinen und der Karwoche im Besonderen zu bedenken:

Die Karwoche mit ihren Gebeten und Bräuchen ist viel zu tief, als daß sie ohne Anleitung, Einführung und Erklärung vom Volk verstanden wird. Es ist eine dringende Pflicht des Seelsorgers, seiner Gemeinde ein zweifaches für die rechte Feier der Karwoche zu bieten: Texte und Erklärung. An der Hand dieser Texte soll nun der Seelsorger in den Abendstunden vom Passionssonntag an seine Gemeinde einführen in die Karwoche. Etwa täglich eine halbe Stunde, zum Schluss eine kurze liturgische Andacht. Diese Karwochen-Katechese halte ich für unerlässlich.[29]

An anderer Stelle schrieb PARSCH:

»Mehr aber als in diesen äußeren Zeichen spricht die Kirche durch ihre Lesungen und Gesänge vom Leiden Christi. [...] Im Evangelium sehen wir Christus im Kampfe mit den bösen Juden, die ihn töten wollen; [...]«.[30]

In den römisch-katholisch geprägten Denk- und Lebenswelten bot der Karfreitag und sein Umfeld eine besondere Gelegenheit zur Reproduktion und Verbreitung eines »reinen«, das heißt eines traditionell christlich-kirchlich argumentierenden Antijudaismus.[31] Der Karfreitag und das Osterfest haben je ein konstituti-

---

[27] Mt 26,47–27,66.
[28] Siehe ADAM: Liturgie, 257.
[29] PARSCH: Liturgische Predigten II, 141.
[30] Ebd.: 143f.
[31] Siehe ALTERMATT: Schatten, 473.

ves und damit identitätsstiftendes Moment christlicher Religion und Glaubenslehre zum Gegenstand. Zwischen ihnen besteht einerseits eine starke Interdependenz, insofern die Auferstehung Christi seines Todes bedarf, die sich andererseits aber auch (bi-) polar zueinander verhalten (Leiden, Tod, das Böse – Freude, Leben respektive Auferstehung, das Gute) und stark kontrastiert werden können.[32] Der Karfreitag ruft Bilder des Leidens und Todes hervor. Der dunkle Tag, an dem *das* Böse schlechthin am Werke ist. Seinen Mittelpunkt bildete und bildet die Passion, das Leiden und der Tod Jesu Christi (*Evangelium passionis et mortis Domini nostri Jesu Christi*). Das Osterfest hingegen erstrahlt in der hellen Freude der Auferstehung, in Georg Friedrich HÄNDELS mächtigem *Halleluja*, dem Jubilate, Exultate.

2.4 Mt 27,25 als integraler Bestandteil der Erzählung über Leiden und Tod Jesu Christi

Indem am Karfreitag antijudaistisches Gedankengut, wie die Idee einer jüdischen »Kollektiv- oder Blutschuld« am Tode Jesu, vom Klerus jedes Jahr aufs Neue stereotyp wiederholt und von den Gläubigen internalisiert werden konnte, wurde der Karfreitag – wie Friedrich HEER schreibt – zur »Achse der kirchlichen

---

[32] Wie die Karfreitagsliturgie selbst zur Inszenierung des Kontrastes hell-dunkel instrumentalisiert werden konnte, illustriert folgende Beschreibung von J. HAYDN (1732–1809). Zur Aufführung seines Werkes »Die sieben letzten Worte unseres Erlösers am Kreuze«, die sehr wahrscheinlich am Karfreitag 1786 im andalusischen Cádiz stattfand, schrieb dieser: »Man pflegte damals alle Jahre während der Fastenzeit in der Hauptkirche zu Cádiz ein Oratorium aufzuführen, zu dessen verstärkter Wirkung folgende Anstalten nicht wenig beitragen mußten: die Wände, Fenster und Pfeiler der Kirche waren nämlich mit schwarzem Tuch überzogen, und nur eine in der Mitte hängende Lampe erleuchtete das heilige Dunkel. Zur Mittagsstunde wurden alle Türen geschlossen; jetzt begann die Musik. Nach einem zweckmäßigen Vorspiel bestieg der Bischof die Kanzel, sprach eines der sieben Worte aus und stellte eine Betrachtung darüber an. Sowie sie beendigt war, stieg er von der Kanzel herab und fiel kniend vor dem Altare nieder. Die Pausen wurden von der Musik ausgefüllt. Der Bischof betrat und verließ zum zweiten, dritten Male usw. die Kanzel, und jedesmal fiel das Orchester nach dem Schluß der Rede wieder ein. Dieser Darstellung mußte meine Komposition angemessen sein.« (zit. nach: KRONES: o. T., 9).

Lehre der Verachtung der Juden«.[33] Der Karfreitag und die Passionserzählungen der Evangelien führen in den Kern des christlich-kirchlichen Antijudaismus, nämlich zur radikal erhobenen Anklage an die Adresse »der Juden«, am Tode Jesu schuld zu sein – zum Vorwurf des »Messiasmordes«.[34] Innerhalb dieser gedanklichen Spielanlage hat Mt 27,25 einen gewichtigen Platz, da über Jahrhunderte hinweg mit dem Verweis auf den *Blutruf* der »Gottesmord« allen Jüdinnen und Juden unterschiedslos angehaftet werden konnte.[35] Durch den *Blutruf* luden sich »die Juden« – aus christlicher Optik – die Schuld am Tode Jesu aus freien Stücken und kollektiv auf sich. Der Ruf: »Sein Blut komme über uns und unsere Kinder« schuf die verheerende Vorstellung einer jüdischen »Selbstverfluchung«, die besagte, dass »die Juden« ein für allemal verworfen seien und der Bund Gottes mit ihnen nicht mehr bestehe. Mehr noch: »Die Juden« nahmen ihre Kinder in den Verzicht auf das Heil hinein. Mt 27,25 konstruierte die Idee einer *Kollektivschuld* des jüdischen Volkes am Tode Jesu, ein Umstand, der das Verhältnis von Juden und Christen in »unüberbietbar negativer Weise prägen sollte.«[36]

Das Gewicht, das der *Blutruf* im Kontext christlicher Passionserzählungen einnahm, illustriert unter anderem die 1882 von Friedrich Justus KNECHT herausgegebene *Kurze biblische Geschichte für die unteren Schuljahre der katholischen Volksschule*, die auch von den Bischöfen der Schweizer Diözesen Chur und St. Gallen approbiert wurde. Die *biblische Geschichte* von KNECHT erschien zwischen 1882 und 1941 in 74 Auflagen und

---

[33] Siehe HEER, Liebe, 99. Zur Karfreitagsliturgie schreibt F. Heer weiter unten: »In enger Verbindung mit dem volksfrommen Brauchtum der Karwoche wird die Liturgie der Karwoche zur jährlichen Achse der Judenverfolgungen im christlichen Abendland.« [...] »Die Improperien, die Klagegesänge der Karfreitagsliturgien, entflammten den Haß gegen die Juden, hier wird ja alles aufgezählt und vorgemalt, was dieses gottgeliebte verfluchte Volk Gott und Christus im Laufe der Jahrhunderte angetan hat!« (Ebd.: 99f).

[34] Siehe LEHR: Vorurteil, 17. St. Lehr, der die religiösen Motive des Antisemitismus in Deutschland von 1870–1914 untersucht hat, kommt zum Schluss: »Grundlage jeder antisemitischen Hetze – nicht nur der religiösen – ist der Vorwurf des Messiasmordes. Dabei ist es gleichgültig, ob dieses den Antisemiten damals bewußt war oder nicht.« (siehe Ebd.: 20).

[35] Siehe THEISSEN/MERZ: Jesus, 412.

[36] Siehe REINBOLD: Tod Jesu, 319.

wurde in rund zwanzig Sprachen übersetzt.[37] In einem *Praktischen Kommentar* hat KNECHT seine *biblische Geschichte* für die Religionslehrer kommentiert.[38] Sein pädagogischer Grundsatz »verba movent, exempla trahunt«[39] (Worte bewegen, Beispiele reißen mit), hatte auf den Umgang mit biblischen Texten besonderes Gewicht und sollte den Unterricht prägen:

> Die Erzählung muß ferner lebendig und anschaulich (plastisch) sein, so dass die Kinder den Vorgang gleichsam vor Augen haben, die handelnden Personen sehen, ihre Reden und Antworten hören, in ihre Stimmung sich hineindenken und sozusagen mit ihnen fühlen und empfinden. Der Erzählende muß sich deshalb einer guten Betonung befleißigen und durch den Wechsel der Stimme, gelegentlich auch durch Aktionen und Gebären den wirklichen Hergang möglichst naturgetreu darzustellen suchen. Die direkten Reden sind darum überall beizubehalten, und es ist ein großer Fehler, wenn dieselben – wie es leider oft geschieht – in die indirekte Form umgesetzt werden.[40]

In einer einfachen und kindergerechten Sprache lässt KNECHT in der *biblischen Geschichte* unter dem Titel: »Jesus wird dem Volke vorgestellt und zum Tode übergeben« die Leidensgeschichte Jesus den jungen Schülerinnen und Schülern erzählen:

> Noch einmal machte Pilatus den Versuch, Jesus zu befreien. Er ließ ihn dem Volke vorführen. Und Jesus trat hinaus vor das Volk mit der Dornenkrone auf dem Haupte und dem Purpurmantel. Pilatus sprach: »Seht, welch ein Mensch!« (Joh 19,5)
> Die Hohenpriester aber und ihre Diener schrieen: »Kreuzige ihn! Kreuzige ihn!« (Joh 19,6)
> Pilatus sprach: »Ich finde keine Schuld an ihm.« (Joh 19,6)

---

[37] Als Grundlage dienten Knecht die *Biblische Geschichte* von I. SCHUSTER und G. MEY. Knecht widmete sein ganzes Leben der Katechese und war einer der führenden Religionspädagogen seiner Zeit. Seiner betont ultramontanen Position wegen wurde seine Ernennung zum Weihbischof verzögert, seine Wahl zum Erzbischof von Freiburg gar verhindert (siehe LOHMANN: Art. *Knecht, Friedrich Justus*, Sp. 122–124).

[38] Siehe auch Stephan LEIMGRUBER: Herkunftsvergessenheit der Christen – die Darstellung des Judentums im Religionsunterricht, in: Victor CONZEMIUS (Hg.): Schweizer Katholizismus 1933–1945. Eine Konfessionskultur zwischen Abkapselung und Solidarität, Zürich 2001, 315–338.

[39] KNECHT: Kommentar, 9.

[40] Ebd.: 25.

Die Juden antworteten: »Wir haben ein Gesetz und nach diesem muss er sterben, denn er hat sich selbst zum Sohne Gottes gemacht.« (Joh 19,7) Jetzt versuchte Pilatus zum letztenmale, Jesus loszugeben. Die Juden aber schrieen: »Wenn du diesen loslässest, so bist du kein Freund des Kaisers!« (Joh 19,12) Da nahm Pilatus Wasser, wusch die Hände vor dem Volke und sprach: »Ich bin unschuldig an dem Blute dieses Gerechten. Sehet ihr zu!« (Mt 27,24) Das ganze Volk antwortete: »Sein Blut komme über uns und unsere Kinder!« Und Pilatus übergab ihnen Jesus, dass er gekreuzigt werde. (Mt 27,25)[41]

Diese geraffte Zusammenstellung der Passionserzählung folgt mehrheitlich dem biblischen Passionsbericht des Johannes-Evangeliums.[42] Auffallend und bemerkenswert zugleich ist, dass trotz der Prägnanz, die dieser Komposition zu Grunde liegt, die Szene aus Mt 27,24f (*Handwaschung,* Vers 24 – *Blutruf,* Vers 25) vollumfänglich in die Nacherzählung integriert wurde. Somit bekam sie innerhalb des Textes besonderes Gewicht. Im Text wurde die Benennung der Rollenträger (Hohepriester, Diener, Juden, Volk) vor direkten Zitaten aus der biblischen Vorlage übernommen. Der Anfang dieser Nacherzählung birgt jedoch ein interessantes Detail in sich: Pilatus ließ, dem obigen Text folgend, Jesus dem »Volke« vorführen, Jesus trat mit der Dornenkrone und dem Purpurmantel vor das »Volk«. Anschließend gibt der Autor ein direktes Zitat aus Joh 19,5: »Seht, welch ein Mensch« wieder. Die Adressaten des Pilatus sind mit den Versen Joh 18,31 und 38 eindeutig als »die Juden« identifizierbar. Sie sind es nämlich, die im ständigen szenischen Wechsel der Passionserzählung des Johannes-Evangeliums, der dadurch gekennzeichnet ist, dass Pilatus entweder ins Prätorium hineingeht oder aus demselben heraustritt, draußen stehen. An dieser Stelle ist der Autor der biblischen Quelle nicht gefolgt, sondern hat die Nacherzählung mit dem »Volk« und nicht mit »den Juden« beginnen lassen, da für ihn scheinbar zwischen dem »Volk«, von dem in der Bibel die Rede ist, und »den Juden« kein nennens-

---

[41] KNECHT: Biblische Geschichte, 82f (Stellenangaben ZK).
[42] Siehe Joh 18,1–19,42.

werter Unterschied bestand. Das »Volk« erscheint innerhalb dieser Zusammenstellung – außer in Mt 25,24f – als amorphe Masse. Bei konkreten Äußerungen sind es »die Juden« oder die »Hohenpriester« mit ihren »Dienern«, die »rufen« und »schreien«. Mt 27,24f dient eindeutig dazu, die völlige Unschuld des Pilatus am Tode Jesu herauszustreichen und die Schuld mit großer Vehemenz und Deutlichkeit den »Hohenpriestern« und ihren »Dienern«, dem »Volk« oder eben »den Juden« anzulasten.

Die Studie von Wolfgang REINBOLD macht unter anderem deutlich, dass die Idee einer Schuld »der Juden« am Tode Jesu bis in die Passionsberichte der Evangelien zurückverfolgt werden kann.[43] Die Argumentationsstruktur, die aus der Idee des »Gottesmordes« und der jüdischen *Kollektivschuld* folgte, ist für die Leserinnen und Leser der biblischen Geschichten nachvollziehbar und folgt einem einfachen Muster. Überzeichnet heißt dieses: Wer Gottes Sohn mordet – und dies aus religiösen Gründen – muss eine verderbte, fluchwürdige Religion haben. Ein Volk, das diese furchtbare Tat noch dazu an einem völlig Unschuldigen begeht (die Unschuld Jesu war ein festes Axiom),[44] muss diesen hassen. Dieses gottesmörderische Volk muss schon immer blutrünstig (wie in biblischer Zeit) gewesen sein und ist ein (ritual-)mordendes Volk bis heute geblieben.[45] Oder mit den

---

[43] Siehe REINBOLD: Tod Jesu, 318–325.

[44] Ebd.: 323.

[45] In E. Wiesels Stück »Der Prozeß von Schamgorod« fallen in einem Dialog zwischen Mendel, dem Leiter einer jüdischen Theatergruppe, und dem Popen, dem Geistlichen des Ortes, folgende Worte: »POPE: … Natürlich! Was konnte er [die Rede ist von Haman, dem Günstling des Perserkönigs Artaxerxes, von dem das Buch Esther berichtet; ZK] auch anderes tun? Ihr habt euch die ganze Zeit gegen ihn verschworen. Er mußte sich verteidigen, zum Teufel! Aber ihr habt ihn trotzdem bekommen. Raffiniert, diese Juden. Diesmal habt ihr Erfolg gehabt. Armer Haman, ihr habt ihn ans Kreuz geschlagen. MENDEL: Ans Kreuz??? POPE: Ja! Spiel nicht den Unschuldigen. Ihr Juden findet immer einen Weg, eure Feinde zu töten, und immer auf die gleiche Weise. Selbst wenn es diesmal anders war. Ihr haßt sie, und dann wundert ihr euch, wenn man euch haßt. MENDEL: Wir hassen niemanden. POPE: Unmöglich! Das wäre nicht normal, das wäre nicht menschlich. Seit vielen Jahrhunderten verfolgt man euch: Ihr könnt nicht anders, als Haß mit Haß vergelten. MENDEL: Doch. POPE: Unmöglich. An eurer Stelle würde ich die ganze Welt hassen, sogar den Himmel – wie könnt ihr nicht hassen? MENDEL: Wir können es. POPE: Gott liebt euch nicht. Gib es ruhig zu. Warum wohl nicht?« (WIESEL: Prozeß, 25).

prägnant-provokativen Worten von Stefan LEHR aus dem Jahre 1974:

Der Jude, der Mörder Christi, ist der finstere Dämon in jedweder Gestalt, ist ruheloser Geist (Ahasver), blutsaugender Vampir, bocksfüßiger Teufel, geschwänzter Satan, die Personifikation allen Unheils, die Inkarnation des Bösen schlechthin.[46]

Exkurs 2: Die Schweizerische Kirchenzeitung –
Beiträge zur Passionszeit und Ostern 1933–1945
Der Blick auf die Beiträge der wöchentlich erscheinenden *Schweizerischen Kirchenzeitung*, die im Umfeld von Ostern zwischen 1933 und 1945 erschienen sind, ergibt eine Art Ideenquerschnitt einer Theologie der Passionszeit und Ostern. Ein Antijudaismus, der explizit auf die Ereignisse der biblischen Passionserzählungen Bezug nahm, lässt sich in den Jahren 1933 und 1937 finden. Beide Artikel stammen aus der Feder von Franz Alfred HERZOG, der von 1922 bis 1949 an der Theologischen Fakultät in Luzern den Lehrstuhl für Exegese des Alten Testaments innehatte.[47] Zu Ostern 1933 des Jahres schrieb HERZOG:

Wie Bienen umschwärmten die Bösen den Herrn, und ihre Worte brannten wie Dornenfeuer; […]. Die Juden hatten ihn verworfen, da sie ihn in ihrer Verblendung nicht anerkennen wollten. Sie haben ihn verworfen, wie Bauleute einen Stein wegwerfen,[48] von dem sie meinen er passe nicht in die Mauer. Ja in die Mauer, die die Juden bauen wollten, passte er nicht, […].[49]

Vier Jahre später, 1937, führte HERZOG – wiederum das antijudaistische Topos der »Verwerfung Jesu durch die Juden«[50] bemühend – diesmal mit Bezug auf Jesaja 53, aus:

---

[46] LEHR: Vorurteil, 21; Siehe LANGER: Vorurteil, 25ff.

[47] Zur Person siehe RIES: Art. *Herzog, Franz Alfred*, 10.6.2004.

[48] F.A. Herzog spielt auf das Bild von Jesus als »Eckstein« an. Siehe Ijob 38,6; Ps 118,22; Jes 28,16; Mt 21,42; Mk 12,10; Lk 20,17; Apg 4,11; Eph 2,20; 1Petr 2,6f.

[49] Franz Alfred HERZOG: Exultemus! (Ps 117,17–22), in: *Schweizerische Kirchenzeitung*, 13.4.1933.

[50] Siehe SCHRECKENBERG: Adversus-Judaeos (1.–11. Jh.), 113–125.

Die Liturgie der Kirche singt in den Kartagen die Klagelieder auf den Untergang Jerusalems, auf den Untergang des israelitischen Volkes, das durch die Verwerfung des Messias sich selber verwarf, seinen Tempel zerstörte, seine Frauen zu Witwen und seine Kinder zu Waisen machte, all seiner Herrlichkeit verlustig ging und ins Elend wandern musste. Da stehen wir nicht so sehr am Grabe des Heilands als am Grabe des auserwählten Volkes und weinen über dessen Kinder.[51]

Man würde HERZOG unrecht tun, wenn man ihn auf Grund dieser beiden Textauszüge harsch abqualifizieren würde, auch wenn die hier wiedergegebenen Gedanken antijudaistische Grundzüge zeigen. Bemerkenswert ist, dass HERZOG 1937 sich gegenüber dem jüdischen Leid zumindest vage solidarisch zeigt. Die christliche Interpretation der zeitgeschichtlichen Ereignisse steht für ihn an zweiter Stelle im Hintergrund seiner Betrachtungen.

Jacques PICARD stellt in seiner Studie über die Geschichte der Jüdinnen und Juden in der Schweiz zwischen 1933 und 1945 in Bezug auf den Antisemitismus eine generelle Abnahme während der Kriegsjahre fest. Seine These stützt er mit dem Argument einer Tabuisierung des Antisemitismus, die angesichts der deutschen Kriegsbedrohung und der antideutschen Stimmung in der Schweiz herrschte.[52] Dies könnte mitunter auch die Abnahme des Antijudaismus in den unmittelbaren Vorkriegs- und Kriegsjahren erklären. Dahinter steckte jedoch auch ein pastorales Bestreben: Die in der *Schweizerischen Kirchenzeitung* behandelten Themen zu Ostern der Kriegs- und Vorkriegsjahre stehen im Zeichen des Ausharrens und der christlichen Zuversicht. Die Autoren wollten Mut und Hoffnung verbreiten, dass sich alles zum Guten wenden wird.[53]

---

[51] Franz Alfred HERZOG: Karfreitag und Ostern im Alten Testament, in: *Schweizerische Kirchenzeitung*, 25.3.1937. Im Jahre 1942 verfasste F.A. Herzog abermals einen Artikel, den er mit *Ostern* betitelte. Dieser enthielt jedoch keinen Bezug zum Judentum.

[52] Siehe PICARD: Die Schweiz und die Juden 1933–1945, 41–51.

[53] Die jeweiligen Titel lauten: Der Friede sei mit euch! Fürchtet euch nicht! (1941); Ostern (1942); Dies venit, dies tua – In qua reflorent omnia (1943); Gott wird euren sterblichen Leib beleben, um seines Geistes willen, der in euch wohnt (Röm 8,11) (1944); Musste der Christus nicht leiden und so in seine Herrlichkeit eingehen? (Lk 24,26) (1945). 1939 und 1940 enthalten keine expliziten Texte zu Ostern.

2.5 Mt 27,25 in der Predigt

In der Passionszeit und am Karfreitag bot insbesondere die Homilie, die Predigt, den Raum, in dem antijudaistisches Gedankengut entfaltet und kolportiert werden konnte.[54] Die dazugehörige theologische Disziplin, die Homiletik, verstand sich als die wissenschaftlich-praktische »Einführung in die Kunst der Seelenleitung durch das Wort Gottes.«[55] Am 15. Juni 1917 wandte sich BENEDIKT XV. mit der Enzyklika *Humani Generis Redemptionem* an den römisch-katholischen Episkopat. In seinem Schreiben, das gänzlich der kirchlichen Predigt gewidmet war, betonte der Papst die Wichtigkeit der christlichen Predigt im Leben der Kirche im Allgemeinen und für das Heil der Gläubigen im Besonderen. Er rief die Bischöfe dazu auf, sich vermehrt um die gottesdienstliche Predigt, ihre pastorale Dimension sowie um die Ausbildung und Betreuung der Prediger selbst zu kümmern.[56] Die Postulate des Papstes aufgreifend, veröffentlichte der Freiburger Theologieprofessor Joseph BECK sieben Jahre später, 1922, unter dem Titel *Cours d'éloquence sacrée* (*Einführung in die fromme Beredsamkeit*) eine kleine Schrift. Darin charakterisierte BECK die homiletische Predigt als die für die Gläubigen nützlichste Form der liturgischen Ansprache. Der Prediger sei bei der Vorbereitung seiner Homilie auf das seriöse Studium und auf die fromme Meditation der *Heiligen Schrift* angewiesen, um aus dem *Wort Gottes* der kirchlichen Lehre entsprechende und für das Leben der Gläubigen nützliche und erbauende Schlüsse (*conclusions*) ziehen zu können.[57]

Der Blick in die Bestände der Freiburger Seminarbibliothek zeigt, dass Predigtsammlungen zur Passionszeit im Vergleich zu

---

[54] In U. Ecos *Name der Rose* fragt der junge Novize Adson Salvatore: »»Warum die Juden?‹ fragte ich Salvatore. ›Warum nicht?‹ erwiderte er und fügte erklärend hinzu, schließlich hätten die Leute ein Leben lang von den Priestern gehört, daß die Juden die Feinde der Christenheit seien und daß sie außerdem jene Reichtümer aufhäuften, die ihnen, den armen Christen, verwehrt waren.« (ECO: Rose, 253).

[55] SCHUBERT: Art. *Homiletik*, Sp. 126.

[56] BENEDIKT XV.: *Humani Generis Redemptionem*, in Englischer, Französischer und Italienischer Sprache Übersetzung einsehbar auf: http://www.vatican.va/holy_father/benedict_xv/encyclicals/index_ge.htm (18.12.2005).

[57] Siehe BECK: Eloquence, 72f.

anderen liturgischen Höhepunkten des Kirchenjahres – wie zum Beispiel dem Advent – häufiger zu finden sind.[58] Die naheliegendste Erklärung liegt in dem von wirtschaftlichen und politischen Krisen geschüttelten Zeitgeist zu Beginn des 20. Jahrhunderts, der sich für Themen der Sünde sowie des Leidens und damit verbunden für moralische Ermahnungen empfänglich zeigte.

Die Wirkungsgeschichte von Mt 27,25 hat ihre Spuren auch im Archiv des *Schweizerischen Israelitischen Gemeindebundes* (SIG) hinterlassen:

Am 3. April 1938 strahlte der Schweizer Radiosender in Sottens eine Predigt von Abbé H. PANCHAUD, Pfarrer von Châtonnaye im zweisprachigen Kanton Freiburg, aus. Eine Zuhörerin aus Bern rapportierte Saly MAYER, zu jener Zeit Präsident des Gemeindebundes, Folgendes:

Der Pfarrer beschrieb in allen Détails den Passionsweg Christus [sic!] und die Kreuzigung. Nach dieser ungemein drastischen Erzählung und Beschreibung der Vorgänge vor 2000 Jahren sprach der Redner über die Juden. Dieselben sind seit dieser Zeit verfemt. Ruhelos, ohne eigene Heimat, müssen die Juden die Welt durchwandern. Verachtet, gehasst von ihren Mitmenschen tragen sie die Schuld an der Kreuzigung Jesu und büssen dafür.[59]

In der Tat beschrieb Abbé PANCHAUD das jüdische Volk als Meute, die trotz der Beschwichtigungsversuche des Pilatus, vom Blut Jesu aufgepeitscht, stur und unerbittlich zuerst die Folterung und dann die Kreuzigung fordert, mit dem Schrei: »Sein Blut komme über uns und unsere Kinder!« sich selber verflucht und die Schuld am »Gottesmord« freiwillig und *unisono* auf sich lädt. Nach einer telefonischen Intervention des SIG fiel die Stel-

---

[58] Dieser Befund wird auch bei der Durchsicht der zwischen 1933 und 1945 in der *Schweizerischen Kirchenzeitung* rezensierten Bücher bestätigt. Darin finden sich Werke mit folgenden Titeln: Jesu Kreuzweg – Unser Heilsweg (1933); Der heilige Kreuzweg/Ströme von Golgotha (1934); Die drei Kreuze auf Golgotha (1935); Die Leiden Christi (1936); Das Leiden und Sterben unseres Herrn Jesus Christus (1938); O Haupt voll Blut und Wunden (1941); Die Heiligen Kartage (1944).

[59] AFZ: IB SIG-ARCHIV: 4.3.3.2 Antisemitische Presseartikel und Druckerzeugnisse; Antisemitische Predigt eines katholischen Pfarrers, Korr. 1938; Brief von E. Sommer an E. Raas vom 4.4.1938, [ohne Signatur].

lungnahme der *Schweizerischen Rundfunkgesellschaft* (SRG) deutlich, aber kurz aus: »Wir stehen nicht an zuzugeben, dass der betreffende Geistliche damit den Rahmen, in dem die Predigten im Rundspruch sich bewegen sollten, überschritten hat, und wir sprechen Ihnen dafür unser Bedauern aus.«[60] Zudem wurden die Studios angewiesen, in Zukunft die Predigtmanuskripte einer genauen Prüfung zu unterziehen.[61]

Dass die oben geschilderte Darstellung des Freiburger Pfarrers kein Produkt eines verirrten pastoralen Geistes war, illustrieren die Fastenpredigten zahlreicher Geistlicher, die als Broschüren publiziert, ihren Kollegen Hilfe und Anregungen für deren Predigten boten. Die Verfasser dieser Schriften waren meist höhergestellte kirchliche Amts- und Würdenträger sowie Ordensleute, die ihre Predigten einem größeren Publikum zugänglich machen wollten. Durch gemeinsame Betrachtung und Meditation fanden diese Schriften auch Eingang ins katholische Vereinsleben und prägten wesentlich die Volksfrömmigkeit breiter gesellschaftlicher Schichten.

Die wirkungsgeschichtlichen Spuren des *Blutrufes* ergeben einen ideengeschichtlichen Querschnitt der Interpretation sowie der pastoralen Instrumentalisierung von Mt 27,25 in der katholischen Predigt. Die folgenden Darstellungen und Befunde haben exemplarischen Charakter. Die hier skizzierten Ideen wurden – wie auch weitere Predigtsammlungen zeigen – zum Teil stereotyp reproduziert.

Den Gedanken der priesterlichen Seelenleitung nahm die 1853 in deutscher Sprache erschienene *Welt des Predigers* von Abbé THARIN, Generalvikar in Besançon, auf. In rund 200 systematisch gegliederten Übersichtstafeln ordnete THARIN seine

---

[60] AFZ: IB SIG-ARCHIV: 4.3.3.2 Antisemitische Presseartikel und Druckerzeugnisse; Antisemitische Predigt eines katholischen Pfarrers, Korr. 1938; Brief der Schweizerischen Rundfunkgesellschaft (SRG) an den Schweizerischen Israelitischen Gemeindebund (SIG) vom 13.4.1938, [ohne Signatur].

[61] Zu Ostern 1931 hielt der Diözesanbischof A. Scheiwiler eine Radiopredigt, die nach Presseangaben von rund 150.000 Menschen empfangen wurde. Darin führte Scheiwiler aus: »Wie die Juden aber am Charfreitag rufen heute so viele: wir wollen nicht, daß Christus herrsche. Es gibt Länder und Völker, die dem Auferstandenen den direkten Vernichtungskampf ansagen.« (Die Radio-Predigt unseres hochwst. Bischofs, in: *Die Ostschweiz*, 7.4.1931).

Predigten in verschiedene Abteilungen und Unterabteilungen. Das Kirchenjahr und die dazugehörigen Homilien brachte er auf diese Weise in eine stringente Struktur. Der Prediger musste lediglich den von THARIN festgesetzten Koordinaten folgen. Die Predigt zum Karfreitag ist dem Leiden Christi gewidmet. Unter dem zweiten (Haupt-)Argument: »Das Vollmaaß von Bosheit von Seiten der Menschen« ist die dritte von fünf Unterabteilungen der »[…] Wankelmütigkeit des Volkes, das nachdem es ihn [Christus; ZK] mit den Beweisen der lebhaften Freude empfangen hat«, gewidmet. Punkt b) dieser dritten Unterabteilung spricht von der blinden Wut des Volkes, das den Tod Jesu verlangt, während in der weiteren unerbittlichen Verzweigung der Gedanken THARINS unter γ) das Volk das Blut Christi »auf sich und seine Kinder« herabruft: »Sanguis ejus super nos et super filios nostros. Matth. 27,25.«[62]

Das einzige direkte Bibelzitat, das THARIN auf den vier dicht bedruckten Seiten wiedergibt, ist Mt 27,25. Dieser Vers scheint ihm dermaßen wichtig und prägnant zu sein, dass er ihn in seiner rational-systematischen Durchdringung der »Leiden Christi« zitieren muss.

Das Drama über »Leiden und Tod Jesu Christi« mit seiner Hybris und szenischen Ausgestaltung belebte die rhetorische Phantasie vieler Prediger. In der Passionsgeschichte verdichteten sich die christlichen Ressentiments gegenüber dem Judentum zu einem eigentlichen Mythos. Die Welt zerfiel in *ein* Opfer und lauter Henker. Einprägsam und pathetisch berichteten die Prediger von den Ereignissen auf Golgotha und beschworen vor den geistigen Augen ihrer Zuhörerinnen und Zuhörer »die Juden« als eine »Horde von raublustigen wilden Tieren«,[63] als »wildschäumende Volksmasse«,[64] die wie ein Mann dem grausamen Schauspiel der Kreuzigung des Heilandes beiwohnte.[65] Die in den Predigten erzeugten rhetorischen Bilder gerieten gelegentlich ins Exzessive und nahmen sadistische Züge an: »Wir wollen ihn am Kreuze seh'n, wir wollen unsere Augen weiden an seinen zu-

---

[62] THARIN: Welt des Predigers, 114f.
[63] DONDERS: Wunden, 15.
[64] FÜGLEIN: Licht, 28.
[65] Siehe BAMBERG: Leidensgeschichte, 41.

ckenden Gliedern und unseren Hass kühlen in seinem letzten Blutstropfen und seinem Todesröcheln.«[66]

In der Homilie waren die Prediger bestrebt, die Texte der Passionserzählungen für die eigene Zeit fruchtbar zu machen. Dabei musste die zeitliche Kluft zwischen den biblischen Ereignissen und der eigenen Gegenwart überwunden werden.[67] Mit anderen Worten ausgedrückt hieß dies, die zeitliche Barriere zwischen dem Vergangenen und dem Jetzt aufzuheben.

1940 publizierte Adolf DONDERS drei Reihen seiner Fastenpredigten unter dem Titel *O Haupt voll Blut und Wunden*. Voller Inbrunst beschrieb er, »was der Gekreuzigte vom Kreuze herab« sah:

Dieser Volksentscheid, dieser Ruf »Ans Kreuz mit Ihm... sein Blut komme über uns...« [...] So kam diese Entscheidung gegen Ihn, der Abfall des Volkes von Ihm: »Sein Blut komme über uns ...«, der Ruf, der über die Stadt hinwogte wie ein Fluch, sie dem Verderben weihte und ihre Zukunft pfändete...[68]

Kurze Zeit später wandte sich DONDERS mit folgender Frage und Aufforderung an seine Zuhörer:

Wie stehen wir zum Gekreuzigten? [...] Wir wollen heute als stille Zuschauer, wie sie wohl auf allen Passionsbildern in einer Ecke stehen, mit ergriffener Seele in dieses Gewoge des Kampfes der Zeiten gegen Christi Kreuz hineinsehen.[69]

Mit dieser Frage und der anschließenden Aufforderung integrierte er die Anwesenden und sich selbst in diese fiktiv ausgestaltete Szene. Damit hob er die zeitliche Barriere in dem Masse auf, dass der »Jude« zur Zeit Jesu zur Negativfolie,[70] zum klassischen Gegensatz wurde, von der sich die Christin, der Christ, des 20.

---

[66] FÜGLEIN: Licht, 29.

[67] H. Bamberg verstand die Handlungen der Passion, als solche »deren genaue Betrachtung auch für uns nützlich und lehrreich sein wird.« (BAMBERG: Leidensgeschichte, 41). Hierfür sprach auch der programmatische Titel, den G. Füglein 1929 seinen 7 Fastenpredigten gegeben hatte: »Licht vom Kreuze! Soziale Gedanken und Kräfte aus der Leidensgeschichte Unseres Herrn.« (siehe FÜGLEIN: Licht).

[68] DONDERS: Wunden, 5.

[69] Ebd.: 15.

[70] Siehe ALTERMATT: Koordinatensystem, 471.

Jahrhunderts abzuheben hatte.[71] Die zeitliche Dimension wurde außer Kraft gesetzt und die Schuldzuweisung aufrechterhalten.[72]

Die Predigt über das Leiden und den Tod Christi diente in erster Linie pastoral-pädagogischen Zwecken. Das »jüdische Volk« und sein Schicksal wurde in der Fastenzeit dem christlichen Sünder zur Warnung: *Tua res agitur* – dein Fall ist hier beschrieben, dein Schicksal ist besiegelt. Schau genau hin! Pater DOMINICUS zeichnete in seinen 1905 veröffentlichten Fastenpredigten die biblischen Ereignisse wortgewaltig nach.[73] Zuerst beugte sich Pilatus dem Druck des rasenden Mobs. Anschließend verfluchten »die Juden«, die durch die Kreuzigung zu »Gottesmördern« wurden, sich selbst und ihre Nachkommen. So luden sie »Verantwortung« und »Schuld« aus freien Stücken und aus eigener Initiative auf sich und nahmen den »Segen der Erlösung« nicht an (da die Unschuld Jesu ein festes Axiom der Passionserzählungen darstellte, war es wichtig, den Akt der »Selbstverfluchung« in besonderem Masse hervorzuheben).[74] Die christliche Heilsgeschichte mit »den Juden« fand an diesem Punkt ihr jähes Ende. Mit ihnen konnte sich die Christin, der Christ, – sei er nun Sünder oder nicht – zumindest im Denken von Pater DOMINICUS nicht identifizieren. Ihr Part war zu schändlich, zu furchtbar. Nicht so der des ungerechten Richters Pilatus, der sich durch eine Geste, dem Waschen seiner Hände, der Verantwortung entziehen wollte und an der »jüdischen Blutschuld« *mit*-schuldig wurde. Für Pater DOMINICUS lag die Parallele zum Sünder in der Rolle des Pilatus. Auch dieser betrüge sich mit billigen Ausreden selbst und entziehe sich so seiner Verantwortung. Ergo werde er – wie Pilatus – »mitschuldig und mitbeteiligt an den Leiden des Heilandes.«[75] In ähnlicher Weise hielt der Innsbrucker Jesuitenpater Georg PATISS in seinen 1884 gedruckten *kleinen Homilien* fest: »O Pilatus! [...] du bist, und bleibst ein Gottesmörder, wie die Juden.«[76] In der Formel: »Jeder Sünder ist ein Gottesmör-

---

[71] Siehe LANGER: Vorurteil, 290.
[72] Siehe ALTERMATT: Schatten, 344.
[73] Siehe DOMINICUS: Heiland, 78–80.
[74] Siehe ROGG: Vorbild, 50.
[75] DOMINICUS: Heiland, 80. Siehe auch KNECHT: Kommentar, 625f.
[76] PATISS: Erbarmungen, 563.

der«[77] erfuhr die Idee der Mitschuld eine ungeheure Radikalisierung. Der christliche Sünder wurde nun zum »Gottesmörder« der Gegenwart, der in logischer Entsprechung so niederträchtig und schlecht war wie es »die Juden« in biblischer Zeit waren.

Im Frühlicht betitelte Friedrich ZOEPFL seine 1916 in Paderborn herausgegebenen Kinderpredigten. In ZOEPFLS Kinderpredigt zum Passionssonntag werden »die Juden« ebenfalls für pädagogische Zwecke instrumentalisiert. Nachdem ZOEPFL Joh 8,59 (»Da hoben sie [»die Juden«; ZK] Steine auf, um sie auf ihn zu werfen. Jesus aber verbarg sich und verließ den Tempel.«) in einer mit viel Phantasie angereicherten Form nacherzählt hat, wandte er sich an die zuhörenden Kinder:

Kinder! Diese Juden, welche keinen Tadel hören und deshalb Jesus steinigen wollen, gefallen euch gewiss nicht. Und doch wie viele von euch haben es den Stellvertretern Jesu, den Eltern, den Lehrern, den Meistern, anderen großen Leuten geradeso gemacht wie die Juden dem lieben Jesus.[78]

Es liegt in der Logik christlicher Gerechtigkeit, dass Sünde mit Gericht und Strafe vergolten wird. In den Augen der Prediger war die Strafe für die behauptete *Blutschuld* notwendig und gerecht. Sie sahen sie im Rückzug Gottes und im Zerreißen des Bandes, das bis anhin zwischen Gott und dem auserwählten Volk bestanden hatte.[79] In Mt 27,25 ging es um alles oder nichts. Die Entscheidung »der Juden« gegen Jesus war gleichzeitig die radikale Entscheidung gegen das Heil. 1933 sah auch der österreichische Soziologe und Publizist Anton OREL in Mt 27,25 den neur-

---

[77] UDE: Schule, 55.

[78] ZOEPFL: Im Frühlicht, 81. In seiner Predigt zum Karfreitag, in der er Jes 53,2–7 auslegte, wandte er sich mit der Frage, wer am Tode Jesu Schuld sei, an die Kinder. Zoepfl folgte den einzelnen Rollenträgern der Passionsgeschichte des Johannes-Evangeliums: »Kinder! wer hat denn das getan? Wer hat den guten Heiland so übel zugerichtet? Wer trägt die Schuld, daß der Heiland am Leidensfreitag so armselig und so zerschlagen am Kreuze hängt? Sind die Soldaten schuld gewesen, die ihn an der Geißelsäule bis aufs Blut geschunden [...] haben. Sind sie schuld? Oder sind die Juden schuld, die es den Soldaten angeschafft, die ihn verhöhnt und verspottet haben?« (Ebd.: 88).

[79] Siehe DIESSEL: Golgotha, 60; BALTHASAR: Mysterium Judaicum, 218f; KNECHT: Kommentar, 625.

algischen Punkt, an dem »der tiefgreifende Gegensatz zwischen Heidentum und Judaismus lebhaft zum Ausdruck«[80] komme:

Während der Heide Pilatus die skeptische Frage »Was ist Wahrheit?!« stellt und den von ihm als unschuldig erkannten Christus aus feiger Besorgnis um die Gunst der Führer des Judenvolkes und des Kaisers [...] mit den Worten ausliefert: »Ich bin unschuldig am Blut dieses Gerechten; mögt ihr es verantworten!« [...] – schreien die Juden, von den Hohenpriestern und Ältesten aufgestachelt, von wütendem Hass und Mordgier: »Kreuzige ihn! ... Sein Blut komme über uns und unsere Nachkommen!« In dieser grundverschiedenen Stellungnahme zur Ermordung des Messias, an der doch beide mitwirken, kommt der tiefgehende Gegensatz zwischen Heidentum und Judaismus lebhaft zum Ausdruck.[81]

Die gleiche Argumentation, diesmal wiederum in einer einfachen Sprache an die Adresse von Kindern gerichtet, findet sich in den 1936 in französischer Sprache erschienenen Kinderpredigten von Jean PELZ. In seiner Karfreitagspredigt wird Mt 27,25 dadurch greifbar, dass er das Blut Jesu (»ce que dit le sang de Jésus-Christ«) in den Mittelpunkt seiner Gedanken stellt. Darin führt PELZ aus, dass von den Ereignissen auf Kalvaria niemand unberührt bleiben könne. Dieses Ereignis fordere zwangsläufig eine Entscheidung, die die Menschheit in ein Lager der Liebe, das unter anderem vom Vertrauen auf Gott getragen und in ein Lager der Hasses, das gänzlich von irdischen Interessen geleitet werde, spalte.[82] Die *bruta facta* der Zerstörung des Zweiten Tempels und der Stadt Jerusalem durch Titus im Jahre 70 n.Chr. bürgten für die Wahrheit der Ereignisse, von denen in Mt 27,24f berichtet wurde.[83] Dort vollzog sich nämlich – aus der Sicht der Prediger – die Strafe, die die Väter nicht bedacht hatten, in grausamer Weise an ihren Kindern:

---

[80] OREL: Judaismus, 50.

[81] Ebd.: 49f.

[82] Siehe PELZ: Prédicateur, 101.

[83] Siehe unter anderem Helmut SCHWIER: Tempel und Tempelzerstörung. Untersuchungen zu den theologischen und ideologischen Faktoren im ersten jüdisch-römischen Krieg (66–74 n.Chr.), Freiburg/Schweiz 1989; Heinz-Martin DÖPP: Die Deutung der Zerstörung Jerusalems und des Zweiten Tempels im Jahre 70 in den ersten Jahrhunderten n.Chr., Tübingen 1998. Siehe auch METZGER: »Schildwache«, 313.

Seine Hauptstadt [die des jüdischen Volkes; ZK] von den Römern einge-
schlossen, belagert, ihre Einwohner sich gegenseitig zerfleischend, von
der Pest weggerafft, dann die Stadt erstürmt, geplündert, der Tempel
verbrannt, die Einwohner ermordet, in Gefangenschaft geschleppt und
schließlich unter alle Völker der Erde zerstreut, dem Christentum feind-
lich, vergeblich auf den Messias wartend, nachdem ihre Voreltern den
wahren Messias getötet haben.[84]

In *Nists Predigtkollektion* von 1911 fragten die Autoren bei der
Schilderung der Leiden Christi am Kreuz gar gleichgültig:
»Zwar verwirft ihn sein eigenes Volk; was ist dieses Völklein
aber gegen alle jene Nationen, die ihn in allen Weltteilen anerkennen?«[85] Die Konsequenzen für das jüdische Volk blieben
nicht aus: Verachtung, Hass, Zerstreuung und Heimatlosigkeit.[86]
Hier zeigt sich besonders deutlich, dass den Theologen zu jener
Zeit eine Differenzierung oder gar strikte Trennung zwischen
Heils- und Profangeschichte weitgehend fremd war. Die zusam-
menfassende Deutung der Geschichte folgte ausschließlich
heilsgeschichtlichen Argumenten.[87] Der pädagogische Mahnfin-
ger erhob sich abermals: Der Sünder, der auch seine Kinder zur
Vernachlässigung ihrer religiösen Pflichten verführe, sie vom
Glauben und den Gnadenmitteln der katholischen Kirche fern-
halte, mache sich im Sinne von Mt 27,25 schuldig.[88] Oder: Auch

---

[84] BAMBERG: Leidensgeschichte, 46. Siehe unter anderem ROGG: Vorbild, 50.
»Und wie die Römerheere einen eisernen Ring um die Stadt bilden. Und wie Waf-
fennot und Hungertod unter den Jerusalemern wüten. Wie sie ihre eigenen Kinder
und die Leichen der Gefallenen und Gestorbenen aufzehren. Wie der Tempel zu-
sammenbrennt und zusammenbricht und 6000 Menschen unter seinen Trümmern
begräbt. Wie bei der Einnahme der Stadt Tausende niedergemetzelt werden. Und
wie der Rest – 9700 Mann – in die Sklaverei geführt werden.« (FÜGLEIN: Licht, 30).

[85] NAGEL/NIST: Feste, 202.

[86] Mit den Worten von Abbé H. Panchaud: »... depuis ce moment, détestés, mé-
prisés, sans patrie, les Juifs dispersés par toute la terre.« (AFZ: IB SIG-ARCHIV:
4.3.3.2 Antisemitische Presseartikel und Druckerzeugnisse; Antisemitische Predigt
eines katholischen Pfarrers, Korr. 1938; Brief von E. Sommer an E. Raas vom
4.4.1938, [ohne Signatur].

[87] Siehe unter anderem OTT: Art. *Heilsgeschichte*, 137–139.

[88] »Und wenn nun manche auch ihre Kinder zu gleichem Leichtsinne, zu gleicher Vernachlässigung ihrer religiösen Pflichten verführen, sie vom Gottesdienst,
von der Christenlehre, vom Empfang der heiligen Sakramente, sie sogar des heiligen
katholischen Glaubens und aller Gnadenmittel der Kirche berauben – ja, klingt das

der Sünder bedenke, fürchte und glaube nicht an die Strafen der Zukunft. »Und doch werden sie kommen über den unbußfertigen Sünder, so wahr, als das Blut des Heilandes über das Judenvolk gekommen ist.«[89]

Aus theologischer Perspektive endete die Geschichte mit den Jüdinnen und Juden in völliger Dunkelheit. So erstaunt es nicht, dass der kleine Funken ihrer Existenz, ihr bloßes »Noch-da-sein«, als *Mysterium* begriffen wurde. Pater Georg PATISS sprach 1890 von einem »furchtbaren Weltwunder«, das nur mit dem Fortbestand der »wehrlosen Kirche Jesu Christi«, die sich unter beständigen Verfolgungen und Gewalttaten von der Seite der irdischen und höllischen Mächte zu behaupten habe, verglichen werden könne.[90] Dieser Vergleich war beruhigend, denn wenn Gott schon »die Juden« weiter existieren lässt, dann hat *seine* Kirche auch nichts zu befürchten. Dieses *Mysterium* des Fortbestehens – dieser Funken Licht für die Geschichte »der Juden« – verbarg sich in Röm 11,25–27.[91] Dort spricht Paulus von der noch ausstehenden Rettung Israels, die »den Juden«, nachdem die Heiden in voller Zahl das Heil erlangt haben, zuteil werde. Seine Prophezeiung leistete zweierlei: Erstens war diese Passage im Römerbrief, wie der Schweizer Theologe Hans Urs VON BALTHASAR schreibt, ein Garant dafür, dass »kein einzelner oder kollektiver Menschenwille« das jüdische Volk ausrotten konnte. Denn wäre dies der Fall, »so wäre das Mysterium des jüdischen Fluches und seiner Verheissung gar kein ernsthaftes theologi-

---

nicht ganz an den jüdischen Ruf: Sein Blut komme über uns und unsere Kinder?« (KEPPLER: Homilien, 205).

[89] BAMBERG: Leidensgeschichte, 47; Siehe ROGG: Vorbild, 50.

[90] Siehe PATISS: Fasten-Predigten, 514.

[91] Siehe Karl Ludwig SCHMIDT: Die Judenfrage im Lichte der Kapitel 9–11 des Römerbriefes, Zollikon-Zürich ²1942. 1944 veröffentlichten Theologiestudenten der Universität Utrecht eine Anzahl Studien über »Das Rätsel der Juden«. Sich auf Röm 11,25 berufend, führten die Theologiestudierenden aus: »Darum gehört nach unserer christlichen Überzeugung die Judenfrage in einen anderen Bereich als das Problem der Neger in Amerika oder das der Eingeborenen in Südafrika. [...] Aber der Neger ist uns ein Ruf: der Ruf zum christlichen Zeugnis der Nächstenliebe. Auch der Jude bedeutet für uns diesen Ruf. Aber zugleich ›bedeutet‹ er mehr. Gott hat ihn in die Welt gesetzt zu einem Zeichen das auf ihn hinweist, auf den Gott, an den wir Christen glauben.« (Die Judenfrage, in: *Volkszeitung* [Spiez], 3.5.1944).

sches Faktum.«[92] Zum Zweiten war die Prophezeiung dem christlichen Sünder Hoffnung, dass es auch für ihn eine Chance gab, sich an der Hand der göttlichen Gnade zurechtzufinden.[93] Verspotte er aber Gott und den Glauben, so überfalle ihn der Tod. Er werde verflucht und bis in alle Ewigkeit verstoßen.[94]

Von Mt 27,25 ausgehend, konnten sich Prediger und Autoren in Betrachtungen ergehen, wie verworfen das jüdische Volk sei und wie der selbst herabbeschworene Fluch auf ihm laste und welche Formen die göttliche Rache annehmen werde. Die Predigten von Jacques Bénigne BOSSUET, des bekannten französischen Theologen und Bischof des 17. Jahrhunderts, erfreuten sich schon zu dessen Lebzeiten großer Beliebtheit. In Freiburg sind gleich mehrere Editionen seiner viel gerühmten und ihrer Eloquenz wegen besonders für die frankophonen Studierenden als beispielhaft geltenden *Sermons* zu finden. Gewaltig und effekthascherisch sind auch seine Worte »über die Leiden unseres Herrn Jesus Christus«:

Ich höre, wie die Juden schrieen: Sein Blut komme über uns und unsere Kinder. Dorthin kommt es auch, du verfluchte Rasse. Du wirst mehr als erhöht werden, denn dieses Blut wird dich bis zu deinen letzten Nachkommen verfolgen, bis der Herr, seiner Rache müde, am Ende der Welt deiner elenden Überreste gedenken wird [...] Dem geheimen Ratschluss Gottes zufolge existieren die Juden noch als Vertriebene und Gefangene unter den Völkern; aber sie tragen die Merkmale ihrer Verwerfung, sie sind offensichtlich herabgekommen; verbannt aus dem verheißenen Land, besitzen sie kein Ackerland, sind sie versklavt, entehrt und unfrei, wo immer sie hinkommen, und man sieht ihnen nicht mehr an, daß sie ein Volk sind.[95]

Die negative Konnotation des Karfreitags wirkte im kollektiven Bewusstsein von Katholikinnen und Katholiken auf das Bild »der Juden« als in höchstem Masse kontrastierend und als emotionaler Verstärker der negativen Gefühle »Juden« gegenüber. Im Umfeld des Karfreitags und Ostern beschränkte sich der

---

[92] BALTHASAR: Mysterium Judaicum, 219. Siehe SCHMIDT: Judenfrage, 13f.
[93] Siehe DIESSEL: Golgotha, 61.
[94] Siehe Ebd.
[95] BOSSUET: Sermons, 145 (Übersetzung: BAUM: Evangelium, 102). Siehe auch ALTERMATT: Koordinatensystem, 470; LEHR: Vorurteil, 17.

Auftritt »der Juden« auf den negativen, dunklen und von Leiden und Tod durchzogenen Teil dieser identitätsstiftenden christlichen Geschichte. »Die Juden« blieben im kollektiven Bewusstsein zwangsläufig immer mit dem negativen Teil der Geschichte verbunden.

2.6 Die Macht der Bilder

2.6.1 Die *Bibel in Bildern* von Julius Schnorr von Carolsfeld

Neben dem Wort, das tagtäglich mündlich oder schriftlich an uns gerät, werden wir auch von Bildern geprägt.[96] Sei es in Form von Skizzen, Karikaturen, Illustrationen (auf Papier gedruckt, auf Münzen geprägt oder auf Bildschirme projiziert) oder seien es kunstvolle Gemälde: Sie alle enthalten eine codierte Nachricht, die die Betrachterin, der Betrachter, aufgrund ihres oder seines Wissens mehr oder weniger decodieren kann. Das Bild kann sich als Medium *sui generis* gegenüber dem Wort behaupten oder mit dem Wort zusammen seine Wirkung entfalten. Bilder bieten auf ihre eigene Weise wertvolle historische Informationen, da ihre Schöpfer durch sie kulturelle und soziologische Sachverhalte ihrer eigenen Zeit zum Ausdruck bringen.[97]

Auch der christlich-kirchliche Antijudaismus konnte nicht nur *im* und *durch* das Wort, sondern auch in Form von religiösen

---

[96] Die Wirkungsgeschichte musikalischer Werke wäre noch zu untersuchen. In der *Matthäus-Passion* (BVW 244) von J.S. BACH ertönt auch Mt 27,25 (Rezitativ Nr. 59 – Chor).

[97] H. SCHRECKENBERG schreibt in seinem Bildatlas über »die Juden« in der Kunst Europas, zum Bildthema der *Passio Christi*: »Überproportional oft ist die Passio Christi ein Thema in der Bildkunst, und dies begünstigte das Entstehen und Befestigen feindseliger Einstellungen gegen die Juden im christlichen Europa, denn zahllose Bilder stellen die Peiniger Christi in der Tracht mittelalterlicher Juden dar und versahen diese so mit dem Stigma einer Kollektivschuld. [...] Gerade auch solche Darstellungen gehören zu den ›Schlagbildern‹; denn sie ließen wie selbstverständlich den Bildbetrachter die neutestamentlichen Gegner Jesu assoziieren mit den Spitzhutträgern, die ihm tagtäglich auf den Straßen mittelalterlicher Städte begegneten.« (SCHRECKENBERG: Kunst, 19). Siehe auch die illustrative Sammlung von Darstellungen, Ebd.: 165–197.

Bildern, Illustrationen in Bibelausgaben, Religionsbüchern und Katechismen usw. verbreitet werden. Die historische Forschung betrachtete bis dato vorwiegend antisemitische Illustrationen in Tageszeitungen, Magazinen, politischen Zeitschriften, Pamphleten oder auf Plakaten. Im Unterschied zu den antisemitischen Illustrationen, die teilweise auf primitivste Art und Weise ihre antisemitischen Botschaften an die »gewöhnlichen Leute« brachten,[98] konnte der illustrierte Antijudaismus auf eine lange und künstlerisch-etablierte, aber weitgehend unreflektierte Tradition zurückgreifen.[99]

Die folgenden beiden Illustrationen sind der *Bibel in Bildern* von Julius SCHNORR VON CAROLSFELD (1794–1872) entnommen.[100] Das 240 Illustrationen umfassende Werk entstand im Zeitraum zwischen Oktober 1852 und Dezember des Jahres 1860. Vorrangiges Ziel der *Bibel in Bildern* war – der Kunstauffassung der so genannten *Nazarener* folgend – die Volkstümlichkeit ihrer Werke.[101] Dazu gehörte auch, dass die *Bibel in Bildern* für alle verständlich und erschwinglich sein sollte. Die Verbreitung und Popularität, die SCHNORRS Bilderbibel im Laufe der Zeit errang, war immens. Am Ende des 19. und zu Beginn des 20. Jahrhunderts waren seine Illustrationen nicht nur als vollständige Bibel-Ausgaben, sondern auch in Form von einzel-

---

[98] Siehe die oft obszönen, pornographischen und verleumdenden Illustrationen in der von J. Streicher herausgegebenen nationalsozialistischen Zeitschrift: *Der Stürmer. Deutsches Wochenblatt zum Kampf um die Wahrheit.*

[99] Siehe unter anderem Heinz SCHRECKENBERG: Die Juden in der Kunst Europas. Ein historischer Bildatlas, Freiburg im Breisgau 1996; JÜDISCHES MUSEUM DER STADT WIEN (Hg.): Die Macht der Bilder. Antisemitische Vorurteile und Mythen, Wien 1995.

[100] Siehe Julius SCHNORR VON CAROLSFELD: Das Buch der Bücher in Bildern. 240 Darstellungen erfunden und gezeichnet von Julius Schnorr von Carolsfeld, Leipzig 1908.

[101] Die Kunstauffassung der Nazarener (der Name ist aus der römischen Bezeichnung »alla Nazarena« entstanden, die die christus-ähnliche, langwallende Haartracht dieser jungen Künstler meinte) setzte sich deutlich von der damals noch herrschenden klassizistischen Richtung ab, deren Leitbild die Kunst der Antike war. Die stilistischen Vorbilder der Nazarener entstammten der Kunst um 1500, mit den beiden Großmeistern Albrecht Dürer und Raffael. Ihre Themen wählten sie vorwiegend aus der Bibel und anderer religiöser Literatur und aus der nationalen Geschichte aus (siehe KRUEGER: Bibel in Bildern [Nachwort], [ohne Seitenzahl]).

nen Illustrationen, das heißt als Einschaltbilder in Katechismen und religiösen Büchern, im deutschen Sprachraum weit verbreitet. Gemäß dem Bibliothekskatalog der *Zentralbibliothek Zürich* erschienen zwischen 1899 und 1908 mehrere neue Auflagen der *Bibel in Bildern*. Einige Beispiele aus den 1920er und 1930er Jahren: 1924 und 1932 wurden Kinder-Bilderbibeln, die mit den Bildern SCHNORRS illustriert waren, in deutscher Sprache, 1939 in französischer, italienischer und rätoromanischer Sprache veröffentlicht. Auch die 1874 im renommierten Schweizer Benziger-Verlag in Einsiedeln verlegte *Glaubens- und Sittenlehre der katholischen Kirche* von Hermann ROLFUS und F.J. BRÄNDLE war mit Abbildungen aus SCHNORRS Bilderbibel illustriert.[102]

Anzumerken ist, dass diese Illustrationen von den Betrachtern nicht zwangsläufig judenfeindlich interpretiert werden mussten. Auch SCHNORR ist kein Antijudaismus zu unterstellen. Vielmehr verhält es sich so, dass die in der christlichen Kunst etablierten antijudaistischen Topoi unreflektiert reproduziert wurden. Wer aber nach antijudaistischen Topoi suchte, fand sie – bewusst oder unbewusst – und konnte diese auch einsetzen.

Der Anspruch auf eine adäquate Interpretation der biblischen Texte durch SCHNORRS Illustrationen ist unbestritten. Im Vorwort einer 1908 erschienenen Ausgabe führt Franz SCHNORR VON CAROLSFELD die große Verbreitung des Werkes auf folgende Umstände zurück:

Ist es [Schnorrs Bilderbibel; ZK] wirklich ein Nationalwerk geworden und hat es wirklich in der deutschen Familie, [...], bei jeder Konfession Eingang gefunden, so kann es das nur erreicht haben, wenn es schlicht und verständlich, nachdrücklich und treffend, warmherzig und gemütvoll seine grosse Aufgabe durchgeführt, Wichtiges und minder Wichtiges sachgemäss zu unterscheiden gewusst und einen Kunststil sich zu eigen

---

[102] Siehe F.J. BRÄNDLE, Hermann ROLFUS: Die Glaubens- und Sittenlehre der katholischen Kirche, Einsiedeln ²1876. Die letzte Ausgabe einer Bibel mit Schnorrs Illustrationen schenkte mir Hannes Kügerl aus Graz vor vier Jahren. Es ist dies ein edler Nachdruck der 1909 erschienenen *Katholischen Bilder-Bibel des Alten und Neuen Testamentes*. Der 1997 von K.R. LIENERT im Zürcher *Tages-Anzeiger* veröffentlichte Artikel »Die Urszene des religiösen Antisemitismus ...« wurde mit Schnorrs Bild Nr. 213 »Das Volk fordert Jesu Blut von Pilato« (siehe weiter unten) illustriert. Das Bild war allerdings von der Redaktion mit zwei roten Strichen prägnant durchgestrichen.

gemacht hat, der in dem Wechsel schwankender Tagesmeinungen uner-
schüttert standzuhalten vermochte.[103]

Illustration Nr. 139: Der Prophet Jesaja

Das erste Bild ist SCHNORRS Illustration zum Buch des Propheten Jesaja. In der kirchlichen und theologischen Tradition erfuhr
das Buch Jesaja besonders seiner »messianischen« Texte wegen
eine große Rezeption.[104] Die Leiden Jesu wurden mit der immer
deutlicher werdenden Rede über das Leiden des *Gottesknechtes*
identifiziert. Besonders das vierte Gottesknechtlied, das vom
Auftrag des Knechts und der Art, wie er ihn erfüllt, handelt,
gewann an programmatischer Bedeutung für die Christologie:
Der Gottesknecht wuchs als Unbedeutender heran, er litt, wurde
getötet, begraben und schließlich von Gott erhöht. Dieser Linie
entspricht die christliche Tradition über das Leiden des Jesus von
Nazaret und das Glaubensbekenntnis der Urgemeinde: Gelitten –
gestorben – begraben – erweckt. Von hier aus legt sich die chris-
tologische Deutung auf Sterben und Erweckung Jesu nahe.[105]
Ganz in diesem Sinne bezeichnete der bereits weiter oben im
Zusammenhang mit der *Schweizerischen Kirchenzeitung* genannte Franz Alfred HERZOG in seinem Artikel zu Karfreitag
und Ostern des Jahres 1937 das 53. Kapitel des Buches Jesaja als
»Sanctissimum der alttestamentlichen Literatur«.[106]

Im Vordergrund des Bildes sieht der Betrachter den Propheten
Jesaja vor einem Stein kniend, wie dieser die himmlische Szenerie, die sich im Hintergrund abspielt, mit großem Erstaunen
betrachtet. Im Zeitraffer wird ihm die Vita des Gottesknechtes,
den SCHNORR der christlichen Tradition getreu voll und ganz mit
Jesus von Nazaret identifiziert, auf wundersame Art und Weise
vor Augen geführt. In der linken oberen Ecke ist Maria mit dem
Jesuskind dargestellt. Der Lichtstrahl hinter ihr symbolisiert den

---

[103] SCHNORR: Bibel in Bildern, Vorwort [ohne Seitenzahl].

[104] Diesem Sachverhalt entspricht auch die breite liturgische Verwendung von
Textsequenzen aus dem Jesajabuch in der Adventszeit und der ersten Lesung (Jes
52,13–53,12) am Karfreitag (siehe zum Beispiel: Schott-Messbuch C, 168f).

[105] Siehe JÜNGLING: Jesaja, 311f, 318.

[106] Siehe Franz Alfred HERZOG: Karfreitag und Ostern im Alten Testament, in:
Schweizerische Kirchenzeitung, 25.3.1937.

Heiligen Geist. Interessant sind überdies die Insignien, mit denen das Jesuskind ausgestattet ist. Neben dem Heiligenschein trägt sein Haupt die königliche Binde um die Locken. Die rechte Hand ist zum Segnen erhoben, während es in der linken einen Palmzweig in der Hand hält, womit auf den Einzug des Messias in Jerusalem hingedeutet wird. Indem das Kind mit dem rechten Fuß die Erdkugel betritt, wird es als Weltenherrscher, als *Imperator mundi*, charakterisiert.

Die nächste Szene im Leben Christi hat das Leiden, die Passion respektive den Karfreitag, zum Gegenstand. Jesus trägt dornengekrönt das Kreuz auf seiner Schulter. An dieser Stelle nehmen auch die traditionellen Feinde Christi – »die Juden« – ihre stereotype Rolle wahr. Dargestellt sind drei Gestalten mit von Zorn verzerrter Miene und den so genannten Leidenswerkzeugen in den Händen (Hammer, Nägel und Speer), die aus dem Nichts auftauchen. Die Figur, die den Speer in Händen hält, weisen seine Uniform und sein Helm als römischen Soldaten aus. Die anderen beiden tragen eine Kapuze, die als stilisierter trichterförmiger Judenhut[107] des Mittelalters gedeutet werden kann und weisen die Träger als Angehörige des Judentums aus.[108] SCHNORRS Bild gewinnt an Dramatik und Aussagekraft, wenn die Worte von Heinrich MERZ, dem Kommentator von SCHNORRS Bilderbibel, dazugelesen werden:

Das Kreuz auf die Schulter nehmend, segnet der dornengekrönte, ausgezogene Mann der Schmerzen die drei gläubigen Beter, welche seligen Blickes vor ihm knien, während hinten die mit Nägeln, Hammer und Speer bewaffneten Feinde die Faust gegen ihn ballen und die Hand an ihn legen.[109]

Der Auferstandene Christus (am rechten Rand des Bildes), der Salvator, der den Teufel, das schlechthin Böse, endgültig besiegt, bildet die Schlussszene dieses komprimierten christologischen Repetitoriums.

---

[107] Siehe A. RADDATZ: Art. *Judendarstellung*, Sp. 788f.

[108] In anderen Darstellungen, so zum Beispiel in Nr. 213 (*Das Volk fordert Jesu Blut von Pilato*), werden die gleiche Art von Gestalten von H. Merz, dem Kommentator der *Bibel in Bildern*, explizit als »Juden« benannt.

[109] MERZ: Erklärungen, 23.

Abb. 1 Julius SCHNORR VON CAROLSFELD: Illustration Nr. 139:
Der Prophet Jesaja.

Illustration Nr. 213: Das Volk fordert Jesu Blut von Pilato
Die Wirkung von Mt 27,25 wird in den Szenen fassbar, die die
Passion Christi zum Gegenstand haben. Zu diesem Zweck hat
SCHNORR Szenen aus den vier neutestamentlichen Passionsbe-
richten ausgewählt und diese, ähnlich wie die *Kurze Biblische
Geschichte für die unteren Schuljahre der katholischen Volks-
schule*, mittels neun Bildern komponiert.[110] In der Szene vor
Pilatus, die den Titel *Das Volk fordert Jesu Blut von Pilato* trägt,

---

[110] J. Schnorr von Carolsfeld illustrierte die Passionsgeschichte mit den Bildern
208 bis 217, die folgende Titel tragen: Jesu Seelenkampf in Gethsemane (Mt
26,38.39); Die Gefangennahme Jesu (Mt 26,48–50); Jesus vor Caiphas (Mt
26,65.66); Petrus verleugnet Jesum (Lk 22,60.61); Jesus mit Dornen gekrönt, geschlagen und verhöhnt (Mk 15,16–19); Das Volk fordert Jesu Blut von Pilato (Joh
19,14–16); Des Verräthers Judas Jschariot Ende (Mt 27,3–5); Jesu Tod am Kreuze
(Lk 23,27.28); Die Grablegung (Joh 19,41.42).

wird dasselbe Bild »der Juden« vorgemalt, das durch die phantasievollen Schilderungen und Betrachtungen in den Predigten bereits beschrieben wurde. Hier tauchen sie nun auf, die »wilden, erregten Gestalten«, die »Rotte von raubblutigen, wilden Tieren«,[111] die unisono: »Kreuzige ihn!«; »Sein Blut komme über uns und unsere Kinder!« rufen.

Die Aussage des Bildes erhält durch den Kommentar von MERZ wiederum Radikalität:

Pilatus macht den letzten Versuch, Jesum zu retten. [...] Sie aber schrieen wie aus einem Halse: »weg, weg mit dem, kreuzige ihn.« Vortrefflich hat der Künstler in den funkelnden Augen, in den grinsenden Lippen, in der erhobenen Faust wie in den ausgestreckten Händen die Wuth, den rasenden Grimm, die teuflische Mordlust ausgedrückt, womit sie ihr »hinweg!« ausrufen und gleich eigenhändig den Verhaßten aus ihrer Mitte an das Holz des Fluches ausstoßen möchten. [...] Nochmals fragt Pilatus: »soll ich euren König kreuzigen?« Da beugt sich der vor ihm stehende Hohepriester mit heuchlerischer Versicherung hervor, und, die Hand sehr bezeichnend auf die Schulter statt auf's Herz legend, giebt der Schurke mit heuchlerischer Verbindlichkeit dem kaiserlichen Statthalter zur Antwort: »wir haben keinen König, denn den Kaiser.« [...] Ganz vorzüglich sind die zwei kleinen alten Juden zur Rechten des Pilatus von Kopf bis zu den Füßen gezeichnet. Der gemeine Straßenpöbel ist in dem Mann mit dem Knotenstock vertreten, der seinen wilden Schrei mit einem Fauststoß begleitet. Der muth- und treulose Landpfleger mit dem kalten glatten Römerkopf bildet gegen den schreienden, wildbewegten, zudringlichen Juden einen anziehenden Gegensatz. Schön aber ist die Trauergestalt des Herrn wieder versöhnend in die Mitte des Bildes gestellt, und wie der Heilige still und stark über dem Getümmel der Rasenden, gleich einem Felsen über dem brandenden Meer emporragt, so steht der zum Sklaventod Verurtheilte hoch über seinem Richter.[112]

Der Kommentar von MERZ ist nicht frei von rassistischem Gedankengut, da er sowohl eine physiognomische Andersartigkeit als auch einen Unterschied im Wesen »des Juden« aus SCHNORRS Bild herauszulesen glaubte.[113] Pilatus wird als ohnmächtige, im Gegensatz zu »den Juden« jedoch sympathische,

---

[111] DONDERS: O Haupt voll Blut und Wunden, 15.
[112] MERZ: Erklärungen, 33f.
[113] Siehe GILMAN: Körper, 167–179.

Figur karikiert (beachtenswert ist der hilflose, leidende und mit-
leiderregende Gesichtsausdruck, den SCHNORR Pilatus verliehen
hat), der nach der Freilassung Jesu ringend, schlussendlich dem
Druck des »Pöbels« weichen muss.

Abb. 2 Julius SCHNORR VON CAROLSFELD: Illustration Nr. 213:
Das Volk fordert Jesu Blut von Pilato.

Die Volkstümlichkeit dieser Darstellung zeigt auch die Illustration der *Kurzen Biblischen Geschichte* von Friedrich Justus
KNECHT. Während der jugendlich dargestellte Pilatus wiederum
mit resignierter Miene dem Druck des Volkes weichen muss,
sind die Anwesenden rufend und fordernd dargestellt. Die Soldaten wohnen der Szene *ex officio* bei. Der ruhende Pol des Bildes
ist Jesus, der sich gefasst seinem Leiden hinzugeben scheint.

Abb. 3 Jesus wird dem Volke vorgestellt und zum Tode übergeben, aus: Friedrich Justus KNECHT: Kurze biblische Geschichte für die unteren Schuljahre der katholischen Volksschule.

2.6.2 Bilder religiöser Spiele: Das Luzerner Passionsspiel

In den Bereich der Bildakte gehören auch religiöse Spiele. Als Element der Volksreligiosität waren sie Ausdruck eines kollektiven Glaubensbekenntnisses, in dem den Gläubigen einfache und eingängliche Bilder mit Figuren und musikalischer Umrahmung vor Augen geführt wurden. In Passionsspielen wie zum Beispiel den Spielen von Oberammergau, spielte der *Blutruf* eine prominente Rolle und markierte einen dramatischen Höhepunkt.[114] Für

---

[114] Siehe PASSELECQ: Oberammergau, 78; SHAPIRO: Bist du der König der Juden?, 88f. Siehe auch ALTERMATT, Katholizismus und Antisemitismus, 76.

die Schweiz sind die Passionsspiele von Selzach und Luzern von Bedeutung.[115]

Die monumental ausgestalteten *Luzerner Passionsspiele* haben eine lange Tradition. Die ersten verbürgten Spieljahre gehen auf 1453 und 1470 zurück. 1924 wurden die Spiele wiederbelebt und gelangten in unregelmäßigen Abständen zur Aufführung.[116] Zwischen dem 17. Februar und 3. April 1934 fanden wöchentlich drei Aufführungen statt, die 1938 zum letzten Mal wiederholt wurden.[117]

Im Spieltext, der aus der Feder des Schweizer Theaterwissenschaftlers Oskar EBERLE stammte,[118] taucht der *Blutruf* an prominenter Stelle auf:

ALLE: Ans Kreuz mit Ihm! Ans Kreuz mit Ihm!

PILATUS: Ihr zwingt mich, / Ein Urteil gegen meine Ueberzeugung / Zu fällen und den König umzubringen.

ANNAS: Wir haben keinen anderen König als / Den Kaiser Roms.

PILATUS (läßt Wasser bringen): So wasche ich mich rein / Von diesem Urteil, das Ihr mir ertrotzt! / Ich habe keine Schuld am Blute dieses Gerechten; die Verantwortung tragt Ihr!

VIELE: Sein Blut komm' über uns und unsere Kinder!

SCHERGEN (bringen das Kreuz und werfen es zu Boden, Jesus kniet davor nieder und küßt es.)[119]

1934 hat EBERLE in einem Beitrag, in dem er die Szenen des *Luzerner Passionsspiels* genauer beschrieb, festgehalten:

Eine Weile ist es still. Dann zischt der alte Annas in die Stille hinein: »Ans Kreuz mit ihm.« Und die Pharisäer mischen sich unters Volk und brüllen es heraus wie Tiere: »Ans Kreuz!« Und das Volk stürmt die Treppe und schreit und johlt zu Pilatus hinauf. Pilatus wäscht sich die Hände und überbindet die Verantwortung für diesen Mord den Juden. [...] Jesus stirbt und die Juden triumphieren. Im Licht einer Fackel wird der

---

[115] Zu den Passionsspielen in Selzach siehe ALTERMATT: Katholizismus und Antisemitismus, 76–80.

[116] Siehe VONEY: Luzerner Passionsspiele, 20.

[117] Siehe auch EBERLE: Passionsspiele in der Schweiz, 78. Die Historikerin V. VONEY hat die Geschichte der *Luzerner Passionsspiele* näher untersucht und zahlreiche antijüdische Elemente gefunden (siehe VONEY: Luzerner Passionsspiele, 20).

[118] Siehe auch EBERLE: Passionsspiele, 78.

[119] EBERLE: Das Luzerner Passionsspiel, 48f. Siehe VONEY: Luzerner Passionsspiele, 122f; ALTERMATT: Katholizismus und Antisemitismus, 83f.

Tote Christus am Kreuz sichtbar. Nur das Schluchzen Marias und Magdalens durchzuckt die Stille und Dunkelheit.[120]

Die in den Passionsspielen vermittelten lebendigen Bilder waren dazu geeignet, antijudaistisches Gedankengut zu kolportieren. In den Jahren der Krise zwischen 1933 und 1945 konnten Passionsspiele – wie James SHAPIRO betont – die Stellung eines Bindegliedes zwischen dem Antijudaismus und dem Antisemitismus einnehmen.[121]

2.7 Mt 27,25 in der katholischen Gebetspraxis

Vom 8. Jahrhundert bis zum Zweiten Vatikanischen Konzil (1962–1965) gedachte die römisch-katholische Kirche in ihren großen Fürbitten in der Karfreitagsliturgie der »perfidi Judaei« (in deutscher Übersetzung im *Schott-Messbuch* von 1913 und 1921 mit »treulose Juden« wiedergegeben. Die 44. Auflage aus dem Jahre 1938 übersetzt die Wendung mit »ungläubige Juden«)[122] und betete dafür, dass »die Juden« Jesus Christus als ihren Messias er- und anerkennen mögen: »Lasset uns auch beten für die treulosen Juden, dass Gott unser Herr den Schleier von ihren Herzen wegnehme, auf dass auch sie erkennen unseren Herrn Jesus Christus.«[123] Diese Fürbitte war die einzige der ins-

---

[120] EBERLE: Passionsspiele, 83.

[121] Siehe SHAPIRO: Bist du der König der Juden?, 178.

[122] A. Schenker, emeritierter Professor für Altes Testament an der Universität Freiburg/Schweiz, bemerkte in einem Leserbrief: »Das lateinische ›perfidus‹ bedeutet nämlich in diesem Zusammenhang [im Zusammenhang mit der Karfreitagsliturgie; ZK] nicht ›perfide‹, sondern einfach ›nichtgläubig‹. Die Liturgie betete für die Juden, von denen sie feststellte, dass sie nicht an Jesus als den Messias glaubten. Man konnte sie deswegen nicht ›infideles‹ nennen, weil sie an Gott Jesu glaubten. Im Wort perfidus lag also überhaupt kein Antijudaismus.« (SCHENKER: Perfides Wort, 30.11.1999). Zur Übersetzung siehe SANDERS: Karfreitagsliturgie, 241, Anm. 2; ALTERMATT: Katholizismus und Antisemitismus, 68, Anm. 27; Schott-Messbuch, 330.

[123] Vor der Fürbitte für die Heiden (»pro paganis«) betete man: »Oremus et pro perfidis Judaeis: ut Deus et Dominus noster auferat velamen de cordibus eorum; ut et ipsi agnoscant Jesum Christum Dominum nostrum«. – 1948 weigerte sich die Ritenkongregation, das Wort »perfidus« zu ersetzen. Die Ritenkongregation liess lediglich zu, dass man stattdessen »infideles in credo« sagte. Pius XII. führte 1955

gesamt neun großen Fürbitten, nach der die Anwesenden weder mit Amen antworten noch die Knie beugen mussten, »um nicht das Andenken an die Schmach zu erneuern, mit welcher die Juden durch Kniebeugungen um diese Stunde den Heiland verhöhnten.«[124]

Im Kontext der Bitte um die Bekehrung von Nichtchristen und Heiden hat auch Mt 27,25 seine Spuren in der katholischen Gebetspraxis hinterlassen. Im *Weihegebet des Menschengeschlechts an das heiligste Herz Jesu* von PIUS XI.[125] hieß es bis 1959,[126] dann wurde es ersatzlos gestrichen:

»Blicke endlich voll Erbarmen auf die Kinder des Volkes, das ehedem das auserwählte war. Möge das Blut, das einst auf sie herabgerufen wurde, als Bad der Erlösung und des Lebens auch über sie fließen.«[127]

Der Zusammenhang zwischen der Verstrickung der Eltern, der behaupteten Schuld am Tode Jesu, die durch den *Blutruf* auf ihnen lastete, und das Ergehen ihrer Kinder ist offensichtlich. Obwohl das Blut von den Alten auf die Kinder herabgerufen wurde (die Formulierung ist im Passiv gehalten), sah sich die

---

die Kniebeugung wieder ein. 1959 ließ Johannes XXIII. den Ausdruck ersatzlos streichen, und Paul VI. formulierte schließlich die Fürbitte um. Sie lautet heute: »Laßt uns auch beten für die Juden, zu denen Gott, unser Herr, zuerst gesprochen hat: Er bewahre sie in der Treue zu seinem Bund und in der Liebe zu seinem Namen, damit sie das Ziel erreichen, zu dem sein Ratschluß sie führen will.« (Schott-Messbuch C, 183). In dieser Formulierung stecken zumindest drei Aussagen, die die Aussagen des Zweiten Vatikanischen Konzils aufgreifen und weiterführen: »Juden sind Gottes erste Partner; der Bund Gottes besteht mit den Juden heute noch; Gott hat mit den Juden ein eigenes Ziel vor, das wir nicht kennen.« (FENEBERG: Antijudaismus, 216). Siehe auch HELBLING: Kirche, 24.11.1997.

[124] Das Meßbuch der hl. Kirche lateinisch und deutsch mit liturgischen Erklärungen für die Laien bearbeitet von Anselm Schott aus der Beuroner Benediktiner-Kongregation, Freiburg im Breisgau, [18]1913, 18 (zit. nach SANDERS: Karfreitagsliturgie, 241). In der Rubrik steht: »kein Amen. Hier unterläßt der Diakon die Aufforderung zur Kniebeugung, um nicht das Andenken an die Schmach zu erneuern, mit der die Juden um diese Stunde den Heiland durch Kniebeugungen verhöhnten.« (Schott-Messbuch, 330).

[125] Siehe die Enzyklika zur Einführung des Christkönigsfestes von PIUS XI.: *Quas primas*, in: Acta Apostolicae Sedis 17 (1925) 593–610 (auch abgedruckt, in: DH Nrn. 3675–3679).

[126] Siehe HELBLING: Kirche, 24.11.1997.

[127] Zit. nach ZIHLMANN: Pilgerbüchlein; 75. Siehe auch PIES (Hg.): Im Herrn, 402.

Kirche zur Fürbitte veranlasst, damit das einst herabgerufene Blut, nunmehr »als Bad der Erlösung und des Lebens« erfahren werde. Dies setzte, nach der gängigen Meinung von Theologen, die Taufe respektive die Konversion zum Katholizismus voraus.[128] In diesem Zusammenhang erwähnte auch Augustin EGGER, Bischof von St. Gallen, in seinen 1910 herausgegebenen Predigten den *Blutruf*:

In Jerusalem, und zwar an jener denkwürdigen Stätte, wo vor mehr als 1800 Jahren am Todestage Jesu Pilatus sein Ecce homo gerufen, und das Volk antwortete: Ans Kreuz mit ihm! Sein Blut komme über uns und unsere Kinder, haben zum Katholizismus bekehrte Israeliten zwei Klöster gegründet, […]. In diesen wird jahrein, jahraus gebetet und gefleht, der Herr möge den Fluch von diesem Volke nehmen, den es am heutigen Tage auf sich geladen, […].[129]

Im Januar 1934 rief Papst PIUS XI. zur *Gebetsmeinung des Gebetsapostolates* aus, »dass das Hl. Jahr der Erlösung reiche Früchte in der Bekehrung der Juden bringen möge.«[130] An dieser Stelle ist auf einen theoretischen, jedoch prinzipiellen Unterschied zwischen dem christlich-kirchlichen Antijudaismus und dem rassistisch-argumentierenden Antisemitismus hinzuweisen. Der Antijudaismus kann mit Kategorien des religiösen Vorurteils begriffen werden. Der Jüdin, dem Juden, wurde nicht wegen seiner »rassischen« Zugehörigkeit Ablehnung entgegengebracht, das heißt nicht deshalb weil sie oder er »Jude« war, sondern weil

---

[128] Dem obigen Zitat geht folgender Text voraus: »Herrsche endlich als König über alle jene, welche noch im Wahne des Heidentums oder des Islams schmachten. Entreiße sie der Finsternis und führe sie zum Lichte und zum Reiche Gottes.« (zit. nach ZIHLMANN: Pilgerbüchlein, 74f). Das Zitat steht somit eindeutig im Kontext der Bitten um Konversion. Siehe BALTHASAR: Mysterium Judaicum, 220; LANGER: Vorurteil, 290f; ALTERMATT: Koordinatensystem, 474; ALTERMATT: Katholizismus und Antisemitismus, 306. Prägnant formuliert bei Knecht: »Nur wer durch die Taufe wiedergeboren ist aus dem Wasser und dem Hl. Geiste, der hat einen Anteil am Reiche Gottes. Durch die Taufe wird der Mensch ein Glied des Reiches Gottes auf Erden, d. i. der Kirche Jesu Christi, und ein Erbe des Gottesreiches im Himmel. Die Taufe ist also zur Seligkeit absolut notwendig.« (KNECHT: Kommentar, 407).
[129] FÄH (Hg.): Predigten des Hochwst. Augustin Egger, 176f.
[130] Die Missionierung der Juden, in: *Das Neue Volk*, 13.1.1934.

sie oder er »Jude« blieb und dies aus freien Stücken.[131] Theoretisch konnten sie dem Antijudaismus durch die Taufe ausweichen.

Doch auch in Belangen der christlichen Nächstenliebe verhielten sich Theorie und Praxis nicht deckungsgleich zueinander. Die Taufe blieb nur ein theoretischer Ausweg. Dies belegt unter anderem eindrücklich eine an der *Schweizerischen Sozial-Caritativen Frauenschule* in Luzern im Jahre 1948 (!) eingereichte Diplomarbeit, in der die Autorin folgende Typologie der Schweizer »Zivilflüchtlinge« wiedergab: »1. Glaubensverfolgte; 2. Rassenverfolgte, die fliehen mussten, obwohl sie katholisch waren; 3. Rassenverfolgte, die sich kurz vor ihrer Flucht taufen liessen, um den Nürnberger Gesetzen zu entgehen.«[132] Zu den letzteren schrieb sie:

Gesinnungsmässig, ihrer ganzen Denkart nach, gehörten sie zu den Juden. Nach dieser Seite suchten sie immer wieder den Anschluss. [...] Die Schwierigkeiten bestanden darin, dass sie die Zugehörigkeit zum Katholizismus vom materiellen Standpunkt aus betrachteten und entsprechende Ansprüche stellten. Andererseits widersprach ihre Lebensweise, speziell hinsichtlich ihrer Ehe den sittlichen Forderungen der katholischen Kirche und erregte Anstoss bei Wohltätern und Spendern, die unter solchen Umständen eine Unterstützung nicht billigen konnten.[133]

Trotz einer theoretischen Möglichkeit, sich vom »Fluch der Verfolgungen« zu befreien, konnten Jüdinnen und Juden ihre »Andersartigkeit« *de facto* nicht ablegen. Auch aus christlicher Sicht war ihr jüdisches Selbstverständnis wesensmäßig mit der Person verbunden. In der Praxis wurde somit ein grundlegender Unterschied zwischen den Mechanismen des christlich-kirchlichen Antijudaismus und des rassistisch argumentierenden Antisemitismus aufgehoben. Sowohl der »assimilierte Jude«, als auch der »getaufte Jude« war und blieb »Jude«!

---

[131] Siehe CROSSAN: Wer tötete Jesus?, 50; ALTERMATT: Katholizismus und Antisemitismus, 306.
[132] WOLBER: Die katholische Flüchtlingshilfe, 15. Ich danke Jonas Arnold für den Hinweis. Siehe Franz Alfred HERZOG: Rezensionen, in: *Schweizerische Kirchenzeitung*, 3.9.1936.
[133] WOLBER: Die katholische Flüchtlingshilfe, 15.

2.8 Mt 27,25 in der katholischen Presse der Schweiz

In unerbittlicher Konsequenz des negativen »Judenbildes«, das unter anderem von Klerikern in ihren Predigten verbreitet wurde, konnte die katastrophale Situation der Verfolgten im nationalsozialistischen Machtbereich zwischen 1933 und 1945 als Beweis der »Züchtigung« für die im *Blutruf* übernommene Schuld interpretiert werden.

Hierzu wiederum eine kurze Vorbemerkung: Im Gegensatz zum modernen Antisemitismus konnte der Antijudaismus seine Ressentiments »den Juden« und dem Judentum gegenüber nicht auf ein Rassenkonstrukt zurückführen. Zum Ersten wurde Jesus von Nazaret seine jüdische Identität durchaus zugestanden.[134] Zum Zweiten entsprang der moderne Antisemitismus einem modernistischen, ergo unchristlichen Menschenbild. Seine Protagonisten stammten aus kirchenfeindlichen Reihen. Die so genannte »Judenfrage« konnte für Katholikinnen und Katholiken keine »Rassenfrage« sein.[135] In diesem Sinne warb der Verlag für die weiter oben zitierte Schrift von Anton OREL: »Judaismus, der weltgeschichtliche Gegensatz zum Christentum« mit dem Satz: »Nicht Antisemitismus, sondern Antijudaismus!«.[136] Das »Judenproblem« wurde als religiöse Frage begriffen, die »nur von Kalvaria aus richtig beurteilt und behandelt werden« konnte.[137]

Trotz dieser idealtypischen Unterscheidung blieb das Verhältnis zwischen dem christlichen Antijudaismus und dem modernen

---

[134] Siehe la question juive, in: *Greffons*, 21.1.1938.

[135] Rassistische Ideen waren jedoch latent vorhanden, auch wenn ein vermeintlicher Unterschied »in der geistigen Einstellung« gesehen wurde: »Für uns Katholiken ist die Judenfrage keine Rassenfrage. [...] Und zwar liegt der Unterschied weniger im Physischen – obwohl spezifisch jüdische körperliche Unterscheidungsmerkmale zweifellos vorhanden sind –, als vielmehr in der geistigen Einstellung zur übrigen Menschheit und namentlich zum Christentum.« (SENEX [Pseudonym]: Christentum und Judentum, in: *Schwyzer Zeitung*, 16.7.1943).

[136] OREL: Judaismus, vorderer Klappentext.

[137] SENEX [Pseudonym]: Christentum und Judentum, in: *Schwyzer Zeitung*, 16.7.1943. Siehe unter anderem Judentum, in: *Vaterland*, 29.5.1934; Viktor VON ERNST: »Der Friede sei mit euch! Fürchtet euch nicht!«, in: *Schweizerische Kirchenzeitung*, 10.4.1941; Vorträge. Die Rassenfrage (das Judentum), in: *Neue Luzerner Nachrichten*, 29.4.1942; Die Judenfrage religiös gesehen, in: *Der Morgen*, 23.12.1942.

Antisemitismus ambivalent. Wie Urs ALTERMATT in seiner Studie zum katholischen Antisemitismus in der Schweiz aufzeigt, unterschieden die gängigen theologischen Handbücher und Lexika zwischen einem »erlaubten« Antisemitismus respektive Antijudaismus, der den jüdischen Einfluss in der christlichen Gesellschaft zurückdrängen wollte, und einem »verbotenen« Antisemitismus, der einer widerchristlichen, da modernistischen und damit im Wesentlichen kirchenfeindlichen Weltanschauung entsprach und der von katholischer Seite abgelehnt wurde.[138] Das *Lexikon für Theologie und Kirche* führte aus:

Die erste Richtung des A. [der völkisch und rassenpolitisch orientierte Antisemitismus] ist unchristlich, weil es gegen die Nächstenliebe ist, Menschen allein wegen der Andersartigkeit ihres Volkstums, also nicht ihrer Taten zu bekämpfen. [...] Die zweite Richtung des A. [der die ›Juden‹ wegen ihres übersteigerten und schädlichen Einflusses bekämpft] ist erlaubt, sobald sie tatsächlich-schädlichen Einfluß des jüd. Volksteils auf den Gebieten des Wirtschafts- u. Parteiwesens, des Theaters, Kinos u. der Presse, der Wissenschaft und Kunst [...] mit sittl. u. rechtl. Mitteln bekämpft.[139]

Auch Schweizer Katholikinnen und Katholiken haben im Zusammenhang mit der antisemitischen »Judenfrage« und deren nationalsozialistischen »Endlösung«, der Schoah, Mt 27,25 als eine mögliche Erklärung, ja sogar als Legitimation der jüdischen Misere herangezogen.[140]

An der Karfreitagstagung der *Katholischen Front* in St. Gallen deutete 1933 ein Redner die in Deutschland stattfindenden Verfolgungen von Jüdinnen und Juden in heilsgeschichtlich-biblischen Kategorien. »Die Juden« nannte er die »Feinde Gottes«. Mt 27,25 zog er als Begründung der Verfolgungen heran: »Die Feinde Gottes riefen vor 1900 Jahren: Sein Blut komme

---

[138] ALTERMATT: Katholizismus und Antisemitismus, 100, bes. 100–130. Siehe auch Olaf BLASCHKE, Aram MATTIOLI (Hg.): Katholischer Antisemitismus im 19. Jahrhundert. Ursachen und Traditionen im internationalen Vergleich, Zürich 2000. Zum Deutschen Kaiserreich siehe Olaf BLASCHKE: Katholizismus und Antisemitismus im Deutschen Kaiserreich, Göttingen 1999.

[139] GRUNDLACH: Art. *Antisemitismus*, Sp. 504.

[140] Siehe ALTERMATT: Koordinatensystem, 474.

über uns und unsere Kinder. Wir sind alle Zeugen, dass dieser gewünschte Fluch in entsetzlicher Weise in Erfüllung geht.«[141]

Im Dezember des Jahres 1938 meinte der Einsender eines Leserbriefes an die *Appenzeller Zeitung*, dass die »Greueltatsachen« gegen »die Juden« für die Betroffenen sehr betrüblich seien, sofern es sich überhaupt um Tatsachen handle. »Doch auch in diesen Fällen«, fuhr der Autor fort, »bewahrheitet sich ein ernstes Bibelwort. Man schlage nur einmal das Evangelium Matthäus auf. Es heißt dort klar und deutlich: ›Sein Blut komme über uns und unsere Kinder‹ [...] Wenn nun der Fluch, den die Juden mit der Kreuzigung des Gottessohnes auf sich selbst geladen haben, sich auch heute wieder auswirkt, so erscheint die ›Humanitätsduselei‹ doch nicht so arg deplaciert. Entweder sind die Bibelberichte zuverlässig, oder sie sind es nicht.«[142]

In gleicher Weise argumentierte der Verfasser folgender Zeilen, die im *Fürstenländer* im November 1938 erschienen sind:

Wir Katholiken machen nicht in Judenhetze, aber wir stehen dem Furchtbaren nicht in einer Haltung des Protestes gegenüber. Wir sehen an dem ungeheuren Geschehen einmal mehr, wie Sein Blut über sie und ihre Kinder kommt. Und wir sind erschüttert ob der Lektion, die unsere Zeit anhand der deutschen Judenverfolgung erhält. Diese eindringliche Lektion aber, die unsere humanitätsselige Zeit nicht sehen will und nicht mehr begreifen kann, ist die: die ewigen Gesetze gelten noch heute, und wehe den Völkern, die frevelnd sich an ihnen versündigen![143]

In all diesen Beispielen trat eine zementierte Glaubensstruktur zu Tage, die menschenverachtend und in letzter Konsequenz tödlich sein konnte. Die Verfolgungen und das Leid von Jüdinnen und Juden wurden zum Garanten für die Wahrheit der christlichen Bibel. Auch dieses traurige Kapitel menschlicher Profangeschichte konnte – von der Warte der christlichen Heilsgeschichte

---

[141] Aus unserer Karfreitagstagung, in: *Das Neue Volk*, 22.4.1933, 7. Siehe auch METZGER, Antisemitismus in St. Gallen, 286f.

[142] Was unsere Leser schreiben. Schweigen wäre Landesverrat, in: *Appenzeller Zeitung*, 29.12.1938 [Leserbrief]. Siehe la question juive, in: *Greffons*, 21.10.1938.

[143] Das Schicksal der Juden in Deutschland. Geschichtliche Erinnerungen – Der Sinn der Judenfrage, in: *Der Fürstenländer*, 19.11.1938. Siehe auch METZGER: Antisemitismus in St. Gallen, 89.

her betrachtet – mit der triumphierenden Einsicht: »Quod erat demonstrandum!« geschlossen werden.

Eine pastoral anschauliche Parallele zur Wirkung des *Blutrufes* lieferte 1943 im *Appenzeller Sonntagsblatt* ein Geistlicher auf die Frage, wieso das gegenwärtige Judentum die Schuld am »Gottesmord« zu tragen habe und wieso auch unschuldige Kinder furchtbar daran zu leiden hätten: »Wohl wirkt die Kreuzigung Christi mit. So wie die Kinder eines Trinkers unter den Sünden des Vaters unschuldig leiden, tragen unschuldige Judenkinder an dem, was vor langer Zeit geschehen ist.«[144]

Zu Beginn des Jahres 1944 legte Pater Hyazinth KAPPELER aus dem Kapuzinerkloster Näfels im St. Gallischen Gommiswald vor dem *Katholischen Volksverein* in einem Referat über die »Verhältnisse in einem jüdischen Internierten-Lager« dar,

wie furchtbar sich die Verheißung des Herrn an dem Volke, das bei der Verurteilung Jesu die Strafe Gottes herausforderte, bewahrheitet, wie aber Gerechtigkeit und Liebe uns Christen verpflichtet, den armen Juden beizustehen und für sie zu beten, gleich wie die Kirche das in so großherziger Weise am heiligen Karfreitag tut.[145]

Noch am 13. Juli 1944, also ein Tag nachdem die Schweizer Grenzsperre aufgehoben war, erschien in der christlich-sozialen Zeitung *Hochwacht* ein Artikel (er wurde gleich in mehreren Blättern abgedruckt), in dem die »Greueltaten gewisser Judenfeinde« mit dem »furchtbaren Wort der Juden unter dem Kreuze« erklärt wurden. Der Autor kommentierte die Deportationen der Budapester jüdischen Gemeinde mit den Worten:

Was heute geschieht, kann der gläubige Christ, ob Katholik oder Protestant oder welchem Bekenntnis er angehören mag, nur mit dem furchtbaren Wort der Juden unter dem Kreuze erklären: »Sein Blut komme über

---

[144] B.B [Initialen]: Wir sprechen uns aus, in: *Appenzeller Sonntagsblatt*, 11.12.1943. Die dazu gestellte Frage im Wortlaut: »Kann man die Juden von heute dafür verantwortlich machen für das, was ihre Vorfahren vor 1900 Jahren getan haben? Sind alle Juden damit einverstanden gewesen? Was können die Juden dafür, dass sie jüdisch geboren sind? Und die armen unschuldigen Kinder, die auf brutale Weise von ihren Eltern getrennt und gehetzt werden, sind sie schuldiger als unsere Kinder?« (Ebd.).

[145] Gommiswald, in: *St. Galler Volksblatt*, 31.1.1944.

uns und unsere Kinder!« Hier steht der Ungläubige und der Nicht-Christ ratlos da.[146]

Weiter unten hieß es:

Ohne Zweifel hat das Weltjudentum gegenüber der Katholischen Kirche ein gerütteltes Mass voll Verbrechen und Schandtaten aufzuweisen. Aber wir wollen im Augenblick tödlicher Gefahr diese Dinge nicht in die Waagschale werfen. Was sich heute in Budapest abspielt, ist des Menschen unwürdig, sei er nun Jude oder Christ.[147]

Das Konzept eines erlaubten und »verbotenen« Antisemitismus wird in diesen Beispielen aus der katholischen Presse in besonderem Masse ersichtlich: Der rassistische Antisemitismus als Motor der Verfolgungen wurde abgelehnt. Heilsgeschichtlich betrachtet waren die Judenverfolgungen aus christlicher Sicht jedoch konsequent und hatten eine Funktion. Der Jesuitenpater und Studentenseelsorger in Zürich, Richard GUTZWILLER, formulierte diese 1942 im *Solothurner-Anzeiger*, indem er sich auf Röm 9–11 berief, folgendermaßen:[148]

Die Juden erfüllen gegen ihren Willen die Aufgabe dem Christentum zu dienen und es zu fördern. Wegen der Verstocktheit Israels wurden die Heiden bekehrt und breitete sich das Christentum rascher aus. [...] Das Kreuz, die Verwerfung Gottes durch die Juden, wird zur Rettung des Volkes. Die Gnade ist stärker als die Sünde.[149]

Durch die Größe der christlichen Liebe – so GUTZWILLER weiter – werden die Jüdinnen und Juden zum Heil finden. Das ihnen durch den »erlaubten« Antisemitismus angetane Leid stellte für GUTZWILLER eine Art Heil(s)mittel dar.

Ganz ähnlich argumentierte das *Lexikon für Theologie und Kirche*: »Der Gegensatz zw. dem Christentum als Erfüllung und dem J.tum, das an der stets unerfüllten Vorbereitung festhält, ist

---

[146] ATU. [Initialen]: Juden und Christen, in: *Hochwacht*, 13.7.1944 (auch abgedruckt in: *Zentralschweizerisches Volksblatt*, 13.7.1944; *Schwyzer Volksfreund*, 14.7.1944).

[147] Ebd.

[148] Zur Person siehe BRUHIN: Art. *Gutzwiller, Richard*, 1.7.2005.

[149] Dr. Gutzwiller über die Judenfrage, in: *Solothurner Anzeiger*, 17.12.1942. Ein weiterer Bericht über diese Veranstaltung ist abgedruckt unter: Die Judenfrage religiös gesehen, in: *Der Morgen*, 23.12.1942.

unüberbrückbar als Gegensatz der Überzeugung, darf aber nicht ein Gegensatz der Liebe werden.«[150] Diese Form der christlichen »Liebe« blieb während der Zeit der Krise in vielen Fällen zu abstrakt und zu wenig konkret, auch wenn sich Menschen mit dem Leid der Verfolgten solidarisierten. Ein überwiegender Teil der Bevölkerung jedoch schwieg. 1944 fragte Max OVERNEY, Professor am Grand Séminaire in Freiburg, in seiner kommentierten Übersetzung zum Matthäus-Evangelium in Bezug auf Mt 27,25, ob das tragische Schicksal, das auf der ganzen Welt »die Juden« ereile, nicht das schmerzliche Lösegeld für die am Karfreitag durch das Volk ausgestoßene Blasphemie sei.[151]

2.9 Anfänge des jüdisch-christlichen Dialoges in der Schweiz und die Rolle von Mt 27,25

Mit dem Aufkommen der Nationalsozialisten in Deutschland, der Übernahme der Macht durch Adolf HITLER und schließlich dem Mord an den europäischen Jüdinnen und Juden, wurde der Antisemitismus europäischer Prägung und Tradition zu einer letalen Trennlinie zwischen Jüdinnen und Juden und Christinnen und Christen. Nach den Wirren des Krieges sollte diese durch einen Dialog überwunden werden.[152] Bereits im Sommer 1944 wurde von der amerikanischen Vereinigung für jüdisch-christliche Beziehungen angeregt, eine internationale Konferenz abzuhalten. Diese fand im Sommer 1946 in Oxford statt,[153] wo unter anderem beschlossen wurde, »eine internationale Dachorganisation der christlich-jüdischen Vereinigungen der ganzen

---

[150] KREBS: Art. *Juden*, Sp. 679.

[151] »La tragique destinée du peuple juif dans le monde n'est-elle pas comme la douloureuse rançon du blasphème prononcé le Vendredi-Saint?« (OVERNEY: Saint Matthieu, 243, Kommentar zu Mt 27,25).

[152] Mit den Worten von Geoffrey Wigoder: »Only at this time, as the full horror and implications of the Holocaust dawned, did Christians begin a serious revision of their thinking concerning Jews, and this process was gradual.« (WIGODER: Jewish-Christian relations, 5.

[153] THE COUNCIL OF CHRISTIANS & JEWS (Hg.), Reports and Recommendations, 5. Aus der Schweiz nahmen E. Bickel, Ch. Friedenthal, E.L. Ehrlich, H. Ornstein und Z. Taubes an der Oxforder Konferenz teil (Ebd.: 35–44).

Welt zu schaffen, sowie eine Dringlichkeitskonferenz zur Behandlung des Antisemitismus in Europa einzuberufen«.[154] Beide Beschlüsse wurden in der Schweiz umgesetzt. 1947 fand die *Dringlichkeitskonferenz gegen den Antisemitismus* in Seelisberg statt.[155] Ein Jahr später, 1948, wurde eine internationale Konferenz an der Universität Freiburg einberufen, an der unter amerikanischer und britischer Federführung der *International Council of Christians and Jews* gegründet wurde.[156]

Geprägt vom Elend der heimatlosen Flüchtlinge, setzte sich besonders in protestantischen Kreisen der Schweiz mehr und mehr die schmerzliche Erkenntnis durch, dass der Antisemitismus nicht überwunden sei und dass besonders im jüdisch-christlichen Dialog Wege zur Bekämpfung desselben gesucht werden müssten.[157] Die römisch-katholische Kirche übte vorerst eine gewisse Zurückhaltung, die unter anderem auf ein doppeltes Spannungsverhältnis der *Una Sancta* gegenüber einem christlich-jüdischen Dialog zurückzuführen war: Sie konnte einerseits aus dogmatischer Sicht die »Protestanten« als christliche Partner auf christlicher Seite nicht akzeptieren, da die römisch-katholische Kirche die Reformation als einen »Unfall« der Geschichte interpretierte. Anderseits konnte sie auch mit dem Judentum nicht direkt in einen Dialog treten, da sie sich auch der jüdischen Religion gegenüber als einzig wahre Heilsvermittlerin verstand. Erst das Zweite Vatikanische Konzil, während dem »Dialog« zu einem prägenden Stichwort wurde,[158] vermochte den theoretischen Boden für ein Gespräch zwischen dem Protestan-

---

[154] AfZ: NL Jean NORDMANN: CJA, Ornstein an Nordmann, [24.] Juni 1948 [ohne Signatur].

[155] Siehe unter anderem FARBSTEIN: Verständigung, 5.9.1947 (Sonderdruck); ALTERMATT: Katholizismus und Antisemitismus, 95–96, 312.

[156] AfZ: IB JUNA-ACHIV: 6.2.4 Korrespondenz Eugen Messinger, 1949, Ornstein an Messinger, Alexander Saffran [sic!], Prof. Dr. Zwierzinski, Genf, 26. Juni 1950 [AfZ: IB JUNA-ARCHIV/876]. Siehe AfZ: NL Jean NORDMANN: CJA, Unterlagen zur Conférence internationale des Chrétiens et Juifs, 21.–27. Juli 1948 à Fribourg [ohne Signatur].

[157] Siehe KELLER: Theologie, 165.

[158] Siehe unter anderem GASSER/VISCHER: Gegenwart, 288f.

tismus und der römisch-katholischen Kirche und mit dem Judentum zu bereiten.[159]

Die ersten konkreten Spuren einer Vereinigung, die den Dialog zwischen Jüdinnen und Juden und Christinnen und Christen in der Schweiz zu ihrem Ziel haben sollte, lassen sich im evangelischen Sozial- respektive Flüchtlingsheim *Sonnenblick* im appenzellischen Walzenhausen (AR) finden, das in den Kriegs- und unmittelbaren Nachkriegsjahren unter der Obhut des Flüchtlingspfarrers Paul VOGT stand.[160] In einem Rückblick aus dem Jahre 1964 berichtete VOGT von einer Zusammenkunft von 34 Juden und Christen, die sich vom 19. bis zum 26. November 1945 trafen,»um sich miteinander zu besinnen und zu fragen, was als Frucht gemeinsam erlittener Not und gemeinsam erfahrener Rettung und was für Juden und Christen in der Schweiz als Konsequenz aus dem grauenhaften Erleben im 20. Jahrhundert hervorgehen sollte«.[161] Das Ergebnis dieser Studienwoche war eine *Erklärung der Arbeitsgemeinschaft von Christen und Juden*, die den Antisemitismus aufs Schärfste verurteilte. Punkt 2 der Erklärung sollte fortan als Fundament der noch zu gründenden christlich-jüdischen Arbeitsgemeinschaft dienen:

Alle Teilnehmer der Studienwoche vereinigen sich in diesem Vorschlag, es sei der Antisemitismus jeder Art in feierlicher Form durch die zuständigen Autoritäten sowohl der katholischen als auch der evangelischen Kirchen als unchristlich zu erklären und zu ächten.[162]

Im Fall der Schweiz erstaunt es nicht, dass die Initiative zur Gründung einer christlich-jüdischen Arbeitsgemeinschaft aus den Reihen der im Zweiten Weltkrieg konfessionell organisierten Flüchtlingshilfe kam und von zwei äußerst engagierten Per-

---

[159] 1971 wurde das *International Catholic-Jewish Liaison Committee* geschaffen. Siehe INTERNATIONAL CATHOLIC-JEWISH LIAISON COMMITTEE (Hg.): Fifteen Years of Catholic-Jewish Dialogue 1970–1985. Selected Papers, Città del Vaticano 1988.

[160] Zur Person siehe Heinrich RUSTERHOLZ/Theres SCHMID-ACKERET/Ruedi REICH: Ohne Wenn und Aber dem Gewissen verpflichtet. Flüchtlingspfarrer Paul Vogt (1900–1984), Rotkreuzschwester Elsbeth Kasser (1910–1992), Zürich ³2000.

[161] VOGT: Rückblende, 28.

[162] AfZ: NL Paul VOGT: 4.2.6 Christlich-jüdische Organisationen in der Schweiz, Erklärung der Arbeitsgemeinschaft von Christen und Juden, Walzenhausen, den 25. November 1945.

sönlichkeiten, nämlich vom bereits erwähnten Paul VOGT und von der oft als »Flüchtlingsmutter« bezeichneten Gertrud KURZ getragen wurde.[163] In ihren Korrespondenzen kommt dem human-ethischen Moment besonders große Bedeutung zu. Den geistigen Horizont des christlich-jüdischen Dialoges – und dies erscheint mir wichtig – bildete kein schematisches Handlungskonzept, kein politisches Programm, sondern vielmehr die Suche nach neuen Denkmöglichkeiten, nach der Überwindung alt hergebrachter Ressentiments wie sie zum Beispiel mit Mt 27,25 konstruiert wurden. Wo in den Briefen von Handlungskonzepten gesprochen wurde, blieben diese vage. Bezüglich der Organisationsform ist die Rede von einer *Gesellschaft der Freunde des jüdischen Volkes* – analog zur Gesellschaft der Freunde der USA oder der UdSSR. Das Ziel sei es, »aufklärend zu wirken, namentlich Wissen über das Judentum, über jüdische Geschichte, über die wichtigsten jüdischen Probleme zu verbreiten«.[164] Die große Gemeinsamkeit dieses Strebens nach einem gegenseitigen Dialog wurde sowohl auf jüdischer wie auch auf christlicher Seite im »Kampf gegen den Antisemitismus« gesehen.[165] Die am 28. April 1946 in Zürich offiziell ins Leben gerufene Christlich-jüdische Arbeitsgemein-schaft trug in ihrem Titel einen Zusatz und hieß: *Christlich-jüdische Arbeitsgemeinschaft zur Bekämpfung des Antisemitismus* (CJA). Dem ersten Vorstand gehörten vier christliche und drei jüdische Mitglieder an,[166] auf jüdischer Seite waren dies der Zürcher Rabbiner Zwi TAUBES und Georg GUGGENHEIM, Mitglied der Geschäftsleitung des *Schweizerischen*

---

[163] Siehe unter anderem UNABHÄNGIGE EXPERTENKOMMISSION Schweiz – Zweiter Weltkrieg (Hg.): Die Schweiz und die Flüchtlinge zur Zeit des Nationalsozialismus, Zürich 2001; Hermann KOCHER: Rationierte Menschlichkeit. Schweizerischer Protestantismus im Spannungsfeld von Flüchtlingsnot und öffentlicher Flüchtlingspolitik der Schweiz 1933–1948, Zürich 1996; PICARD: Die Schweiz und die Juden 1933–1945, 279–385; ARNOLD (-DE PROPHETIS): Der Schweizerische Caritasverband, 105–160.

[164] AfZ: IB CHRISTLICHER FRIEDENSDIENST (CFD), FLÜCHTLINGSARCHIV Gertrud KURZ: 1.8 Antisemitismus 1945 und früher, Einladung: Nicolas Lambert, [1945/46] [ohne Signatur].

[165] AfZ: NL Paul VOGT: 1.4.2 Briefe an Paul Vogt, 1938–1945, Lilly Wolffers an Paul Vogt, 24. Januar 1945.

[166] Es waren dies: E. Bickel (prot.), G. Guggenheim (jüd.), G. Kurz (prot.), H. Meili (prot.), H. Ornstein (jüd.), Z. Taubes (jüd.) sowie P. Vogt (prot.).

Israelitischen Gemeindebundes (SIG) und Leiter des Ressorts »Abwehr und Aufklärung«[167] sowie Hans ORNSTEIN, ein aus Wien geflohener jüdischer Anwalt, der bereits vor dem eigentlichen Gründungsakt die Verbindung zum SIG herstellte und als erster Zentralsekretär der Arbeitgemeinschaft gewonnen werden konnte.[168] Präsident der neu gegründeten CJA wurde, nach längeren im Vorfeld der Gründungsversammlung geführten Diskussionen, Erich BICKEL, der eine Professur für Werkzeugmaschinen und Fertigungstechnik an der ETH Zürich innehatte.

In einem Referat über die Probleme der christlich-jüdischen Zusammenarbeit aus dem Jahre 1947 brandmarkte Hans ORNSTEIN den *Blutruf* als die »Lieblingsstelle des theologischen Antisemitismus«.[169] Mt 27,25 nahm fortan eine prominente Rolle im jüdisch-christlichen Gespräch ein und tauchte dementsprechend an exponierten Stellen immer wieder auf.

Die *Charta von Seelisberg*, die an der internationalen (Dringlichkeits-)Konferenz zur Bekämpfung des Antisemitismus vom 30. Juli bis 5. August 1947 in Seelisberg, Kanton Uri, verabschiedet wurde, ist zweifelsohne ein Meilenstein des jüdisch-christlichen Dialogs.[170] Die aus 10 Thesen bestehende Erklärung stellte die theologischen Beziehungen zwischen dem Judentum und Christentum auf eine neue Basis. Im Urteil des Genfer Ober-

---

[167] Nach dem Ende des Zweiten Weltkrieges registrierte der SIG eine Zunahme des Antisemitismus und intensivierte seine Abwehrtätigkeit. Neben der JUNA und dem Ressort »Abwehr und Aufklärung« wurde eine »Kommission zur Bekämpfung des Antisemitismus« eingesetzt, die bei antisemitischen Erscheinungen und Aktionen rasch und kompetent handeln sollte. Bereits während der Kriegsjahre hatte der Gemeindebund konstatiert, dass eine defensiv geführte Abwehr stets der Dynamik des Antisemitismus hinterherlaufen würde (siehe AFZ: IB SIG-ARCHIV: 1.3.1 Protokolle der Delegiertenversammlung, DV vom 10.5.1945).

[168] H. Ornstein kam am 5. Februar 1893 in Wien als Sohn des Josef Ornstein und der Emma Ornstein geborene Wolf auf die Welt, er studierte Rechtswissenschaften, promovierte zum Dr. iur. und wurde Rechtsanwalt. Nach dem »Anschluss« Österreichs wurde er in ein Konzentrationslager gebracht. Am 21. August 1939 emigrierte er nach Zürich, wo er am 4. Dezember 1952 verstarb. In seinem publizistischen Werk beschäftigte er sich mit Themen aus dem Gebiete der Ethik, der Nationalökonomie, Soziologie, der Staatswissenschaften sowie mit dem Phänomen des Antisemitismus.

[169] ORNSTEIN: Probleme, 6.3.1947.

[170] Thesen unter anderem zitiert in RENDTORFF/HENRIX (Hg.): Die Kirche und das Judentum, 646f (CJ.1A).

Rabbiners Alexandre SAFRAN war die Konferenz in Seelisberg der Ort, an dem Priester und Pastoren zum ersten Mal öffentlich die Existenz eines christlichen Antisemitismus sowie die Pflicht, diesem ein Ende zu bereiten, anerkannten.[171] In der 8. These fand Mt 27,25 seine explizite Erwähnung:

> Es ist zu vermeiden, dass die Verfluchung in der Heiligen Schrift oder das Geschrei der rasenden Menge: »Sein Blut komme über uns und unsere Kinder« behandelt wird, ohne daran zu erinnern, dass dieser Schrei die Worte unseres Herrn nicht aufzuwiegen vermag: »Vater, vergib ihnen, denn sie wissen nicht, was sie tun«, Worte, die unendlich mehr Gewicht haben.[172]

Exkurs 3: Theologisches Nachdenken über
die Kollektivschuld-These

Der Begriff der *Kollektivschuld* prägte das gesellschaftliche Klima Nachkriegsdeutschlands nachhaltig und gehörte zu seinen politischen Grundvokabeln. Dies ist erstaunlich und steht mit dem Faktum, dass »kein einziges offizielles Dokument überliefert ist, in dem die Siegermächte eine solche Kollektivschuld postulieren«, in einem eigentümlichen Spannungsverhältnis.[173]

Auch in der Schweiz wurde eine Diskussion über die so genannte *Kollektivschuld-These* geführt: Im August 1945 verneinte der Verfasser eines Artikels, der in den katholischen *Neuen Zürcher Nachrichten* erschien, die Existenz jeglicher Form einer kollektiven Schuldzuweisung. Anzumerken ist, dass in den unmittelbaren Jahren nach dem Zweiten Weltkrieg die Frage nach einer *Kollektivschuld* sich in erster Linie nicht auf die Schoah, sondern vielmehr auf die Frage nach einer deutschen Kriegsschuld bezog. Für die von »deutschen Menschen« verübten Morde machte der Verfasser die Führer der Nationalsozialisten verantwortlich. Zu einer von ihm abgehandelten »jüdischen Kollektivschuld« merkte er an:

---

[171] Siehe SAFRAN: »Den Flammen entrissen«, 223. Siehe RIEGNER: Ne jamais désespérer, 351–352.

[172] Siehe RENDTORFF/HENRIX (Hg.): Die Kirche und das Judentum, 646f.

[173] Siehe FREI: Erfindungskraft, 621. Siehe BENZ: Art. *Kollektivschuld*, 117.

Es gibt auch keine jüdische Kollektivschuld, wiewohl Juden in den letzten Jahrhunderten mittels Presse und Kino, Theater und Börsen alles getan haben, um das Christentum aus dem öffentlichen Leben Europas zu verdrängen und das christliche Abendland zu zerstören.[174]

Deutliche Worte fand 1946 der Basler Diözesanbischof Franziskus VON STRENG auf dem Solothurner Katholikentag in Solothurn zur Frage einer deutschen *Kollektivschuld*. Bischof VON STRENG führte in seiner Ansprache aus:

Kein Deutscher wird die Verantwortung Deutschlands für die Rassengreuel und Kriegsverbrechen ablehnen können, und jeder muß bereit sein, so viel als möglich das geschehene Unrecht wieder gutzumachen, und zuzulassen, daß Genugtuung gefordert und geleistet wird. Diese allgemeine Verantwortung ist keine Kollektivschuld im eigentlichen Sinne des Wortes, sie ergibt sich vielmehr aus der Natur des Staates und der Zugehörigkeit zu einem Staate.[175]

Der Bischof plädierte in diesem Sinne statt von einer *Kollektivschuld* besser von einer *Kollektivverantwortung* zu sprechen.

Trotz dieser Sicht der Dinge war die Idee der *Kollektivschuld* im theologischen Denken – wenn auch aus anderer Perspektive – verankert. Hans ORNSTEIN hielt in seiner 1946 in Zürich erschienenen Broschüre *Der Antisemitismus. Deutung und Überwindung* mit Hinweis auf Mt 27,25 fest, dass die Kirche »ausdrücklich oder durch stillschweigende These von der ›Schuld‹ der Juden, eine kollektive Haftung der Judenheit der ganzen Erde für den Tod Jesu, und zwar unbegrenzt auf unzählige Generationen, statutiert« bzw. gelten ließ. ORNSTEIN führte aus:

Der jüdische Mensch war demnach (außer, wie alle Menschen, durch die »Erbsünde«) zusätzlich auch noch mit der – problematischen – »Schuld« am Tode Jesu, die er »geerbt« hatte, von seiner Geburt an belastet. Und es war dies eine »Schuld«, die, wann und wo es dem Pöbel oder dessen Einbläsern gefiel, die Todesstrafe zur Folge haben konnte [...].[176]

---

[174] Kollektivschuld?, in: *Neue Zürcher Nachrichten*, 24.8.1945. Siehe auch E.N. [Initialen]: Der werfe den ersten Stein ..., in: *Neue Zürcher Nachrichten*, 27.7.1945.

[175] Gläubiges Volk!, in: *Schweizerische Kirchenzeitung*, 19.9.1946.

[176] ORNSTEIN: Antisemitismus, 13.

Wie gingen kirchliche Autoritäten in Deutschland mit dem Vorwurf der *Kollektivschuld* an die Adresse des »deutschen Volkes« um?

Die deutschen Bischöfe distanzierten sich, wie Papst PIUS XII. auch,[177] vehement vom Vorwurf einer *Kollektivschuld*. Ihre Einwände folgten im Wesentlichen zwei Argumenten: Einerseits sahen sie im kollektiven Schuldvorwurf eine Fortführung der nationalsozialistischen Propagandagleichung: »Deutschland = Hitler«, die lediglich mit neuen Variablen versehen war.[178] Andererseits brachten sie theologisch-systematische Gründe gegen die Idee einer *Kollektivschuld* vor. Einen prägnanten Beleg dieser Argumentation lieferte der Kölner Erzbischof und spätere Kardinal Joseph FRINGS in einer Denkschrift vom 2. August 1945.[179] Im dritten Teil dieses Schreibens anerkannte FRINGS die Schuld am Unrecht, »das anderen im Namen des deutschen Volkes zugeführt wurde« und fügte an, dass hierfür »das Volk als Ganzes haftbar« sei. Er lehnte es jedoch ab, von einer moralischen *Kollektivschuld* zu sprechen, da für das Volk keine Gesamt- respektive Kollektivseele existiere, »die moralischer Handlungen fähig wäre.« In diesem Sinne lautete eine Quintessenz FRINGS': »In Wirklichkeit sind nur die Einzelwesen moralischer Handlungen fähig, so sehr sie auch untereinander durch Beispiel und direkte Beeinflussung verbunden sind.«[180] Für die Urteilsfindung im Hinblick auf das »Gericht über ganze Völker, oder der Schuld der Völker« ist im geschichtstheologischen Konzept FRINGS' nicht die Kirche (oder die Politik) die kompetente Instanz, sondern alleine Gott, der sich dieses Gericht selbst vorbehält. Wollten Menschen »ein solches Urteil vollstrecken und ein ganzes Volk vernichten, so würden sie sich göttliche Vollmacht zuschreiben. Nur wer von Gott eine unmittelbare Offenbarung

---

[177] Siehe BENZ: Art. *Kollektivschuld*, 118.

[178] Siehe REPGEN: Erfahrung, 143. Als Beispiel aus jüngster Zeit ist die Studie »Hitlers Willing Executioners« von D.J. GOLDHAGEN zu erwähnen, der mit der monokausalen Formel: »No Germans – No Holocaust« viel Beifall erntete.

[179] Denkschrift Frings', abgedruckt in: Akten deutscher Bischöfe über die Lage der Kirche 1933–1945 [ADB], bearbeitet von Ludwig Volk und Bernhard Stasiewski, Band VI: 1943–1945, Mainz 1985, 625–628 (Nr. 1020); Siehe REPGEN: Erfahrung, 144–146.

[180] FRINGS: Akten, 627.

erhalten hat wie die Propheten, darf ein solches Urteil ausspre-
chen; nur wer einen unmittelbaren Auftrag von Gott dazu hat wie
Saul gegenüber Amalek, darf ein solches Urteil vollziehen«,[181] so
die Ausführungen FRINGS'.

Diese durchdachte und theologisch stringente Argumentation
zeugt von Geisteskraft und Sensibilität. Sie lässt angesichts der
Wirkungsgeschichte von Mt 27,25 jedoch aufhorchen. Denn die
erste *Kollektivschuld*, die in der christlich-abendländischen Geschichte eine verheerende Rolle gespielt hat, nämlich die Schuld
»der Juden« am Tode Jesu, wurde erst spät, zu spät, mit dieser
theologischen Schärfe durchdrungen. Bis zum Zweiten Vatikanischen Konzil hat »die Juden« ihre behauptete *Kollektivschuld*
durch die Geschichte hindurch begleitet.[182] Diese Schuld durfte
niemals verjähren und keine gläubige Christin, kein gläubiger
Christ, durfte sie vergeben oder gar vergessen.[183]

Die Idee einer jüdischen *Kollektivschuld* am Tode Jesu wurde
im 4. Artikel der Erklärung über das Verhältnis der Kirche zu
den nichtchristlichen Religionen *Nostra Aetatae* am Zweiten
Vatikanischen Konzil verurteilt: »Auch wenn die Autoritäten der
Juden mit ihren Anhängern auf den Tod Jesu gedrungen haben,
kann dennoch das, was bei seinem Leiden vollzogen worden ist,
weder allen damals lebenden Juden ohne Unterschied noch den
heutigen Juden zur Last gelegt werden.«[184] Diese offizielle Verurteilung markierte nicht die verspätete Einsicht in die Ver-
nunftwidrigkeit dieser grotesken Anschuldigung, sondern vielmehr die Erkenntnis, dass sich christliche Theologie an den
Jüdinnen und Juden schuldig gemacht hatte: schuldig an ihrer
moralischen Verfemung, schuldig an ihrer Ausgrenzung, Ent-
rechtung und Vertreibung – mitschuldig an der Schoah.

---

[181] Ebd.: 628.

[182] Der Oxford-Historiker B. Wasserstein fand deutliche Worte: »Die bedeu-
tendste antisemitische Institution 1945 in Europa, in deren historischen Grundlagen
sich die antijüdische Doktrin fest verankert hatte, war die römisch-katholische
Kirche.« (WASSERSTEIN: Europa ohne Juden, 193).

[183] Siehe HELBLING: Unschuld, 15.3.1997.

[184] *Nostra Aetatae*, in: DH Nr. 4198. Siehe auch Katechismus der Katholischen
Kirche, 184, Nr. 597.

Nach dem Krieg sahen sich viele deutsche Christinnen und Christen mit den gnadenlosen Konsequenzen der *Kollektivschuldthese* konfrontiert. Dieser bis dahin meist unreflektiert immer aufs Neue reproduzierte Vorwurf an »die Juden« wurde zu einer politischen und gesellschaftlichen Realität, die in breiten Schichten der Bevölkerung Ohnmacht erzeugte. Aus der Ohnmacht erwuchs Empathie. Sie führte unter anderem dazu, dass sich führende deutsche Katholikinnen und Katholiken in einer Bittschrift am 26. Mai 1965 bei Paul VI. für die Promulgation von *Nostra Aetatae* einsetzten.[185] Aus heutiger Perspektive erstaunt es nicht, dass die Unterzeichneten »die Gesamtschuld an der Kreuzigung Christi« als Beispiel für »alte, unberechtigte Vorwürfe gegenüber den Juden«, an denen nicht mehr festgehalten werden darf, in ihrem Schreiben anfügten.

2.10 Mt 27,25 in der Schweiz der Nachkriegszeit

Dr. Georg GUGGENHEIM, Leiter des Ressorts »Abwehr und Aufklärung« beim *Schweizerischen Israelitischen Gemeindebund* (SIG), schrieb 1962 in einem Bericht über den Antisemitismus in der Schweiz an die *European Division* des *World Jewish Congress* nach London: »Eine der Hauptursachen des in der Schweiz noch bestehenden Antisemitismus ist auf den Religionsunterricht zurückzuführen, wobei die Passionsgeschichte bekanntlich eine unheilvolle Rolle spielt.«[186] GUGGENHEIMS

---

[185] Siehe JEDIN: Konzil, 141.

[186] AFZ: IB SIG-ARCHIV: (–) Bericht von Dr. Georg Guggenheim an die European Division des WJC: »Antisemitismus in der Schweiz« vom 20.8.1962 (Abschrift für die Mitglieder der Geschäftsleitung), [ohne Signatur]. Siehe auch PFISTERER: »... sein Blut komme über uns ...«, 33. Siehe auch den Leserbrief von Ernst Ludwig Ehrlich: »Offensichtlich kennt er nicht das folgende Buch von Gustav Meys: Vollständige Katechesen für die beiden unteren Schuljahre der Grundschule, bearb. von Thaddäus Hoch, 17. Aufl., Verlag Herder, Freiburg 1952. Dort heisst es bei der Darstellung der Passionsgeschichte: ›Die Juden aber haben kein Mitleiden gehabt. Sie sind wie vom Teufel besessen gewesen und haben geschrien: ›Kreuzige ihn, kreuzige ihn!‹ Das sind recht abscheuliche, undankbare Leute gewesen, diese Juden.‹ [...] ›Der Heiland wollte sagen: Einmal wird Gott die bösen Juden für ihre Sünden streng bestrafen. Dabei werden auch die Frauen und ihre Kinder viel leiden müssen. Deswegen sollen sie über sich und ihre Kinder weinen.‹ [...] ›So ist also

Einschätzung war nicht unbegründet. Im Archiv des SIG sind rund 70 von Hand ausgefüllte Fragebögen erhalten, die 1961 – im Jahr des Prozesses gegen Adolf EICHMANN in Jerusalem – in einer Schweizer Rekrutenschule von den jungen Soldaten ausgefüllt werden mussten.[187] Über die Zusammensetzung der befragten Mannschaft ist zu erfahren, dass sie keine jüdischen Soldaten enthielt. Auch wurde über den Antisemitismus vorher nicht gesprochen. In der befragten Kompanie waren deutsch-, französisch- und italienischsprachige Rekruten aus allen Teilen der Schweiz vertreten, wobei Rekruten aus den Städten Zürich, Bern und Lausanne eine Mehrheit bildeten. 15 Prozent der Rekruten absolvierte ein Technik-Studium. Den befragen Rekruten wurden fünf Fragen gestellt. Frage 2. a) lautete: »Worin besteht der Unterschied zwischen der christlichen und der jüdischen Religion?« Der weitaus größere Teil der befragten Rekruten legte Sensibilität an den Tag. Sie argumentierten differenziert. Unter den anonymen Antworten finden sich jedoch auch solche, die antijudaistisches und antisemitisches Gedankengut wiedergeben. In der Antwort eines Rekruten taucht auch der *Blutruf* auf:

Der Christ glaubt an die heilige Dreieinigkeit: »Vater, Sohn und heiliger Geist«, das heisst er anerkennt Jesus als Sohn Gottes. Der Jude glaubt nur an Gott. Deshalb wurde Jesus als Aufständischer gekreuzigt. Das durchschnittliche Volk, angeführt durch die Pharisäer und Schriftgelehrten

---

Jesus zwischen zwei Mördern gehangen. Mit grosser Bosheit haben die Juden es so eingerichtet; die Leute sollen glauben: Jesus ist der allergrösste Bösewicht.‹ Somit wird eindringlich der Antijudaismus eingepaukt. Grundsätzlich findet sich hier die Kollektivschuld ›der Juden‹ schlechthin, denn alle Juden sind Bösewichte. Wenn jedoch ein Jude Jesus eine Wohltat erweist, wird er nicht als Jude gekennzeichnet: ›Durch fromme Hände ist er voll Ehrfurcht vom Kreuze herabgenommen worden, am meisten hat dabei ein frommer Mann geholfen, namens Joseph. Er ist im Städtlein Arimathäa zu Hause gewesen und heisst deshalb Joseph von Arimathäa.‹ Mit diesen Texten wurden Kinder in den unteren Schuljahren von 1871 bis 1952 mit kirchlicher Druckerlaubnis indoktriniert. Man darf sich daher nicht wundern, wenn aus den kleinen Kindern dann schliesslich grosse Antisemiten wurden. Die gute Erklärung der Schweizer Bischofskonferenz war also durchaus sinnvoll.« (EHRLICH, Unterricht, 23.5.2000).

[187] Siehe unter anderem Jochen VON LANG: Das Eichmann-Protokoll. Tonbandaufzeichnungen der israelischen Verhöre, Wien 2001.

anerkannten ihn nicht, oder wollten ihn nicht kennen. »Sein Blut komme über uns und unsere Kinder« und so ist es gekommen?!¹⁸⁸

Die Antwort dieses Rekruten zeigt, wie hartnäckig sich der so genannte *Blutruf* auch nach der Schoah halten konnte. An den Schluss seiner Antwort stelle er zuerst ein Frage- und dann ein Ausrufezeichen. Damit brachte er zum Ausdruck, dass er die Wirkung von Mt 27,25 in der jüngsten Geschichte bestätigt sah.

Bei der im Jahre 2000, im Auftrag der *Coordination inter-communautaire contre l'antisémitisme et la diffamation* (CI-CAD) und des *American Jewish Committee* vom *Berner GfS-Institut* durchgeführten Umfrage zur Einstellung der Schweizerinnen und Schweizer gegenüber Jüdinnen und Juden und dem Holocaust mussten die Befragten auch zu folgender Behauptung Stellung nehmen: »Nach wie vor sind Jüdinnen und Juden für den Tod Christi verantwortlich.« 64 Prozent der Befragen stimmte dieser Behauptung nicht zu. Knapp mehr als ein Viertel der Befragten, 26 Prozent, gaben auf diese Frage keine Antwort oder antworteten mit »weiß nicht«. Ganze 10 Prozent stimmten dieser Behauptung explizit zu. Diesen 10 Prozent ließe sich unter Umständen eine religiös motivierte Judenfeindschaft, die auf dem Vorwurf des »Gottesmordes« beruht und in der auch Mt 27,25 seinen Platz haben dürfte, nachsagen.¹⁸⁹

2.11 Wirkungsgeschichtliches Fazit

In seinem Artikel über das Koordinatensystem des katholischen Antisemitismus in der Schweiz von 1918 bis 1945 kam Urs ALTERMATT unter anderem zu folgendem Schluss: Die Anschuldigung des »Gottesmordes« »und die damit verknüpfte Anklage der *Kollektivschuld* zogen sich wie ein roter Faden durch die Denk- und Lebenswelten der Katholiken. Kaum ein antijüdisches Motiv wurde in der katholischen Unterweisung so

---

¹⁸⁸ AfZ: IB SIG-ARCHIV: 4.4.3.13 Kommission zur Bekämpfung des Antisemitismus 1963, Rekrutenbefragung [ohne Signatur].
¹⁸⁹ Siehe GFS-FORSCHUNGSINSTITUT (Hg.): Einstellung, 17f.

konstant vorgebracht wie dieses Stereotyp.«[190] Dieses Ergebnis bestätigt sich bei der fokussierten Betrachtung von Mt 27,25 in erschreckender Weise. Der *Blutruf* galt aus der Optik christlicher Theologie als historisches Zeugnis, nach dem den Jüdinnen und Juden die Schuld an der Hinrichtung Jesu zukam, weil sie sich am Blut Christi vergangen hätten. Im Ruf von Mt 27,25 kam eine radikale Entscheidung »der Juden« zum Ausdruck, insofern sie sich gegen Jesus und damit gegen das Heil entschieden. Für die mit Mt 27,25 verbundene Schuld wurden bleibende und strafende Folgen erwartet, die als generationenübergreifend galten und »die Juden« in ihrer Gesamtheit treffen sollten. Durch die Schuld der Väter war jede Jüdin, jeder Jude mit der Last der Blutschuld konfrontiert. Die Entsprechung zwischen »den Juden« zur Zeit Christi und »den Juden« des 20. Jahrhunderts bestand darin, dass sie sich in der Ablehnung Christi glichen. Die theologische Verbindungslinie – den roten Faden – bildete hierbei Mt 27,25.[191] Eine Befreiung vom Fluch und den damit verbundenen Konsequenzen war theoretisch durch Aufgabe des Judentums, das heißt mit der Taufe respektive der Konversion zum katholischen Glauben, möglich. Das jüdische Schicksal wurde in der Predigt dahingehend instrumentalisiert, dass es dem christlichen Sünder zum abschreckenden Beispiel wurde und ihn zur Umkehr aufrief.

Das in der christlichen Theologie entworfene und negative »Judenbild« wurde von den Geistlichen, die durch ihr Studium das nötige Spezialwissen mit sich brachten, in ihren Predigten weitergegeben und konnte dort – bewusst oder unbewusst – seine zerstörerische Wirkung entfalten. Auch wenn sich Katholikinnen und Katholiken vom Rassenantisemitismus der Nationalsozialisten mit seinem mörderischen Charakter aus christlichen Gründen vehement distanzierten, bot der Vorwurf des »Gottesmordes« sowie der *Blutruf* einen Verstehens- und Erklärungshorizont, um die Verfolgungen und Deportationen zu rechtfertigen

---

[190] ALTERMATT: Koordinatensystem, 470 (Hervorhebung; ZK).

[191] »Das furchtbare Geschick des Judenvolkes, das heute einen eigentlichen Höhepunkt erreicht hat, zieht sich aber schon wie ein roter Faden mehr oder weniger durch alle Zeiten seit Christus.« (M.G. [Initialen]: Ein Leser antwortet auf »Fragezeichen am Rand«, in: *Rheintalische Volkszeitung*, 19.8.1944).

und in die eigenen Denk- und Lebenswelten zu integrieren. Dadurch war es nicht nötig, einen Hang zur nationalsozialistischen Weltanschauung zu haben, um bei Diskussionen über wirtschaftliche und politische Fragen die Schuld an der Misere »den Juden« zuzuweisen. Die antijudaistische Rezeption von Mt 27,25 lässt sich als eine mentale Disposition von langer Dauer begreifen,[192] die »sich ziemlich hartnäckig bis in die neueste Zeit und vereinzelt bis auf den heutigen Tag« gehalten hat.[193]

Die Wirkungsgeschichte des so genannten *Blutrufes* lässt den Schluss zu, dass die katholische (Fach-)Exegese und die Dogmatik Mt 27,25 in der ersten Hälfte des 20. Jahrhunderts antijudaistisch auslegte. Die verheerenden Spuren dieser Auslegung hat dieses Kapitel mehr als deutlich zu Tage gebracht.

Es ist in einem weiteren Schritt danach zu fragen, ob die Erfahrung der Schoah als Impuls des Umdenkens in der christlichen Theologie, auch in Bezug auf Mt 27,25, eine Wende in der Auslegung von Mt 27,25 gebracht hat. Dieser Frage soll im nächsten Kapitel nachgegangen werden.

---

[192] Siehe MATTIOLI: Begriffsklärung, 5.
[193] Siehe SCHRECKENBERG: Adversus-Judaeos (1.–11. Jh.), 129.

3. Wege der Auslegung von Mt 27,25 nach 1945

Mit dem Hintergrund der im vorhergehenden Kapitel dargestellten Wirkungsgeschichte von Mt 27,25 erstaunen die folgenden Stimmen zur Wirkung dieses Verses nicht:

Der jüdische Exeget und Wegbereiter des englischen »Progressiven Judentums« Claude MONTEFIORE schrieb Mitte der 1920er Jahre im zweiten Band seines Kommentars zu den synoptischen Evangelien zum so genannten *Blutruf*: »Dies ist einer jener Sätze, die verantwortlich sind an Meeren von Menschenblut, und an einem ununterbrochenen Strom von Elend und Verzweiflung.«[1]

Schalom BEN-CHORIN äußerte sich in seinem Buch *Bruder Jesus* folgendermaßen:

Diese Selbstverfluchung einer aufgeputschten Menge in einer Stunde politischer Massenhysterie wurde zu einem weltgeschichtlichen Verhängnis für das jüdische Volk. Nur allzu gern hat dieses in den Evangelien nur einmal bezeugte Wort grauenvolle Resonanz durch die Jahrhunderte gefunden. Gestützt auf diese angebliche Selbstverfluchung, sind Gewalttaten und Morde an Juden ohne Zahl von sogenannten Christen begangen worden.[2]

Eine letzte jüdische Stimme: Der jüdische Religionsphilosoph und Schriftsteller Pinchas LAPIDE, der sich mit seinem Schaffen besonders darum bemühte, Feindbilder und Vorurteile, die nach der Katastrophe des Zweiten Weltkrieges zwischen dem Judentum und Christentum bestanden, abzubauen sowie folgenschwere Fehldeutungen der biblischen Schriften aufzudecken und zu korrigieren, schrieb:

---

[1] »This is one of those phrases which have been responsible for oceans of human blood and a ceaseless stream of misery and desolation.« (MONTEFIORE: Synoptic Gospels II, 346).
[2] BEN-CHORIN: Bruder Jesus, 169f.

Last not least hatte ja ganz Israel angeblich – laut Mt 27,25 – die kollektive Schuld des »Gottesmordes« auf sich genommen – ein Verbrechen, das selbstverständlich mit ewiger Verdammnis geahndet werden mußte, eine Strafe, deren Vollzug nachzuhelfen als frommes Christenwerk galt.[3]

Wohl Angesichts dieser prominenten Äußerungen bemerkte Walther BIENERT 1966, dass Mt 27,25 seit Beginn des jüdisch-christlichen Dialogs »zu einer crux interpretum geworden« sei.[4] Und der Göttinger Neutestamentler Gerd LÜDEMANN hat dreißig Jahre später, 1996, in einem Interview im Magazin *Der Spiegel* pointiert behauptet, die Bibel sei nicht *Gottes Wort*. Diese Feststellung begründete er damit, dass die Bibel voller Ungereimtheiten, Widersprüche und Irrtümer und an einigen Stellen sogar unchristlich sei, nämlich zum »Beispiel dort, wo es den Haß gegen Juden schürt. Der Autor des Matthäus-Evangelium läßt die Juden vor dem römischen Statthalter Pilatus den Tod Jesu fordern und sie ausrufen: ›Sein Blut komme über uns und unsere Kinder.‹«[5] Auf diesen Satz hätten sich viele Antisemiten aller Jahrhunderte bezogen und er habe vielen Juden das Leben gekostet – so LÜDEMANN weiter.

Im Sinne einer im Vorwort geforderten »lernprozessorientierten Wissensvermittlung« soll auch die Darstellung der exegetischen Koordinaten in der Auslegung von Mt 27,24f mit zwei längeren Textpassagen aus den Schlusskapiteln zweier theologischer Werke beginnen. In ihrem Lehrbuch zum »historischen Jesus« haben Gerd THEISSEN und Annette MERZ dem Kapitel zur Frage nach der »Schuld am Tod Jesu«[6] den Studierenden ebenfalls diese beiden Texte zur Diskussion gestellt. Der erste Text stammt von Josef BLINZLER, der 1951 ein Buch über den *Prozess Jesu* veröffentlichte. Die Schrift erschien in vier Auflagen und wurde insgesamt in fünf Sprachen übersetzt.[7] Zur »Schuldfrage«[8] am Tode Jesu schreibt er resümierend:

---

[3] LAPIDE: Messias, 236.

[4] Zit. nach KAMPLING: Blut, 5 (siehe auch Anm. 32).

[5] HARENBERG: »Das Credo abschaffen«, 29.2.1996.

[6] Siehe THEISSEN/MERZ: Jesus, 412f. Siehe auch KLEIN: Theologie, 93–123.

[7] Siehe ANGER: Art. *Blinzler, Josef*, Sp. 69–77.

[8] Dem Wort »Schuld« gegenüber ist größte Sensibilität zu wahren. Ich zitiere im Folgenden die Ausführungen des Basler Philosophen Hans Saner, die er anlässlich

Mit der Zurückführung der Passion auf Gottes und Jesu Willen oder auf die Wirksamkeit Satans und seiner dämonischen Mächte ist es in keiner Weise darauf abgesehen, die Schuld der geschichtlich Verantwortlichen zu bestreiten oder auch nur zu verkleinern. In den Aussagen dieser Art handelt es sich vielmehr um religiös-dogmatische Deutungen des *scandalum crucis*. [...] Die behandelten neutestamentlichen Texte geben auf die Frage, wer die für Jesu Tod geschichtlich Verantwortlichen sind, eine klare Antwort. Es sind die Juden, genau gesprochen: die damaligen Synedristen und die mit ihnen gemeinsame Sache machenden Einwohner Jerusalems; daneben wird aber auch die Mitschuld des römischen Prokurators Pilatus betont. [...] Neben den Juden ist der römische Prokurator Pilatus für die Hinrichtung verantwortlich. [...] Schuldmildernd ist der Umstand, daß er beides unter dem Druck der fanatischen Juden tat, obgleich dem Richter das Recht höher zu stehen hat als sein persönliches Wohl. Obwohl er das Todesurteil verkündete, das Jesu Hinrichtung unmittelbar nach sich zog, ist seine Gesamtschuld geringer als die der Juden [...].[9]

August STROBEL versah 1980 sein Buch, das ebenfalls den Prozess gegen Jesus von Nazareth zum Gegenstand hat, mit dem programmatischen Titel: *Die Stunde der Wahrheit*. Darin ist zu lesen:

In jener Stunde des Prozesses Jesu sollte und mußte herauskommen, daß die letzte Wahrheit, die unser Leben trägt, mit einer Entscheidung zu tun hat, in der es bei Jesus um Leben und Tod ging. Es mußte auch deutlich werden, daß Kaiphas und sein Volk schicksalhaft in diese Entscheidung hineinverflochten waren. Sofern man von einer Schuld des jüdischen Menschen sprechen darf, sollte unbedingt der Gedanke der tragischen

---

eines Symposiums mit dem Titel »Die Zukunft der Vergangenheit. Beiträge zum Umgang mit der jüngsten Geschichte der Schweiz« über die Begriffe »Schuld« und »Verantwortung« gemacht hat: »»Schuld‹ ist eine ins Rechtliche und Moralische gewendete Kategorie der Kausalität. Angesichts der Geschichte blickt die Schuldfrage vom Handeln und Geschehen zurück auf den oder die Verursacher [...]. Der Schuldige ist somit ein aktiver oder passiver Verursacher, dessen Schuld nach rechtlichen oder moralischen Normen festgestellt und nach dem Ausmass der entstandenen Leiden bemessen wird. ›Verantwortung‹ ist dagegen eine Kategorie der Relation, nämlich ein Verhältnis zu einer begangenen oder möglichen Schuld, Verantwortung übernehmen heisst somit, zu einer begangenen oder möglichen Schuld in ein Verhältnis zu treten. Angesichts des Geschehens blickt die Verantwortung nach vorne, in die Zukunft, und fragt: Wie wollen wir damit leben, dass dies und jenes geschehen ist?« (SANER: Schuld, 78).

[9] BLINZLER: Prozeß, 207, 209. Siehe KLEIN: Theologie, 94f.

Schuld gebildet werden [...]. Jede »Stunde der Wahrheit« [...]. Eine solche Stunde hat auch keineswegs nur zu tun mit dem Defizit einiger weniger Beteiligten, sondern mit einem Defizit des Menschen und seiner Ordnung überhaupt.[10]

Die Rolle und die Stellungnahme des Kaiphas leiten sich aus seiner Bindung und Treue zum Gesetz ab. Er mußte daher in tragischer Weise auch das Gesetz an Jesus vollstrecken. [...] Kaiphas steht vielmehr für den Menschen unter den tödlichen Zwängen des Gesetzes, wodurch in Wahrheit unser aller Schuld und Versagen zur Sprache kommt. Daß Kaiphas [...] tragischerweise den Messias des Volkes kraft Gesetz zum Tode verurteilen mußte, gehört zu den dunkelsten Unbegreiflichkeiten jüdischer Geschichte. In solchem Geschehen tritt die ganze Verborgenheit der Geschichte Israels auf uns und wir erkennen, wie sehr der Tod Jesu als Schlüssel hin zu einem letzten Geheimnis begriffen werden möchte.[11]

Wenn es stimmt, daß die Erfahrung des Tragischen dunkel und abgründig ist und auf die Katharsis der Seele zielt, dann bietet sich uns dieser Jesus an. Was den jüdischen Menschen betrifft, so mußte er fort ab an der Wahrheit des Gesetzes als einer letztgültigen zweifeln.[12]

August STROBEL deutet die »Stunde des Prozesses Jesu« als »die Stunde der Wahrheit« in systematisch-dogmatischen Kategorien. Seine Argumentation ist erschreckend bekannt: »Die Juden« erkennen Jesus von Nazaret nicht als den befreienden und übernatürlichen Messias, weil sie in den tödlichen und irdischen Zwängen des Gesetzes verhaftet bleiben müssen. Dieses heilsgeschichtliche Faktum kann von der Christin, dem Christen, nur als »dunkelste Unbegreiflichkeit jüdischer Geschichte« begriffen werden. Die heilsgeschichtliche Rolle »der Juden« bleibt schließlich im *Mysterium Judaicum* verhaftet. Lediglich das Geheimnis eröffnet hier einen positiven Deutungs- und Verstehenshorizont.[13]

---

[10] STROBEL: Stunde der Wahrheit, 138.

[11] Ebd.: 139.

[12] Ebd.: 142.

[13] Siehe Hans Urs VON BALTHASAR: Mysterium Judaicum, in: Schweizerische Rundschau 43 (1943/44), 211–221. Siehe auch aus neuester Zeit Franz MUSSNER: Was macht das Mysterium Israels aus?, in: Rainer KAMPLING (Hg.): »Nun steht aber diese Sache im Evangelium ...«. Zur Frage nach den Anfängen des christlichen Antijudaismus, Paderborn 1999, 15–30.

In diesen beiden zeitgenössischen Positionen zeigt sich, wie problematisch die Deutung biblischer Texte sein kann, wenn sie sich lediglich auf einer unreflektierten historischen oder systematisch-dogmatischen Ebene bewegt. Die Wirkungsgeschichte von Mt 27,25 macht deutlich, dass es im Falle des Antijudaismus Aufgabe der christlichen Theologie ist, immer wieder zu fragen, ob derartige Aussagen von der Exegese gestützt werden können oder nicht.[14] Textstellen wie Mt 27,25 müssen ihre Wirkungsgeschichte mitverantworten und christliche Exegese muss versuchen, aus ihnen zu »lernen«.[15] Die beiden oben zitierten Auszüge führen vor Augen, dass dies bis weit in die Zeit nach dem Zweiten Weltkrieg bei Weitem nicht immer der Fall war.[16]

Aus diesem Grund ist die Frage zu stellen, wie der *Blutruf* in der neueren Exegese als »crux interpretum« ausgelegt wurde und wird. Ohne Anspruch auf Vollständigkeit zu erheben, habe ich die an der Freiburger Universität greifbaren Kommentare, Monographien, Artikelsammlungen und Periodika auf diese Fragestellung hin durchgearbeitet und ausgewertet.[17] Auf den folgenden Seiten werden zuerst einige exegetische Koordinaten in der Auslegung von Mt 27,24f formuliert, wobei auch diese Darstellung nicht frei von Unschärfen sein kann.

---

[14] Siehe die Überlegungen zum Verhältnis von Exegese und Dogmatik in Bezug auf die Deutung der Zerstörung Jerusalems und des zweiten Tempels im Jahr 70, in: DÖPP: Zerstörung, 6–9.

[15] Siehe MERKLEIN: Jesusgeschichte, 216.

[16] Siehe als Bestandesaufnahme Mitte der 1970er Jahre: Charlotte KLEIN: Theologie und Anti-Judaismus. Eine Studie zur deutschen theologischen Literatur der Gegenwart, München 1975.

[17] Einschränkend ist zu sagen, dass ich mich auf deutsch- und englischsprachige Texte beschränkt habe. Zur neueren Forschungsliteratur siehe unter anderem Andreas LINDEMANN: Literatur zu den Synoptischen Evangelien 1992–2000 (V) – Das Matthäusevangelium (Teil 1), in: Theologische Rundschau 70 (2005) 174–216; Andreas LINDEMANN: Literatur zu den Synoptischen Evangelien 1992–2000 (V) – Das Matthäusevangelium (Teil 2), in: Theologische Rundschau 70 (2005) 338–382. Die in den Anmerkungen zitierte Literatur hat exemplarischen Charakter.

3.1 Exegetische Koordinaten in der Auslegung von Mt 27,24f

3.1.1 Übersetzungen von Mt 27,25

Im griechischen Originaltext fehlt das Prädikat. In korrekter Übersetzung müsste der Satz mit: »Sein Blut über uns und unsere Kinder« wiedergegeben werden. Das *Münchner Neue Testament* fügt in diesem Sinne das »komme« in Klammern an und übersetzt den Vers: »Sein Blut (komme) über uns und unsere Kinder«.[18] Die *Luther-Bibel* wie auch die weit verbreitete deutsche *Einheitsübersetzung der Heiligen Schrift* lassen die Klammern weg und geben den Satz in der gängigen Übersetzung: »Sein Blut komme über uns und unsere Kinder« wieder. Carsten Peter THIEDE und Urs STINGELIN weisen in diesem Zusammenhang darauf hin, dass die Hinzufügung des Verbs bereits eine Interpretation bedeute, die dem griechischen Text in dieser Form nicht eigen sei, da sich Mt 27,25 auf die gegenwärtige Situation beziehe. Die in die Zukunft weisende Richtung des Rufes sei dem Text an sich fremd.[19] Dieser Einwand wird nochmals aufgegriffen werden.

3.1.2 Mt 27,24f und sein biblischer Kontext

1. Mt 27,25 hat eine negative Wirkungsgeschichte, die es zu berücksichtigen gilt
Ein Blick in die Kommentare zeigt, dass sich die Exegeten der negativen Wirkungsgeschichte des *Blutrufes* bewusst sind. Robert H. SMITH sieht in Mt 27,25 »den dunkelsten und härtesten Vers des Matthäus-Evangeliums«.[20] Die heutige Exegese be-

---

[18] Die Vulgata folgt dem griechischen Original: »et respondens universus populus dixit: Sanguis eius super nos, et super filios nostros«.

[19] Siehe THIEDE/STINGELIN: Wurzeln, 99. Siehe auch SCHELKLE: »Selbstverfluchung«, 149.

[20] »the darkest and hardest verse in Matthew's Gospel« (SMITH: Verse, 421).

nennt die begründende und stützende Funktion des *Blutrufes* in Bezug auf antijudaistische Stereotype. Mt 27,25 wird in einen kausalen Zusammenhang zu den Verfolgungen und Pogromen, die sich im Laufe der christlich-abendländischen Geschichte gegen Jüdinnen und Juden ereignet haben, gebracht.[21] Stellvertretend seien an dieser Stelle die Worte von Helmut MERKLEIN zitiert:

Dieser Vers hat eine schlimme Wirkungsgeschichte aus sich entlassen. Den Juden, die das Evangelium ablehnten, wurde eine »Erbschuld« attestiert. Als »Gottesmörder« wurden sie verfolgt. In Pogromen betätigten sich Christen als Rächer des Blutes.[22]

2. Mt 27,24f ist kein historischer Tatsachenbericht, sondern es handelt sich um ein Stück matthäischer Geschichtsdeutung

In der neueren Exegese wird betont, dass es sich bei Mt 27,24f nicht um einen historischen Tatsachenbericht handelt.[23] Die uns

---

[21] Weitere Beispiele: »Eine falsche Auslegung dieser Stelle hatte später verhängnisvolle Auswirkungen für das Verhältnis der Kirche zu den Juden. Einen ewigen Fluch über dem jüdischen Volk, gar noch die Sage von Ahasver, dem ruhelosen Juden, muß man entschieden abweisen.« (SCHNACKENBURG: Matthäus, 277); »Will er im Sinn des Evangelisten auch nur die heilsgeschichtliche Wende zu verstehen geben, in der das bisher einzige Gottesvolk abgelöst wird, so setzte er in der Folge Mißverständnisse frei, die das Verhältnis Christentum–Judentum schwer belasteten.« (GNILKA: Jesus, 317); »Alle Katastrophen, die seither [seit dem Ruf in Mt 27,25; ZK] über das jüdische Volk gekommen sind, seien, so sagen heute noch viele Christen, nichts anderes als die Auswirkungen dieser ›Selbstverfluchung‹, die das ›ganze Volk‹ beim Prozeß Jesu vor Pilatus über sich ausgerufen habe!« (MUSSNER: Traktat, 305.); »Es ist offenkundig, wie gerade diese geschichtstheologische Position [die in Mt 27,24f; ZK] in dem leidvollen geschichtlichen Verhältnis zwischen Juden und Christen wirksam wurde.« (TRILLING: Jesusüberlieferung, 103f); »V. 25 dürfte einer der folgenschwersten Sätze der Weltgeschichte gewesen sein.« (BROER: Prozeß, 105); »Dieser Satz ist das, was sich der Christenheit wirklich eingeprägt hat. Das Bild vom Ölbaum und die Warnung des Paulus an die Heidenchristen sind davor verblaßt.« (LOHFINK: Kirche, 303).

[22] MERKLEIN: Jesusgeschichte, 215.

[23] Es »muß gesagt werden, daß es sich bei dem Sondergut Mt 27,24f. ganz gewiß nicht um eine historische ›Reportage‹ handelt, sondern um eine sekundäre Traditionsbildung, deren Tendenzen allzu durchsichtig sind.« (MUSSNER: Traktat, 309). »Die Dimension des Historischen liegt nicht im Horizont seines [des Autors des Matthäus-Evangeliums; ZK] Denkens.« (BROER: Antijudaismus, 335); »Fast niemand rechnet heute mehr damit, daß hinter diesen beiden Versen ein historischer Kern stehen könnte.« (LUZ: Matthäus I/4, 268).

vertraute moderne Form historischer Darstellung und Sprache war sowohl der Antike als auch dem Autor des Matthäus-Evangeliums fremd. Mitte der 1960er Jahre sprach der Neutestamentler Wolfgang TRILLING formkritisch von einem »dogmatischen Theologoumenon«, eine Formulierung, die eine breite Rezeption in der Forschung erfahren hat.[24] Ulrich LUZ hingegen sieht in dieser oft zitierten Wendung eine theologische Überdeutung und wertet die Szene als »Teil, Abschluß und Höhepunkt einer Erzählung«.[25]

Wie dem auch sei, der Verzicht auf die Forderung nach Historizität von Mt 27,25 eröffnete besonders im jüdisch-christlichen Dialog neue Denkwege im Umgang mit dem *Blutruf*, da »den Juden« auf der historischen Ebene ein Satz, den sie so nie gerufen haben, nicht mehr zugesprochen wurde.[26]

Konsens besteht darin, dass in Mt 27,25 ein Stück matthäischer Geschichtsdeutung zum Ausdruck kommt: Beim Ruf denkt der Autor des Matthäus-Evangeliums an die 70 n.Chr. erfolgte Eroberung Jerusalems und an die Zerstörung des Jerusalemer Tempels, in der der Evangelist eine göttliche Strafe für die Hinrichtung Jesu in Jerusalem sieht. Mit den Worten von Klaus HAACKER bietet Mt 27,25 »eine christliche Deutung der Katastrophe des Jahres 70 n.Chr. vom gewaltsamen Geschick Jesu her – nicht eine Prognose oder gar ein Programm für die weitere Geschichte des jüdischen Volkes.«[27]

Der *Blutruf* ist somit ein Kernstück matthäischer Geschichtsdeutung, in der aus der konkreten Geschichte der matthäischen

---

[24] »Wir haben es formkritisch nicht mit einem legendären Zuwachs, sondern mit einem dogmatischen Theologoumenon zu tun« (TRILLING: Israel, 72). Siehe unter anderem STRECKER: Weg, 115; MUSSNER: Traktat, 309; SAND: Matthäus, 554. Anders GNILKA: Matthäus II, 459. Ben-Chorin hält die Historizität von Mt 27,25 »für möglich« (siehe BEN-CHOIN: Jesus, 208). Thoma meint, dass »ein nicht näher bestimmbarer Kern dieser matthäischen Schilderung« historisch sein mag (siehe THOMA: Kirche, 71).

[25] LUZ: Matthäus I/4, 276.

[26] Siehe BROER: Antijudaismus, 336. »Es mag wichtig und für die christlich-jüdischen Beziehungen erleichternd sein, wenn geklärt ist, daß Mt 27,25 die wirklichen Vorgänge nicht oder nur generalisierend wiedergibt [...]« (LOHFINK: Schriftinspiration, 22).

[27] HAACKER: Erwägungen, 31.

Gemeinde heraus, die von einer Naherwartung auf das Kommen Christi geprägt war, die eigene Gegenwart gedeutet wird.[28]

3. Mt 27,24f gehört zum Sondergut des Matthäus-Evangeliums und stellt eine Schlüsselszene dar

Mt 27,24f gehört zum Sondergut des Matthäus-Evangeliums und kann nur innerhalb der Gesamtredaktion des Evangeliums adäquat verstanden werden.[29] Der Erzählbogen zieht sich über den Tod des Judas (Mt 27,3–9)[30] über den Traum der Frau des Pilatus (Mt 27,19) bis zu Mt 27,24f hin. Pilatus nimmt in Vers 24 die Warnung seiner Frau ernst, die ihn ermahnt hatte, sich nicht an »jenem Gerechten« zu vergreifen, und lässt »die Juden« über das Schicksal Jesu entscheiden.[31] Der Passionserzählung des Matthäus-Evangeliums folgend, nehmen »die Juden», als »das ganze Volk«, die »Schuld« auf sich. Die feierliche Sympathieerklärung des Pilatus (Vers 24) und die radikale Ablehnung Jesu (Vers 25) gehören für Matthäus unmittelbar zusammen.[32] Das verbindende Element zwischen den beiden Versen ist »Blut«.

Die meisten Kommentatoren weisen darauf hin, dass sich in Mt 27,24f die redaktionelle Absicht des Autors kumuliert, durch die ganze Erzählung über Leiden und Tod Jesu hindurch, Pilatus zu entlasten und »die Juden« zu belasten.[33]

Der Spannungsbogen der Erzählung schnellt in Mt 27,17 mit der Frage: »Was wollt ihr? Wen soll ich freilassen, Barabbas oder Jesus, den man den Messias nennt?« (Mt 27,17) nach oben. Die Alternative, die Pilatus anbietet, ist eindeutig. Entsprechend heftig wird im Matthäustext das Ringen zwischen den Hohepriestern, den Ältesten und der Menge auf der einen Seite und Pilatus auf der anderen Seite dargestellt. Die Aggressivität steigert sich von Vers zu Vers merklich:

---

[28] Siehe LUZ: Matthäus I/4, 266; THEISSEN: Aporien, 538, 543; SCHOTTROFF: Kreuzigung, 3.4.1999.

[29] Siehe unter anderem TRILLING: Israel, 66ff; FRANKEMÖLLE: Jahwebund, 204.

[30] Siehe LUZ: Matthäus I/4, 277.

[31] Siehe BROER: Antijudaismus, 334; BÖSEN: Jesus, 247.

[32] Siehe auch LUZ: Matthäus I/4, 266.

[33] »Der in Mt 27,19.24f thematisierte Gedanke der *Entlastung der Heiden* einerseits (V 19.24) und die *Belastung der Juden* andererseits (V 25) durchzieht das erste Evangelium wie ein roter Faden.« (BÖSEN: Jesus, 246).

Vers 21:	Der Statthalter fragt – sie (die Menge) aber sprechen.
Vers 22:	Pilatus fragt wiederum – sie alle sagen.
Vers 23:	Er (Pilatus, der römische Statthalter) sagt – sie aber schreien übermäßig.[34]
Vers 24:	Pilatus erkennt, dass er nichts erreicht, lässt sich Wasser bringen und wäscht sich vor der Volksmenge feierlich die Hände, um seine Unschuld am Blut dieses Menschen zu bezeugen.
Vers 25:	Das ganze Volk antwortet sogleich mit der Proklamation des so genannten *Blutrufes*.
Vers 26:	Das Ergebnis: Pilatus lässt Barabbas frei und befiehlt, Jesus zu geißeln und zu kreuzigen.

Im Zusammenhang mit Mt 27,25 haben Exegeten auch darauf aufmerksam gemacht, dass die markinische Passionserzählung, die dem Matthäustext als Vorlage diente (Mk 15,6–15 par Mt 27,15–26), »den Juden« bereits einen genug großen Anteil am Tode Jesu zuweist.[35] Für die Radikalisierung in Mt 27,25 habe somit keine Notwendigkeit bestanden. Die kleine Änderung gegenüber der Markusparallele gewähre somit einen Einblick in die Motive und Denkweise des Matthäustextes:

Mk 14,55–56	Mt 26,59–61
55 Die Hohepriester und der ganze Hohe Rat bemühten sich um Zeugenaussagen gegen Jesus, um ihn zum Tod verurteilen zu können; sie fanden aber nichts. 56 Viele machten zwar falsche Aussagen über ihn, aber die Aussagen stimmten nicht überein.	59 Die Hohepriester und der ganze Hohe Rat bemühten sich um falsche Zeugenaussagen gegen Jesus, um ihn zum Tod verurteilen zu können. 60 Sie erreichten aber nichts, obwohl viele *falsche Zeugen* auftraten. Zuletzt kamen zwei Männer 61 und behaupteten: Er hat gesagt: Ich kann den Tempel Gottes niederreißen und in drei Tagen wieder aufbauen.

---

[34] Die Einheitsübersetzung gibt die Formen des Verbs λέγω (sage, rede, behaupte, befehle, nenne, meine) mit »schreien, rufen« wieder: V 21: Der Statthalter fragte – Sie riefen; Vers 22: Pilatus sagte – Da schrieen sie alle; Vers 23: Er [Pilatus] erwiderte – Da schrieen sie noch lauter.

[35] Siehe CROSSAN: Jesus, 31f.

In Mk 14,55f sind die Hohepriester und das ganze Synedrion auf der Suche nach Zeugnissen gegen Jesus, um ihn zum Tode zu verurteilen. Im Verlauf des Prozesses lassen sie auch falsche Zeugen auftreten. Nicht so aus der Optik des Matthäus-Evangeliums, denn dort scheinen sich die Hohepriester und das ganze Synedrion von Anfang an im Klaren darüber zu sein, dass sie nichts gegen Jesus ausrichten können und suchen deshalb von Beginn des Prozesses an nach Falschzeugnissen gegen ihn, denn offenbar konnten sie im Denken des Evangelisten lediglich auf diese Weise den Tod Jesu sicherstellen.[36]

Diese These bestätigt auch der Blick auf Mt 28,11–15. Die Ältesten und Hohepriester reagieren auf die Nachricht von der Erscheinung des auferstandenen Christus sogleich und ohne lange zu überlegen mit »Bestechung« und »Betrug«:

11 Noch während die Frauen unterwegs waren, kamen einige von den Wächtern in die Stadt und berichteten den Hohenpriestern alles, was geschehen war. 12 Diese fassten gemeinsam mit den Ältesten den Beschluss, die Soldaten zu bestechen. Sie gaben ihnen viel Geld 13 und sagten: Erzählt den Leuten: Seine Jünger sind bei Nacht gekommen und haben ihn gestohlen, während wir schliefen. 14 Falls der Statthalter davon hört, werden wir ihn beschwichtigen und dafür sorgen, dass ihr nichts zu befürchten habt. 15 Die Soldaten nahmen das Geld und machten alles so, wie man es ihnen gesagt hatte. So kommt es, dass dieses Gerücht bei den Juden bis heute verbreitet ist. (Mt 28,11–15)

Das Matthäus-Evangelium vermochte offensichtlich die Repräsentanten des Judentums nur noch radikal negativ und voreingenommen zu sehen.[37]

4. Mt 27,24f muss in den Zusammenhang der Gesamtredaktion des Evangeliums gestellt werden

Mit der negativen Sicht »der Juden« und ihrer offiziellen Repräsentanten zieht der Autor des Matthäus-Evangeliums eine Linie durch, die in Kapitel 2 beginnt und die Ablehnung Jesu durch »die Juden« und ihren offiziellen Repräsentanten einerseits und

---

[36] In Bezug auf die Mitglieder des Synedrions siehe auch FRANKEMÖLLE: Antijudaismus im Matthäusevangelium?, 99f.

[37] Siehe BROER: Antisemitismus, 341f.

die Hinwendung der Heiden zu Jesus andererseits thematisiert. Mit den Worten von Ulrich LUZ:

> Für Matthäus steht die Anbetung Jesu durch Heiden und seine Ablehnung durch die Jerusalemer im Vordergrund. Damit nimmt er einen bereits in 1,1 und in der Genealogie angedeuteten Gedanken auf und präludiert ein Grundthema seines Evangeliums: den Zustrom der Heiden zum Messias Israels und seine in der Passionsgeschichte gipfelnde Verwerfung durch Jerusalem.[38]

Bei der *Huldigung durch die Sterndeuter* (Mt 2,1–12) weiß der Matthäustext zu berichten, dass es allein die heidnischen Magier waren, die dem Stern folgten, das Jesus-Kind und seine Mutter fanden, vor dem Neugeborenen niederfielen und ihm huldigten. Dies alles, obwohl »alle Hohenpriester und Sterndeuter« auf die Frage des Herodes hin, wo der Messias geboren werde, mit Verweis auf Mi 5,1 mit Bethlehem geantwortet hatten (Mt 2,5f). Trotz dieses Wissens, so die Leserlenkung des Matthäus-Evangeliums, kamen »die Juden« oder zumindest ihre Jerusalemer Repräsentanten ihrer Verpflichtung, der Huldigung, der Proskynese vor ihrem König, nicht nach. Die Ehrerbietung wurde ausschließlich von der »Heidenwelt«, vertreten durch die Magier aus dem Osten, wahrgenommen.[39]

Eine weitere Station dieses Programms ist das *Gleichnis vom Hochzeitsmahl des Königssohnes* (Mt 22,1–14), in der die Zuerstgeladenen die Einladung des Königs ausschlagen. Daraufhin befiehlt der König seinen Dienern, auf die Strasse hinaus zu gehen und ausnahmslos alle zum Hochzeitsmahl einzuladen. Identifiziert man die Zuerstgeladenen mit den jüdischen »Gegnern« Jesu, so können jene, die von draußen kommen, als Angehörige eines andern Volkes gelten. Die Leserin, der Leser, wurde ja in der Parabel von den bösen Pächtern (Mt 21,33–46) in Mt 21,43 auf diese Erkenntnis vorbereitet.[40] Denn auch an dieser

---

[38] LUZ: Matthäus I/1, 122.

[39] In Mt 2,8 fällt das Stichwort προσκυνέω zum dritten Mal. Gemeint ist damit eine Verehrung, die sich durch Sich-zu-Boden-Werfen ausdrückt. Nach griechischem Verständnis galt sie den Göttern, nach orientalischem auch höhergestellten Menschen, vorwiegend den Königen (siehe LUZ: Matthäus I/1, 120).

[40] Siehe LUZ: Matthäus I/3, 243.

Stelle fügt der Matthäustext über die Markusparallele hinaus eine Interpretation dieses Gleichnisses an: »Darum sage ich euch: Das Reich Gottes wird euch weggenommen und einem Volk gegeben werden, das die erwarteten Früchte bringt« (Mt 21,43). Die neueren Kommentare sind sich darin einig, dass es sich bei diesem Vers um eine Aussage gegen die damaligen Repräsentanten des Judentums handelt. Das Reich Gottes wird »den Juden«, dem Volk Gottes (λαός), genommen und einem heidnischen Volk (ἔθνος) gegeben werden, das die erwarteten Früchte bringt.[41] Mt 27,24f ist in diese gedankliche Linie zu stellen, die die Idee von der Ablehnung Jesu durch das Judentum einerseits und seine Annahme durch die »Heidenvölker« andererseits in aller Radikalität propagiert. Die in den verschiedenen Passionsberichten zu Grunde liegende Tradition gibt etwa folgende Typologie von der »Schuld der Juden« am Tode Jesu wieder: Die Hohepriester, samt der Schriftgelehrten, wollen von Anfang an seinen Tod. Zur Durchsetzung ihres Plans benutzen sie den römischen Statthalter Pilatus als Werkzeug, dessen Mitwirkung sie durch den »Druck der Strasse« erpressen.[42] Die Passionsberichte als erzählende Texte folgen nicht einer historischen Chronologie, sondern vielmehr dem theologischen Programm, Jesus von jedem für die Römer relevanten Verbrechen freizusprechen oder zumindest zu entlasten und im Gegenzug die Schuld an seinem Tode »den

---

[41] Siehe HAHN: Exegese: 91. Siehe auch die Formulierung von A. Sand: »Von den Zuhörern, von Israel also, wird die Königsherrschaft Gottes genommen und einem anderen, neuen Volk gegeben werden, einem Volk, das dann wirklich die Früchte der Basileia bringen wird.« (SAND: Matthäus, 435). Anders U. Luz: »An die Stelle von Israel tritt also nicht die Kirche, sondern ein Appell an diejenigen, die bisher nicht zu Israel gehörten, Früchte zu bringen.« (LUZ: Matthäus I/3, 227).

[42] Siehe REINBOLD: Tod Jesu, 318. Besonders die kanonischen Passionsberichte der vier Evangelien wurden zur Hauptquelle des christlich motivierten Antijudaismus. Eine der Ursachen dafür ist wohl in der Grundstruktur aller christlichen Passionsberichte zu sehen: »Denn eine narrative Verbindung der zentralen Aussagen – (1) Jesus war unschuldig; (2) der Präfekt hielt Jesus für unschuldig; (3) der Präfekt hat Jesus kreuzigen lassen – ist nur möglich, wenn die Verantwortung für den Tod Jesu von Pilatus auf eine andere Gruppe abgewälzt wird, die diesen unter Druck setzt. Diese Gruppe kann nach Lage der Dinge nur eine jüdische sein, seien es nun die Hohenpriester, die Pharisäer oder das Volk von Jerusalem. Und weiter: Diese Gruppe muß, da Jesu Unschuld ein festes Axiom ist, unlautere Motive, böse Absichten gehabt haben.« (Ebd.: 323).

Juden« zuzuschreiben. Genau diese Tendenz, die den römischen Anteil am Tod Jesu, bei gleichzeitiger Maximierung der jüdischen Schuld, minimiert, wird später, wie der Passionsbericht des apokryphen Petrus-Evangeliums zeigt, noch verstärkt werden.[43] Dort wird berichtet, dass »der König Herodes« (Vers 2) Jesus zur Kreuzigung abführen lässt und ihn »dem Volke« (Vers 5b) übergibt. Im Anschluss wird folgende Szene beschrieben:

[6] Sie aber nahmen den Herrn und stießen ihn eilends und sprachen: »Lasset uns den Sohn Gottes schleifen, da wir Gewalt über ihn bekommen haben.« [7] Und sie legten ihm ein Purpurgewand um und setzten ihn auf den Richterstuhl und sprachen: »Richte gerecht, o König Israels?« [8] Und einer von ihnen brachte einen Dornenkranz und setzte ihn auf das Haupt des Herrn. [9] Und andere, die dabei standen, spieen ihm ins Angesicht, und andere schlugen ihm auf die Wangen, andere stießen ihn mit einem Rohr, und etliche geißelten ihn und sprachen: »Mit solcher Ehre wollen wir den Sohn Gottes ehren.« [...] [14] Und sie wurden zornig über ihn und befahlen, daß ihm die Schenkel nicht gebrochen würden, damit er unter Qualen sterbe. [...] [17] Und sie erfüllten alles und machten das Maß der Sünden über ihr Haupt voll.

Nach der Auferstehung Jesu eilen die römischen Wachsoldaten zu Pilatus:

[45] Als die Leute um den Hauptmann dies sahen, eilten sie in der Nacht zu Pilatus und verließen das Grab, das sie bewachten, und erzählten alles, was sie gesehen hatten, voller Unruhe und sprachen: »Wahrhaftig, er war Gottes Sohn.« [46] Pilatus antwortete und sprach: »Ich bin rein am Blute des Sohnes Gottes, ihr habt solches beschlossen.« [47] Da traten alle zu ihm, baten und ersuchten ihn dringend, dem Hauptmann und den Soldaten zu befehlen, niemandem etwas zu sagen, was sie gesehen hatten. [48] »Denn es ist besser für uns«, sagten sie, »uns der größten Sünde vor Gott schuldig zu machen, als in die Hände des Judenvolkes zu fallen und gesteinigt zu werden.«[44]

---

[43] Die Frage, ob das Petrus-Evangelium das Matthäus-Evangelium voraussetzt oder nicht, oder ob das Petrus-Evangelium weiter oder weniger entwickelt ist als das Matthäus-Evangelium oder nicht, ist Gegenstand von Diskussionen. Ich schließe mich hier den Überlegungen von W. Reinbold an. Siehe auch die Ausführungen von J.D. Crossan, der die Gegenthese vertritt, in CROSSAN: Jesus, 193–195.
[44] Christian MAURER (Übersetzung), Wilhelm SCHNEEMELCHER (Einleitung): VII. Petrusevangelium, in: Wilhelm SCHNEEMELCHER: Neutestamentliche Apo-

Bemerkenswert ist wiederum die Willkür der Rollenbezeichnungen: In Vers 5 wird Jesus »dem Volke« übergeben. Nach seinem Tode ziehen »die Juden die Nägel« aus seinen Händen (Vers 21). In Vers 28 sind es die »Schriftgelehrten und Pharisäer und Ältesten«, die sich versammeln und den Pilatus bitten, das Grab bewachen zu lassen (Vers 29f). In Vers 48 wird in der Übersetzung schließlich vom »Judenvolke« gesprochen.

Zurück zum Matthäus-Evangelium: In der redaktionellen Szene von Mt 27,24f wird etwa 60 Jahre nach dem Tode Jesu die Beteiligung des Pilatus nicht gänzlich, wie später im Petrus-Evangelium, bestritten, aber doch minimiert, indem der Repräsentant des Römischen Imperiums in einem symbolischen Akt die Schuld dem jüdischen Volk aufbürdet und das Volk diese in seiner Gesamtheit auf sich und die nachfolgende Generation nimmt.[45]

3.1.3 Alttestamentliche Anklänge in Mt 27,24f

1. Die Händewaschung und die Unschuldserklärung des Pilatus
Das Motiv des Händewaschens wird unter anderem in Dtn 21,1–9 verwendet: Wenn jemand einen von unbekannter Hand Erschlagenen findet, dann sollen die Ältesten der Stadt, die am nächsten liegt, einer jungen Kuh, die noch nie zur Arbeit gebraucht wurde, über einem immerfließenden Wildbach das Genick durchschlagen, über ihr die Hände waschen und dabei laut rufen: »Unsere Hände haben dieses Blut nicht vergossen, unsere Augen haben es nicht gesehen.« (Dtn 21,7) Mit dieser Formel der Unschuldserklärung war in der Vorstellung des Alten Testaments die Bitte verbunden, dass das unschuldig vergossene Blut

---

kryphen in deutscher Übersetzung, Bd. I: Evangelien, Tübingen 1990, 180–188, Übersetzung: 185–188). Siehe auch die Übersetzung von J.D. Crossan, in CROSSAN: Jesus, 270–272, sowie von Wieland WILLKER, abrufbar unter: http://www-user.uni-bremen.de/~wie/texteapo/Petrus.html (1.1.2006). Zum Petrus-Evangelium siehe unter anderem SCHELKLE: »Selbstverfluchung«, 151; MUSSNER: Traktat, 306f.

[45] Siehe REINBOLD: Tod Jesu, 318f. Für F. Mussner zeigt sich im Vergleich zur Mk-Parallele in der Perikope Mt 27,11–26 ebenfalls eine wachsende antijudaistische Tendenz, die darauf abzielt, die Schuld am gewaltsamen Tod Jesu fast ausschließlich den Juden zuzuschreiben (siehe MUSSNER: Traktat, 306).

aus der Mitte des Volkes Israel weggeschafft werde respektive dass das unschuldig vergossene Blut nicht über das Haupt Israels komme.[46]

Das Matthäus-Evangelium wendet diese alttestamentliche Tradition in einer eigenen Interpretation an: Im Unterschied zu Mt 27,24f ist der Mord in der Erzählung in Dtn 21,1–9 bereits geschehen. Die Ältesten der Stadt sind am vergossenen Blut in der Tat unschuldig. An der Stelle, an der der Matthäustext die Handwaschung erwähnt, wäre die gewaltsame Tötung jedoch noch zu vermeiden.[47]

Das anschließende Deutewort des Pilatus weist einen Bezug zu 2Sam 3,28 auf: »Unschuldig bin ich und mein Königtum vor IHM für alle Zeit am Blute Abners ...« Hier ruft König David nach der Ermordung Abners, des Vetters des Heerführers von Saul, seine Unschuld an dieser Bluttat aus. In den Ps 26,6 und 73,13 ist die Formel »ich wasche meine Hände in Unschuld« Bildrede für die Schuldlosigkeit, auf die sich der Gerechte, gemeint ist der Beter, beruft, um zu sagen, dass er anderen gegenüber keine Schuld auf sich geladen hat.[48]

2. Der Spruch »sein Blut komme über ihn« und die Schuldübernahme durch das Volk in Mt 27,25

Für die Formel »sein Blut komme über ihn« finden sich im Alten Testament mehrere Belege. So zum Beispiel in 1Kön 2,31–33, wo Salomo Benaja befiehlt, Joab zu töten:

31 Da gebot ihm der König: Tu, was er gesagt hat! Stoß ihn nieder und begrab ihn! Nimm so von mir und vom Haus meines Vaters das Blut, das Joab ohne Grund vergossen hat. 32 Der Herr lasse sein Blut auf sein Haupt kommen, weil er ohne Wissen meines Vaters zwei Männer, die gerechter und besser waren als er, niedergestoßen und mit dem Schwert getötet hat: Abner, den Sohn Ners, den Heerführer Israels, und Amasa,

---

[46] Siehe Henning Graf REVENTLOW: »Sein Blut komme über sein Haupt«, in: Vetus Testamentum 10 (1960), 311–327; Klaus KOCH: Der Spruch »Sein Blut bleibe auf seinem Haupt« und die israelitische Auffassung vom vergossenen Blut, in: Vetus Testamentum 12 (1962), 396–416.

[47] Siehe LUZ: Matthäus I/4, 277.

[48] Siehe Jer 26,15; Jos 2,19.

den Sohn Jeters, den Heerführer Judas. 33 Ihr Blut komme für immer auf das Haupt Joabs und seiner Nachkommen. David aber, seinen Nachkommen, seinem Haus und seinem Thron sei vom Herrn immerfort Heil beschieden. (1Kön 2,31–33)[49]

In dieser Textpassage lastet die Schuld an einem von Joab unrechtmäßig verübten Mord auf dem Geschlecht Davids. Der Spruch konnte, wie der Fall Joabs zeigt, auf die Nachkommenschaft[50] ausgedehnt werden.[51] Salomo und seine Nachkommen können aus biblischer Sicht nur dadurch wieder Heil erlangen, indem der Schuldige getötet wird. Und die Formel »Der Herr lasse sein Blut über sein (eigenes) Haupt kommen« respektive »sein Blut (bleibe) auf ihm« besagt in diesem Zusammenhang, dass die mit einer Tötung verbundenen negativen Folgen für den Tötenden von diesem abgewendet und auf den Getöteten übertragen werden. In diesem Sinne ist der Ausdruck als »Schutzformel« zu deuten, hinter dem die allgemeine biblische Vorstellung einer »schicksalwirkenden Tatsphäre« steht, in der jede gute oder schlechte Tat die Zukunft des Urhebers tatsächlich mitbestimmt.[52] Der Ausspruch »Sein Blut (komme) über ihn«

---

[49] Siehe auch Lev 20,9; 2Sam 1,16; Jos 2,19.

[50] »τὰ τέκνα« ist sowohl im Alten Testament als auch im Neuen Testament als Nachkommenschaft bezeugt. Siehe zum Neuen Testament: Mt 2,18; Lk 23,28; Apg 2,39. K.H. Schelkle argumentiert dahingehend, dass die Nennung der Kinder der alttestamentlichen Auffassung der »Volksgemeinschaft, in die das einzelne Schicksal sich einfügt« entspreche (siehe SCHELKLE: »Selbstverfluchung«, 149).

[51] Im Mischnatraktat »Sanhedrin« 4,5 ist diese Idee folgendermaßen ausgedrückt: Bei Kapitalprozessen »haftet sein (des Hingerichteten) Blut u. das Blut seiner (möglichen) Nachkommen an ihm bis ans Ende der Welt.« (STRACK-BILLERBECK: Matthäus, 1033). Siehe auch TRILLING: Israel, 71, Anm. 37.

[52] KOCH: Blut, 398, 400. Siehe auch LUZ: Matthäus I/4, 279. Anders W. Bösen (wohl in Anlehnung an H. Reventlow): »Der sogenannte Blutruf des Volkes greift eine alte Formel sakralen Rechts auf, durch die Gott als Vollstrecker der Vergeltung angerufen wird.« (BÖSEN: Jesus, 243). Oder R. Kampling: »Im Hinblick auf den alttestamentlichen Hintergrund wird man den Ruf von Mt 27,25 in die Gattung der Fluchformeln einreihen müssen, so daß hier eine Selbstverfluchung in dem Sinne vorliegt, daß das Volk sich selbst zum Objekt des Fluches macht.« (KAMPLING: Blut, 6). Siehe auch die Ausführungen von N.A. Dahl: »Gott ist der Rächer des unschuldig vergossenen Blutes. Noch in dem rabbinischen Rechtsverfahren ist die Formelsprache geläufig; hier dient sie vor allem zur Entlastung des Gerichtshofes und Belastung eventueller falscher Zeugen.« (DAHL: Passionsgeschichte, 26).

will – so Klaus KOCH – »bei gewaltsamer Tötung die Übertragung der Blutsphäre ausschließen.«[53]

Der Matthäustext braucht in Mt 27,25 diese Formel jedoch anders. Es geht nicht darum, die unheilvolle Wirkung auf dem Schuldigen, der gerichtet wird, ruhen zu lassen, sondern dass das ganze Volk fremdes Blut für eine Tat, die es nach biblischer Erzählung gar nicht direkt begehen wird, auf sich herabruft.[54] Aus diesem Grund ist – mit Ulrich LUZ gesprochen – die Umschreibung für das in der biblischen Formel fehlende Prädikat mit »komme« sinnvoll.[55] So gesehen hat die Formel in Mt 27,25 auch nicht die Funktion einer Schutzformel, sondern hat eher als Schuldübernahme zu gelten,[56] die aus der Sicht des Matthäustextes durch das ganze Volk erfolgte und sich auch auf seine Kinder erstreckte. Obwohl nach biblischer und jüdischer Überzeugung die Schuld primär am Täter selbst und nicht an seinen Nachkommen haften bleibt, dürften im Kontext von Mt 27,25 mit den »Kindern« die Zeitgenossen Jesu und ihre Nachkommen gemeint sein.[57] Gerd THEISSEN und Ulrich LUZ (mit Hinweis auf die »schicksalwirkende Tatsphäre«) sprechen von einer »bedingten Selbstverfluchung« des Volkes. Die Ankläger seien von der Schuld Jesu gänzlich überzeugt. Für den Fall seiner Unschuld wollen sie (und ihre Kinder) die Verantwortung tragen.[58]

Der Autor des Matthäus-Evangeliums wählte in Mt 27,25 für die Rufenden die Bezeichnung λαὸς, mit der die Septuaginta (LXX) die religiöse Sonder- und Vorzugsstellung »Israels« als »Volk Gottes« kennzeichnet.[59] Auch wenn die genaue Intention

---

[53] KOCH: Blut, 413.

[54] Siehe LUZ: Matthäus I/4, 279f. Siehe auch GNILKA: Matthäus II, 459.

[55] Siehe LUZ: Matthäus I/4, 280, Anm. 84.

[56] Siehe BROER: Antijudaismus, 335. »Wendet man die alttestamentliche Aussage auf Matthäus an, so ergibt sich ein klarer Inhalt des Stückes. Pilatus lehnt die ›Blutschuld‹, die vor Gott bestehende und ihm angerechnete Verantwortung und Last formell ab, und die versammelte Volksmenge übernimmt sie für sich und die kommenden Geschlechter.« (TRILLING: Israel, 71).

[57] Siehe WONG: Interkulturelle Theologie, 136; HAACKER: Erwägungen, 30; LUZ: Matthäus I/4, 280.

[58] Siehe THEISSEN: Aporien, 538; LUZ: Matthäus I/4, 280.

[59] »Dabei ist hier der sonst in der Passionsgeschichte nur noch in V. 64 erscheinende feierliche Ausdruck gewählt, der das Gottesvolk von den Heiden unterscheidet (siehe zu 21,43). Er steht auch in den Zitaten, die von seiner Blindheit gegenüber

des unvermittelten Wechsels von ὄχλος zu λαός umstritten ist, wird auch hier die Tendenz des Matthäustextes deutlich, die Schuld am Tode Jesu dem »Gottesvolk« in seiner Gesamtheit anzulasten.[60] Der Autor argumentiert hier aus einer von ihm eigen interpretierten alttestamentlichen Tradition und er rechnet damit, dass die Adressaten dieser Worte seine Aussagen decodieren und in ihrer prägnanten Ausdrucksweise verstehen können.

3.2 Verschiedene theologische Argumentationstypen in der Auslegung von Mt 27,25

Die verheerende Wirkungsgeschichte von Mt 27,25 bedenkend haben Exegeten nach 1945 verschiedene Auslegungen vorgeschlagen, die einen möglichen und theologisch verantwortbaren Umgang mit dem *Blutruf* eröffnen wollen. Der an der Universität Siegen lehrende Neutestamentler Ingo BROER hat in einem Artikel aus dem Jahre 1991 eine Typologie der verschiedenen »Entlastungsversuche der Exegese« in Bezug auf Mt 27,25 entworfen.[61] All diesen Versuchen, die ich im Nachgang zu BROER darstellen, anreichern und kritisieren möchte, ist eigen, dass sie Mt 27,25 vom Vorwurf des Antijudaismus zu entlasten oder gar zu befreien versuchen. Die jeweiligen Autoren wollen ein Verständnis von Mt 27,25 herbeiführen, das ersichtlich machen soll, dass die verheerende Wirkungsgeschichte dieses Verses nicht

---

Jesus reden (13,15; 15,8). Doch ist in V. 20 und 24 der gleiche Ausdruck verwendet, der sonst die Jesus folgende (4,25; 8,1; 12,15; 14,13; 19,2; 20,29), über ihn staunende und ihn preisende (7,28; 9,8.33; 12,23; 15,30f; 21,8f.11) Menge bezeichnet, vor der sich Herodes (14,5) wie die jüdischen Behörden (21,26.46) bisher gescheut hatten« (SCHWEIZER: Matthäus, 333). Siehe STRATHMANN: Art. λαός, 32. Siehe STRECKER: Weg, 115f; BAUM: Evangelium, 107f.

[60] Siehe LUZ: Matthäus I/4, 277f. Siehe auch W. Trilling: »Matthäus denkt keinesfalls an die Zusammenrottung einer Volksmenge. Die hier versammelte Menge spricht wenigstens als Teil und Vertreter des Volkes. Das ist nun allerdings stark betont durch πᾶς und ἐπὶ τὰ τέκνα ἡμῶν.« (TRILLING: Israel, 72).

[61] Siehe BROER: Antijudaismus, 336–340. Siehe auch die Typologie, die G.N. Stanton vorträgt, in STANTON: Mattew, 271–274 sowie THEISSEN: Aporien, 540–553.

auf die Intention der Aussage des Matthäus zurückgeführt werden kann.

Ich sehe in der folgenden Typologie, die ich in erster Linie als verschiedene Argumentationstypen verstehe, je nach Vorverständnis des Auslegenden theologische Versuche, mit Mt 27,25 umzugehen. Man mag sie teilen oder nicht. Die einzelnen Argumentationen sind idealtypisch zu verstehen. Das heißt, dass sie sich zum Teil überschneiden. Die jeweiligen Autoren berufen sich in ihren Texten meist auf mehrere verschiedene Argumentationstypen. In ihnen finden sich teilweise auch die oben dargestellten exegetischen Koordinaten wieder.

3.2.1 Die soteriologische Argumentation

Die soteriologische Argumentation hat unter anderen Franz MUSSNER in seinem 1979 erschienenen und weit verbreiteten *Traktat über die Juden* vorgetragen.[62] Sie versucht Mt 27,25 mit dem Hinweis auf Hebr 12,24 und 1Tim 2,6 von heilsgeschichtlichen Aussagen des Neuen Testaments her zu interpretieren.[63] Diese Argumentation betont, dass das »Blut Christi« Gnade und Segen für alle Menschen einschließlich der Jüdinnen und Juden bringe. Gerhard LOHFINK schreibt hierzu:

Israel hat sich vor dem Richterstuhl des Pilatus selbst verflucht. Aber Gott hat diese Selbstverfluchung nicht angenommen. Er hat das Kreuz nicht zum Zeichen des Fluches gemacht, sondern zum Zeichen der Vergebung und neuen Lebens, ja der Bundeserneuerung mit Israel. Das Volk hat gerufen: »Sein Blut komme über uns und unsere Kinder.« Von der Abendmahlstradition her kann dieses Blut nur das Rettung schenkende Blut Jesu sein.[64]

Ist diese Interpretation des »Blutes Christi« auch für Mt 27,25 anwendbar, so liegt tatsächlich ein fundamental neues Verständ-

---

[62] Siehe auch TRILLING: Matthäus II, 323; PFISTERER: Schatten, 43; Schelkle mit Verweis auf Mt 26,28; 1Kor 11,25; Kol 1,19; Eph 1,7; Hebr 12,24 (siehe K.H. SCHELKLE: »Selbstverfluchung«, 155f); BEN-CHORIN: Jesus, 170; SCHWEIZER: Matthäus, 333; GNILKA: Matthäus II, 460; LIMBECK: Matthäus-Evangelium, 296.

[63] Siehe MUSSNER: Traktat, 309.

[64] LOHFINK: Kirche, 308.

nis von Mt 27,25 vor, insofern »die Juden« Heil statt tödliches Verderben auf sich gerufen hätten. Eine ähnliche Argumentation verfolgte auch das im vorhergehenden Kapitel zitierte *Weihegebet des Menschengeschlechts an das heiligste Herz Jesu* mit dem grundlegenden Unterschied, dass die Möglichkeit der Erfahrung des »Heilsblutes« die Konversion voraussetzte. Diese Schranke wird mit der soteriologischen Argumentation aufgehoben. Die Schwierigkeit liegt jedoch in der verheerenden Wirkungsgeschichte von Mt 27,25, die bei dieser Argumentation gänzlich außer Acht gelassen wird. Im Sinne einer systematisch-theologischen Interpretation macht Hubert FRANKEMÖLLE darauf aufmerksam, dass diese »soteriologische und universale Bedeutung des Blutes Jesu generell seiner Sendung zu Juden und Nichtjuden« entspreche.[65] Als Einzeltext entspricht Mt 27,24f dieser Sinnrichtung jedoch nicht.[66]

Ein weiterer tragender Pfeiler der Argumentation von Franz MUSSNER ist der Verweis auf Lk 23,34a, die Stelle, an der Jesus am Kreuz für seine »Feinde« betet: »Vater vergib ihnen, denn sie wissen nicht was sie tun!«.[67] Nimmt man die Aussage dieses Verses ernst, so der Gedankengang dieses Argumentationsstranges, sei die Schuld den Rufenden bereits kurz nach der Tat verziehen worden. Diese Idee verfocht auch Jules ISAAC und sie fand 1947 auch Eingang in die 8. These der *Charta von Seelisberg*.[68] Mit dem Hinweis auf Lk 23,34a ist aber das Problem verbunden, dass aus religiöser Optik Verzeihung der Schuld bedarf. Die vermeintlich jüdische »Schuld« am Tode wird so nochmals betont. Aus wirkungsgeschichtlicher Perspektive ist Lk 23,34a zudem nicht unproblematisch.

Ein wirkungsgeschichtliches Beispiel: Im November 1938 berief sich ein Autor in den *Berner Neuen Nachrichten* ebenfalls auf Lk 23,34a, nachdem er die Verfolgungen in Deutschland mit dem Hinweis auf Mt 27,25 in Verbindung gebracht hatte:

---

[65] FRANKEMÖLLE: Antijudaismus im Matthäusevangelium?, 101. Anm. 82.

[66] Siehe LUZ: Matthäus I/4, 290.

[67] Siehe MUSSNER: Traktat, 309; PFISTERER: »... sein Blut komme über uns ...«, 43f; BEN-CHORIN: Jesus, 209; SCHRECKENBERG: Adversus-Judaeos (1.–11. Jh.), 130. Siehe auch SMITH: Verse, 425–427.

[68] Siehe ISAAC: Jésus et Israël, 575–578.

In göttlicher Güte sprach unser Erlöser: »Vater vergib ihnen, denn sie wissen nicht was sie tun«. Diesem Gebet, in schweren Todesängsten zu Gott gesprochen, wurde »das Aug um Aug, Zahn um Zahn« gegenübergestellt und heute kommt das »Schwarze Korps« [...] und sagt: »8000 Augen um ein Auge, 8000 Zähne um einen Zahn«.[69]

Aus der Sicht des Autors hat Jesus die Vergebungsbitte ausgesprochen. Sie blieb jedoch wirkungslos. Er führt weiter aus: Die Nationalsozialisten bekämpften »die Juden« mit ihren eigenen ethischen Idealen, die sie in radikalisierter Form zur Anwendung bringen würden. Der Hinweis auf Lk 23,34a dient hier als Kontrast und betont das eigene Verschulden »der Juden« an den Verfolgungen zusätzlich.

Völlig unabhängig von der oben zitierten Quelle ist anzuerkennen, dass die Vertreter der soteriologischen Argumentation mit dem Verweis auf Hebr 12,24, 1 Tim 2,6 und Lk 23,34a von der christlichen Theologie einfordern, ihre eigene Verkündigung ernst zu nehmen.[70] Auf der anderen Seite gibt Rainer KAMPLING zu bedenken:

Der Versuch, Mt 27,25 mit drei Versen des Neuen Testament zu kritisieren, dürfte wenig sinnvoll sein, und weder die Methode, Verse aus ihrem Kontext zu lösen und gegeneinanderzustellen, noch die damit erreichte Lösung dürfte eine nicht gewollte Rezeption des Verses wirklich verhindern.[71]

Eine weitere Form einer »textimmanenten Relativierung« von Mt 27,25 versucht, die Qualität des Blutes Jesu innerhalb des Matthäus-Evangeliums zu bestimmen und betont, dass Jesus aus seinem verbrecherisch vergossenen »unschuldigen Blut« ein »Blut des Bundes«, »vergossen zur Vergebung der Sünden« (Mt 26,28) gemacht habe.[72] In einer allgemeineren Form mahnt das 2001 erschienene Dokument der *Päpstlichen Bibelkommission*

---

[69] Tage des Schreckens, in: *Neue Berner Nachrichten*, 19.11.1938.

[70] Siehe MUSSNER: Traktat, 309; BEN-CHORIN: Jesus, 209.

[71] KAMPLING: Blut, 236.

[72] CARGAL: »His Blood be upon us and upon our Children«, 112; PÄPSTLICHE BIBELKOMMISSION: Das jüdische Volk, 133f. W. D. Davies und D. C. Allison stellen in diesem Zusammenhang die Frage auf: »One can ask but not answer how Matthew related 27.25 to the promise of 26.28 (blood poured out for the many).« (DAVIES/ALLISON: Matthew III: 592 Anm. 58).

im Zusammenhang mit Mt 27,25 und der Deutung der Zerstörung Jerusalems an, »dass Gott nach der Verhängung einer Strafe
stets neue positive Perspektiven eröffne.«[73]
Durch diese Art der Auslegung erledigt sich der christliche
Antijudaismus nicht von selbst. Vielmehr liegt hier ein Argumentationstyp vor, der durch die Wahl von »bequemen« Bibelzitaten versucht, dem *Blutruf* seine judenfeindliche Spitze zu brechen.[74] Im Neuen Testament finden sich neben judenfeindlichen
Aussagen auch solche, die eine positive Sicht des Judentums
vermitteln. Bei allem Abwägen bleibt das Gesamtbild ambivalent. Die starke Spannung zwischen der positiven und negativen
Einstellung der neu entstehenden Religion gegenüber ihrer Mut-
terreligion zieht sich durch die neutestamentlichen Texte.[75]

3.2.2 Die historische Argumentation

Die historische Argumentation will die historische Unmöglichkeit der in Mt 27,24f geschilderten Vorgänge beweisen. Dabei
wird entweder auf den geringen Platz vor Pilatus verwiesen oder
zu Recht die Plausibilität der in Mt 27,24 geschilderten Handwaschung des Pilatus vor dem Volk in Zweifel gezogen, da es un-
wahrscheinlich ist, dass Pilatus als römischer Statthalter einen
jüdischen Brauch übernommen habe.[76]
Der jüdische Jurist und Rechtshistoriker Chaim COHN bemerkte in seinem Buch *Der Prozeß und Tod Jesu aus jüdischer
Sicht* zur Handwaschung des Pilatus:

Während man sich vorstellen könnte, daß ein jüdischer Würdenträger
seine Hände wusch und seine Unschuld am Blutvergießen erklärte, hätte

---

[73] PÄPSTLICHE BIBELKOMMISSION: Das jüdische Volk, 135.
[74] G. Weiss nennt diese Form des Umgangs mit biblischen Texten in Bezug auf
die Passionsspiele eine »*dicta-probantia-Exegese*« (siehe WEISS: Antijudaismus,
34).
[75] Siehe LUZ: Menschensohn, 213; LUZ: Matthäus I/3, VIIf [Vorwort]; BROER:
Antijudaismus, 337; THEISSEN: Aporien, 540–542.
[76] Siehe unter anderem LUZ: Matthäus I/4, 276f. E. Lohmeyer mit Hinweis auf
das Petrus-Evangelium (siehe LOHMEYER: Matthäus, 385, bes. Anm. 3).

ein römischer Statthalter dies niemals getan, weil für ihn der ganze Ritus mitsamt seiner Symbolik fremd und bedeutungslos war.[77]

Ebenfalls diesem Argumentationsmuster folgend schreibt Willibald BÖSEN zur Handwaschung des Pilatus in einem Exkurs zu Mt 27,25: »Die Vorstellung, daß Pilatus, der erklärte Antisemit,[78] auf jüdisches Brauchtum zurückgreift, ist schier undenkbar; undenkbar auch, daß er aus den heiligen Schriften der Juden zitiert.«[79]

Hans ORNSTEIN, erster Sekretär der *Christlich-jüdischen Arbeitsgemeinschaft* (CJA) der Schweiz, führte 1947 in einem Referat über »Probleme der christlich-jüdischen Zusammenarbeit« im Zusammenhang mit Mt 27,25 das Argument des Platzmangels an. Nach längeren Ausführungen nahm ORNSTEIN die jüdische Bevölkerungszahl von Palästina zur Zeit Jesu mit rund 1,5 Millionen Jüdinnen und Juden an und fuhr in seinen Ausführungen fort:

Hiervon können, hochgerechnet, in Jerusalem etwa 100.000 gelebt haben. Bloß ein kleiner Bruchteil von ihnen kann beim Gerichtsverfahren gegen Jesum zugegen gewesen sein, bestimmt nicht mehr als 5000,[80] [...] Keinesfalls kann eine Volksmenge dieser Größe gesamthaft jene Aeußerungen gemacht haben, die die Evangelien dem Volk zuschreiben.[81]

---

[77] COHN: Der Prozeß und Tod Jesu, 331f.

[78] Ich möchte an dieser Stelle zumindest in den Anmerkungen nochmals darauf hinweisen, dass man, wenn man die Entstehung und den Inhalt des Begriffes »Antisemitismus« ernst nimmt, nicht vom »Antisemiten« Pilatus sprechen kann.

[79] BÖSEN: Jesus, 244.

[80] Siehe die von C. Thoma kritisierte Argumentation: »Nach umstrittener Tradition kommt hierfür [der Ort an dem sich Mt 27,24f abspielt haben soll; ZK] ein mit Kalkstein belegter Innenhof von ca. 2500 Quadratmetern in der Burg Antonia in Frage (siehe Joh 19,13). Entsprechend der Bodenfläche des Hofes könnten in diesem Fall 4000 bis 4500 Menschen Platz gefunden haben.« (THOMA: Kirche, 71). Siehe MUSSNER: Traktat, 308f. Dies gilt auch, wenn man, wie die heutige Forschung, den Ort der Verurteilung Jesu beim Königspalast auf der Westseite der Stadt ansetzt (siehe Pierre BENOÎT: L'Antonia d'Hérode le Grand et le Forum Oriental d'Aelia Capitolina, in: Harvard Theological Review 64 [1971], 135–167). Ich danke Max Küchler für den Hinweis.

[81] ORNSTEIN: Probleme, 3. Siehe unter anderem LAPIDE: Tod, 87f; BÖSEN: Jesus, 245. Im offiziellen Katechismus der römisch-katholischen Kirche ist zu lesen: »Berücksichtigt man, wie geschichtlich verwickelt der Prozeß Jesu nach den Berichten der Evangelien ist und wie auch die persönliche Schuld der am Prozeß Hauptbe-

Heinz SCHRECKENBERG weist auf die Unmöglichkeit der Kommunikation ohne technische Hilfsmittel zwischen der Volksmenge und Pilatus hin.[82]

Clemens THOMA bemerkte 1970, dass historische Untersuchungen im Falle von Mt 27,24f »kaum zielführend« seien.[83] Dieser Argumentationstyp ist in mancherlei Hinsicht problematisch, denn sowohl die Spekulationen über die Bevölkerungszahl Palästinas als auch über die Größe des Innenhofes oder Platzes, in oder auf dem der Prozess stattgefunden haben soll, entbehren einer allgemein akzeptierten wissenschaftlichen Fundierung. Der wohl gewichtigste Einwand gegen den historischen Entlastungsversuch liegt darin, dass er Mt 27,25 ausschließlich auf der historischen Ebene zu fassen versucht. Wozu es führen kann, wenn man darauf beharrt, dass Mt 27,25 von den *bruta facta* der Geschichte zeugt, vermag die Wirkungsgeschichte des *Blutrufes*, wie sie im letzten Kapitel dargestellt wurde, aufzuzeigen. Das Problem mit Mt 27,25 beschränkt sich nicht auf die Frage, ob »die Juden« den *Blutruf* zur Zeit Jesu tatsächlich gerufen haben oder nicht, sondern, dass in der Bibel steht, dass sie es getan haben. Franz MUSSNER merkt pointiert an: »Nun aber steht diese Sache im Evangelium, und christliche Theologie muß zusehen, wie sie mit ihr zurechtkommt.«[84] Es ist auch nicht sinnvoll und

---

teiligten (von Judas, dem Hohen Rat, von Pilatus) – die Gott allein kennt – sein mag, so darf man nicht die Gesamtheit der Juden von Jerusalem dafür verantwortlich machen – trotz des Schreiens einer manipulierten Menge und ungeachtet der allgemeinen Vorwürfe in den nach Pfingsten erfolgenden Aufrufen zur Bekehrung. Als Jesus ihnen vom Kreuz herab verzieh, entschuldigte er – wie später auch Petrus – die Juden von Jerusalem und sogar ihre Führer mit ihrer ›Unwissenheit‹ (Apg 3,17). Noch weniger darf man den Schrei des Volkes: ›Sein Blut komme über uns und unsere Kinder!‹ (Mt 27,25), der eine Bestätigungsformel darstellt, zum Anlaß nehmen, die Schuld auf die Juden anderer Länder und Zeiten auszudehnen: [...].« (KATECHISMUS DER KATHOLISCHEN KIRCHE: 184, Nr. 597).

[82] »Ein Rekonstruktionsversuch könnte leicht dartun, daß ohne moderne Hilfsmittel wie Megaphon und Lautsprecher und ohne ein chormäßiges, Einübung voraussetzendes Sprechen der Menge kaum mehr als ein paar hundert Menschen zu einer halbwegs spontanen Kommunikation kommen können, wie sie Mt 27,17ff. beschreibt.« (SCHRECKENBERG: Adversus-Judaeos [1.–11. Jh.], 130).

[83] Siehe THOMA: Kirche, 71; Siehe BROER: Antijudaismus, 337.

[84] MUSSNER: Traktat, 309. Dieser Satz wurde 1999 zum Titel eines von R. Kampling herausgegebenen Sammelbandes: Rainer KAMPLING (Hg.): »Nun steht

möglich, Mt 27,24f, wie dies Norman A. BECK postuliert hat, in die Fußnote unserer Bibelübersetzungen zu verbannen.[85]

Die Argumentation, wie sie unter anderen von Hans ORN-STEIN vorgetragen wurde, ist aus wirkungsgeschichtlicher Perspektive auch deshalb gefährlich, da auch die so genannten »Negationisten« oder »Holocaust-Leugner« in ihren Publikationen die gleiche Denkform verwenden. In geschichtsrevisionistischer Absicht stellen diese Berechnungen an, um die Zahl der Jüdinnen und Juden, die der nationalsozialistischen Tötungsmaschinerie zum Opfer gefallen sind, zu minimieren und damit die Schoah zu relativieren und zu verharmlosen. Dabei gehen sie von der Grundfläche der Gaskammern in Auschwitz aus, berechnen die maximale Anzahl der Menschen, die pro Exekution auf der Grundfläche der Raumes Platz gefunden haben sollen und stellen mittels »grotesker Rechenspiele« Spekulationen über die maximale Zahl der Exekutionen und Opfer an, die sich immer klar unter den in der seriösen historischen Literatur genannten Opferzahl befindet.[86]

Eine andere Variante historischer Argumentation versucht Mt 27,25 aus juristisch-moraltheologischer Perspektive zu fassen. Da das versammelte Volk vor Pilatus aus bestem Wissen und Gewissen heraus an die Schuld Jesu glaubte und somit einen Schuldigen zu Recht verurteilte, habe es nichts zu befürchten, da die Verurteilung *bona fide* geschehen sei: »Die Rufenden sind dabei von der Gerechtigkeit ihrer Forderung überzeugt. Sie rech-

---

aber diese Sache im Evangelium ...«. Zur Frage nach den Anfängen des christlichen Antijudaismus, Paderborn 1999.

[85] »With equal respect for the New Testament documents as inspired, dynamic, living Word of God we can ›prune away‹ Matt. 27:24–25 into a footnote in our translations and usage in order that the ›vine‹ or ›tree‹ of the Word of God may bear more and better fruit.« (BECK: Christianity, 160).

[86] Im so genannten *Leuchter Report*, einem apologetisch-rechtsradikalen Bericht über die Vergasungsanlagen in Auschwitz, wird der Leserin, dem Leser, vorgerechnet, dass auf einem Raum von 80 Quadratmetern Grundfläche nur 94 Menschen hineingepasst hätten. Mit dieser Annahme kann das unendlich groteske Rechenspiel über die Zahl der Exekutierten ad absurdum geführt werden (siehe BASTIAN: Auschwitz, 79). Siehe unter anderem Deborah E. LIPSTADT: Denying the Holocaust. The Growing Assault on Truth and Memory, New York/London/Victoria 1993; Michael SHERMER/Alex GROBMAN: Denying History. Who Says the Holocaust Never Happened and Why Do They Say It?, Berkeley/Los Angeles/London 2000.

nen darum nicht damit, daß die Verurteilung Jesu für sie eine Schuld, gar eine bleibende Blutschuld sein wird.«[87]

Ingo BROER mahnt an, dass die Logik dieser Argumentation einem modernen und von der christlichen Moraltheologie geprägten Denken entspreche und dem Evangelisten fremd gewesen sein mag.[88]

3.2.3 Die ekklesiologische Argumentation

Der letzte von Ingo BROER genannte Argumentationstyp ist die ekklesiologische Argumentation. Sie greift die oben dargestellten Auffassungen über die Konzeption und Theologie des Matthäus-Evangeliums auf und sieht in Mt 27,25 den Höhepunkt eines das ganze Evangelium durchziehenden Themas, mit dem der Matthäustext auf die Frage der Judenchristen antwortet, warum das Heil zu den Heiden und nicht zu »den Juden« gelangt sei.[89] Die Verfechter dieser Argumentation gehen davon aus, dass es dem Evangelisten weniger um einen Gegensatz zu »den Juden«, als vielmehr um das Selbstverständnis der werdenden »Kirche«, »die ihre Rolle in der Heilsgeschichte zu bestimmen sucht« gehe.[90]

---

[87] SCHELKLE: »Selbstverfluchung«, 149. Siehe auch »Abschließend sei der Leser daran erinnert [...], daß ›Jesus‹ zwar von den Hohenpriestern und Ältesten überliefert, jedoch gemäß dem damaligen römischen Recht und gemäß [...] vom Statthalter Pilatus zur Geißelung und zur Kreuzigung freigegeben wurde.« (FRANKEMÖLLE: Matthäus II, 487). R. Schnackenburg versucht die »Juden« auf Kosten der »damaligen Hohenpriester» zu entlasten: »Geschichtlich gesehen liegt die Verantwortung für das Urteil über Jesu bei den damaligen Hohenpriestern, die nach ihrer Überzeugung glaubten, so handeln zu müssen, doch ebenso Pilatus, der ihrem Verlangen willfährig war« (SCHNACKENBURG: Matthäusevangelium, 227). Mit Verweis auf Apg 3,17 siehe PASSELECQ: Oberammergau, 78.

[88] Siehe BROER: Prozeß, 109. Siehe auch BROER: Antijudaismus, 343.

[89] So z.B. H. Frankemölle: »Treibendes Motiv dieser Reflexion ist für Mt ein theologisch-ätiologisches Interesse, nämlich die Gründe dafür anzugeben, warum ›Israel‹ als Volk Gottes das Privileg als Jahwes Eigentumsvolk vertan hat.« (FRANKEMÖLLE: Jahwebund, 210).

[90] Siehe BROER: Antijudaismus, 339.

Bemerkenswert ist, dass dieser Argumentationstyp den *Blut-ruf* in erster Linie auf der Ebene der Redaktion, das heißt der Textkomposition, zu begreifen versucht. Wolfgang TRILLING sieht in Mt 27,25 »eines der Schlüsselworte« des Matthäus-Evangeliums.[91] Hubert FRANKEMÖLLE formuliert den Stellenwert mit folgenden Worten: »Dies [Mt 27,25; ZK] ist ein Kumulationspunkt und Angelpunkt im theologiegeschichtlichen Aufriß des Mt, der mit aller wünschenswerten Klarheit über sein Konzept und seinen theologischen Aufriß Auskunft gibt.«[92] In diesem Sinne wird in der neueren Exegese betont, dass Mt 27,25 in der Konzeption des Matthäus weit reichende Folgen hat.[93] Joachim GNILKA sieht die Konsequenz darin, dass die heilsgeschichtliche Rolle Israels ihren Abschluss gefunden hat,[94] da an die Stelle des λαὸς die ἔθνη, die »Heidenvölker«, (vgl. Mt 21,43) getreten waren.[95] Für Alexander SAND beinhaltet Mt 27,25 ebenfalls eine ekklesiologische Intention:

Mit einer »Selbstverfluchung« endet das Werben Jesu um sein Volk, aber auch das Ringen des Volkes um das rechte Begreifen und Verstehen des Jesus von Nazaret [...]. Die sich auch den Heiden öffnende Mt Gemeinde muß also erkennen, was dieser Kontrast [zwischen dem heidnischen Statthalter und dessen Frau und dem jüdischen Volk inklusive seiner Führer; ZK] für ihre ekklesiologische Neuorientierung bedeutet.[96]

Generell geht es, der ekklesiologischen Argumentation zufolge, dem Matthäustext nicht primär um eine judenfeindliche oder antijüdische Haltung, sondern er ringt in seinem ganzen Evangelium mit dem Übergang von »Israel« zur »Kirche« und findet diesen in dem Sich-Verweigern Israels der Botschaft Jesu gegenüber. Mit Mt 27,25 (aber auch mit der matthäischen Interpretation des Gleichnisses von den bösen Pächtern in Mt 21,43) soll

---

[91] Siehe TRILLING: Israel, 75. Siehe HUMMEL: Auseinandersetzung, 167.

[92] FRANKEMÖLLE: Jahwebund, 206f.

[93] Ebd.: 210.

[94] GNILKA: Theologie, 180.

[95] GNILKA: Matthäusevangelium, 459. Oder: »Für ihn [Matthäus; ZK] ist Israel definitiv zurückgetreten und durch das universale Gottesvolk ersetzt worden« (GNILKA: Theologie, 181). Siehe GNILKA: Jesus, 317; TRILLING: Studien, 103; SCHMITHALS: Theologie, 243.

[96] SAND: Matthäus, 555.

das »An-die-Stelle-Israels-Treten der Kirche« begründet werden.[97]

Dieser exegetische Deutungsansatz hat den Vorteil, dass er Mt 27,24f nicht mehr ausschließlich auf einer heilsgeschichtlichen oder historischen Ebene zu deuten sucht, sondern die Geschichte der Redaktion, den Text *als* Text, in den Verstehenshorizont integriert. Die ekklesiologische Perspektive vermag das negative Judenbild des Matthäus-Evangeliums nicht hinreichend zu erklären.[98]

3.2.4 Die textgenetisch-kritische und sozialgeschichtliche Argumentation

Im Sinne einer fundierten Sachkritik müsste eine Argumentation, die die Redaktion von Mt 27,24f kritisch beleuchtet und die Sozialgeschichte der matthäischen Gemeinde berücksichtigt, folgende Punkte beinhalten. Der Exeget geht davon aus, dass Mt 27,24f und sein Kontext nur im Rahmen einer Auseinandersetzung respektive eines Konfliktes zwischen der matthäischen Gemeinde und den zeitgenössischen jüdischen Autoritäten verstanden werden kann. Mt 27,25 wäre dann von der konkreten geschichtlichen Situation des Autors und seiner Gemeinde her zu werten, die ihre Geschichte erzählen und gleichzeitig ihre Gegenwart in ihr deuten.

Das Matthäus-Evangelium schildert den sich anbahnenden Konflikt und den Bruch zwischen der matthäischen Gemeinde und dem sich formierenden Judentum seiner Zeit als die Geschichte des Wirkens des Messias Jesus »in seinem heiligen Volk Israel«.[99] Nach dem allmählichen »Rückzug« Jesu in den Kreis seiner Jünger kommt es in der Passionserzählung zum letzten und dramatischen Konflikt mit dem Judentum in Jerusalem, wo sich das heilige Volk aus der Sicht des Matthäus auf die Seite seiner es irreleitenden Führer schlägt (Mt 27,24f). So ver-

---

[97] Siehe BROER: Antijudaismus, 340.
[98] Siehe Ebd.: 342.
[99] Siehe LUZ: Matthäus I/1, 67.

standen erzählt das Matthäus-Evangelium, wie und wieso aus
»Israel« »die Juden« werden (vgl. Mt 28,11–15). Die endgültige
Antwort des Matthäustextes ist der Befehl des Auferstandenen
an die Jünger, die ἔθνη (und nur sie) zu Jüngern zu machen (Mt
28,16–20).[100] Dieses theologische Programm ist von der konkreten Situation und Geschichte des Evangelisten und seiner Gemeinde geprägt, deren Israelmission gescheitert war, die den
Untergang Jerusalems im Jahre 70 n.Chr. und die Zerstörung des
Tempels als göttliches Gericht erlebten und nun zu neuen Ufern,
zur Heidenmission, aufbrechen.[101]

Anders formuliert: Im Kontext der konkreten geschichtlichen
Erfahrung der matthäischen Gemeinde – der Zerstörung des
Tempels einerseits und der Ablehnung der Botschaft Jesu durch
die Mehrheit des jüdischen Volkes andererseits – ist Mt 27,25
dahingehend zu werten, dass der Evangelist an dieser Stelle in
seiner eigenen Sprache, die es zu decodieren gilt, das interpretiert, was er und seine Gemeinde erlebten und erlebt hatten.[102]
Dabei geht es ihm nicht um objektive Geschichtsschreibung im
modernen Sinne, sondern er versucht, sich an der Vergangenheit
und der Gegenwart das Wesen seiner eigenen Geschichte und die
seiner Gemeinde zu verdeutlichen. Die polemische Sprache des
Matthäus zeugt in diesem Sinne von der Heftigkeit dieser religiösen und sozialen Auseinandersetzung, die auf verschiedenen
Ebenen stattfand.[103]

---

[100] Ebd.: 67. Anders WONG: Interkulturelle Theologie, 98–108.

[101] »Daß Matthäus dabei an den jüdischen Krieg gedacht hat, unterliegt keinem
Zweifel. Das klingt vielleicht auch in dem ›ὑμεῖς ὄψεσθε‹ (v. 24) an. Es ist schwer
zu entscheiden, ob diese Worte einen Latinismus darstellen und ›Sehet ihr (selbst)
zu‹ bedeuten oder ob sie, wie in 26,64 und 28,7 einfach mit ›Ihr werdet sehen‹ zu
übersetzen sind. Wenn das letztere zutrifft, verweist Pilatus auf ein zukünftiges
geschichtliches Geschehen, das seine Unschuld und die Schuld des jüdischen Volkes
bestätigen wird. Das kann nur eine Anspielung auf den Sieg der Römer über die
Juden sein, in dem sich in den Augen des Matthäus das Urteil Gottes offenbart. Die
Zerstörung Jerusalems und des Tempels gilt ihm als das selbst verschuldete Strafgericht für die Kreuzigung Jesu.« (HUMMEL: Auseinandersetzung, 83). Siehe unter
anderem TRILLING: Jesusüberlieferung, 103; MERKLEIN: Jesusgeschichte, 216. Siehe
auch LUZ: Matthäus I/1, 67.

[102] Siehe MERKLEIN: Jesusgeschichte, 216.

[103] »Die Szene spiegelt bei Matthäus die Härte wieder, mit der die Auseinandersetzung zwischen Christen und Juden gegen Ende des ersten Jahrhunderts n.Chr.

Walter SCHMITHALS stellt die Aussage in Mt 27,24f in den Kontext der Verfolgungen, denen die matthäischen Gemeinden von jüdischer Seite ausgesetzt waren und von denen der Matthäustext an etlichen Stellen seines Evangeliums berichtet,[104] und wertet sie als »politische Apologetik des Evangelisten, die besonders in Mt 27,19–25 (›Sein Blut komme über uns und unsere Kinder‹) sichtbar wird«.[105] Das »Judenbild«, das der Matthäustext in seiner Passionserzählung entwirft, spiegelt nach SCHMITHALS »die aktuelle Lage der matthäischen Gemeinden wider, die trotz friedlicher und loyaler Gesinnung von der Synagoge dem Druck der Behörden ausgeliefert werden.«[106] Hubert FRANKEMÖLLE sieht in den Versen 24 und 25 unter anderem das »polemische Verhältnis des pharisäischen Judentums und des christusgläubigen Judentums« am Ende des 1. Jahrhunderts ausgedrückt, die beide um eine eigene theologische Identität ringen, was gleichzeitig eine radikale Abgrenzung zur anderen Gruppe impliziert. »Für die ersten christlichen Leser sollte eine solche Erkenntnis offensichtlich zur Stabilisierung der eigenen Identität und ihrer Gruppe dienen«, so FRANKEMÖLLE.[107]

Eine weitere Interpretation für das Verhalten der Menge vor Pilatus liefert John Dominic CROSSAN. Er sieht in der Tendenz, »die Juden« als schuldig am Tode Jesu hinzustellen und die Römer von jeder Schuld zu entlasten, eine Form kühner Propaganda für das Christentum, »dem eine große Zukunft zugetraut wurde, nicht innerhalb des Judentums, sondern innerhalb des römischen Reiches.«[108] Er argumentiert weiter: Solange die Christen eine unterprivilegierte Randgruppe von relativ machtlo-

---

geführt wurde.« (LUCK: Matthäus, 302). Siehe STEGEMANN: Wurzel, 375–377; FREYNE: Unterdrückung, 466f.

[104] Siehe Mt 5,11f; 10,17ff. 22ff. 40ff; 23,1–36; 24,9; 25,31ff.

[105] SCHMITHALS: Theologiegeschichte, 235.

[106] Ebd.

[107] FRANKEMÖLLE: Matthäus II, 486. So auch B. Przybylski: »On the basis of sociological conflict theory it is not surprising that Matthean conflict is quite intense. After all, the conflict is between Jews who at one time belonged to a homogeneous group, and even after separation the two groups hold much in common. [...] Matthean anti-Judaism served primarily as a tool in the struggle for identity of the Matthean church.« (PRZYBYLSKI: Setting, 199).

[108] CROSSAN: Jesus, 197.

sen Juden waren, stellte die jüdische Obrigkeit in ihren Augen eine gefährliche und bedrohliche Gruppe dar. In diesem Umfeld schadete aber ihre Passionserzählung im Grunde genommen noch niemandem. Erst als das römische Reich christlich wurde, wurde die Erzählung vom Leiden und Tod Jesu für »die Juden« mörderisch.

Im Lichte des späteren christlichen Antijudaismus und schließlich des völkermörderischen Antisemitismus können wir auch im Rückblick die Fabel von der Kreuzigung Jesu durch die Juden nicht länger als verhältnismäßig harmlose Propaganda durchgehen lassen. Mögen die Ursprünge der Erfindung auch erklärlich sein und die Motive der Erfinder verständlich, so hat doch das Beharren auf dieser Fabel noch Jahrhunderte und Jahrhunderte nach dieser Situation, [...] sie zu einer langandauernden Lüge gemacht, und um unserer eigenen Integrität willen müssen wir Christen sie endlich als solche bezeichnen.[109]

Bemerkenswert an dieser Interpretation ist, dass CROSSAN die verheerende Wirkungsgeschichte der Passionsgeschichte in seine Auslegung einzubinden versucht.[110]

Allen diesen Versuchen, die Aussage in Mt 27,25 zu beurteilen, ist gemein – man mag sie teilen oder nicht –, dass sie Mt 27,25 primär als einen Satz der matthäischen Theologie begreifen und nicht versuchen, den Vers aus dem literarischen Kontext und theologischen Gesamtkonzept des Matthäus, die beide ihren Ursprung in der konkret erlebten Geschichte des Matthäus haben, herauszulösen und zu isolieren.

Ingo BROER betont, dass die Aussagen des Matthäustextes in den Kontext der allgemeinen Auseinandersetzung zwischen »Religionen«, das heißt religiösen Gruppierungen, die eine eigene Meinung und/oder abweichende Tendenzen vertreten, gestellt

---

[109] Ebd.: 189f.
[110] Ähnlich E. Stegemann, jedoch nicht mit einem expliziten Verweis auf Mt 27,25, sondern mit dem Hinweis auf die Katastrophe von 70 n.Chr.: »Insbesondere rührt aus diesem traumatischen Trennungsprozess [von Juden und Christen; ZK] die Interpretation der Katastrophe von 70 n.Chr. als göttliches Strafgericht für die Ablehnung Jesu als Messias und die Kreuzigung her. Es ist aber dann das Kernstück der christlichen Judenfeindschaft geworden, in der nun freilich der Gottesmord und Brudermord, Teufelskinder und Nachkommen des Kain – alle nur denkbaren Bosheiten und Gemeinheiten auf die Juden projiziert werden, zum Teil eben Dispositionen dazu im Neuen Testament aufgreifend.« (STEGEMANN: Wurzel, 377).

werden müssen, denn nur so ist es möglich, der spitzen und pointierten Worte des Evangelisten einigermaßen gerecht zu werden und sie geschichtlich adäquat zu beurteilen.

Der Autor des Matthäus-Evangeliums schreibt in einer sprachlichen Tradition, die von der religiösen Polemik seiner eigenen Zeit bestimmt ist. Der Kirchenhistoriker Heiko A. OBERMAN formuliert es, zwar mit Blick auf die Zeit der Reformation, aber auch für den neutestamentlichen Kontext durchaus zutreffend, mit diesen Worten: »Es ist eine religiöse Welt, die Wahrheit als unteilbar betrachtet, Abweichungen als Irrtum verbannt und unverhüllte Häresie als Lästerung um des Lebens willen bei Gott fürchtet.«[111]

3.3 Auslegungsgeschichtliches Fazit

Der Blick auf verschiedene Argumentationstypen, die von der Fachexegese für den Umgang mit Mt 27,25 vorgetragen wurden, hat Folgendes gezeigt:

Die *soteriologische Argumentation* versucht unter anderem, den Text aus einem soteriologischen Neuverständnis des Blutes Christi heraus zu interpretieren, um so das antijudaistische Missverständnis in der Auslegung des Verses aufzuzeigen. Ihre Hauptschwäche besteht jedoch darin, dass es methodisch wenig sinnvoll ist, einzelne Verse völlig aus ihrem Kontext zu lösen und zueinander in Beziehung setzen.

Die *historische Argumentation* ist dem Text und der historischen Situation gegenüber zu unkritisch. Sie beruht mehrheitlich auf historisch ungesicherten Fakten und wird somit auf weiten Strecken zur bloßen Spekulation.

Der *soteriologischen* und der *historischen Argumentation* ist gemein, dass sie Mt 27,25 als einzelnen Vers aus seinem Kontext lösen und neu interpretieren.

Die *ekklesiologische* Argumentation geht ihrem Ansatz nach weiter, da sie den Vers auf der redaktionellen Ebene, das heißt nicht als isolierten, einzelnen Vers begreifen und verstehen will.

---

[111] OBERMAN: Wurzeln, 31.

Sie versucht, durch die Ermittlung einer ekklesiologischen Tendenz, die sich in rhetorischer und narrativer Zuspitzung zum grossen Nachteil »der Juden« im Text niedergeschlagen hat, die Aussage in Mt 27,25 in einen verstehbaren Kontext zu rücken.

Ich persönlich sehe in der *textgenetisch-kritischen und sozialgeschichtlichen Argumentation* einen gangbaren (fach-) exegetischen Weg für ein Verständnis von Mt 27,25. Dementsprechend ist auf die zentrale Stellung des Verses für die theologische Vorstellung des Verfassers innerhalb der Gesamtkonzeption des Evangeliums hinzuweisen: Die Entscheidung des Volkes gegen Jesus hat für »Israel« im Konzept des Matthäustextes weit reichende Folgen, insofern aus dieser Optik das ganze Volk die Schuld am Tod Jesu auf sich nimmt, sich damit gegen ihn entscheidet und infolgedessen seine heilsgeschichtliche Stellung und Rolle verliert und an ein anderes, heidnisches Volk abgeben muss. Dieser Gedanke ist für den Evangelisten Programm, das sein ganzes Evangelium durchzieht. Es ist des Weiteren darauf hinzuweisen, dass Matthäus alttestamentliche Motive verarbeitet und in seiner Darstellung der Passion Jesu das Ziel verfolgt, die Schuld für die Verurteilung und den Tod Jesu dem Volk anzulasten, während Pilatus in seiner Erzählung entlastet wird.

Die hier skizzierten Ergebnisse zeigen, dass die soteriologische, historische und ekklesiologische Argumentation auf den ersten Blick keine wirkliche Entlastung für den Vers und seine Wirkungsgeschichte bringt, da sie genau die Punkte zu Tage fördert, die zu seiner verheerenden Wirkungsgeschichte beigetragen haben:

»Die Juden« und ihre religiösen Anführer wollen von Anfang an den Tod Jesu. Um dies durchzusetzen, ist ihnen jedes Mittel recht, Pilatus versucht verzweifelt Jesus zu retten und muss schließlich dem Druck der Strasse resigniert nachgeben.[112]

---

[112] »Allerdings – und dies verschärft das Problem – ist es von den Ergebnissen der historisch-kritischen Exegese her nicht möglich, die Aussage des Verses innerhalb des Matthäusevangeliums dergestalt zu fassen, daß von seiner ursprünglichen Bedeutung her eine Erleichterung für das jüdisch-christliche Gespräch zu erwarten wäre.« (KAMPLING: Blut, 235). Siehe auch Jòzef NIEWIADOMSKI zitiert bei M. Langer: »Jòzef Niewiadomski hat für die historisch-kritische Erforschung des neutestamentlichen Judenbildes auf ein wichtiges hermeneutisches Problem auf-

Aus diesem Grund ist mit Nachdruck auf die soziale und religiöse Situation, in der und in die hinein Matthäus geschrieben hat, hinzuweisen. Matthäus schreibt keine *bruta facta* der (Welt-) Geschichte nieder, sondern er reflektiert unter anderem in seinem *Evangelium* und damit auch in Mt 27,25 in pointiert polemisch gehaltener Sprache, die einer religiösen und sozialen Auseinandersetzung entspringt, seine eigene Situation und die seiner Gemeinde und kommentiert zugleich die Zerstörung Jerusalems im Jahre 70 n.Chr. Dieser Umgang mit Mt 27,25 setzt aber, um einen Kreis zu schließen, das Verständnis biblischer Texte *als* Texte, als erzählte Geschichte und erzählende Literatur voraus, die soziale Realitäten widerspiegeln sowie politische und soziale Ziele verfolgen.

Nimmt man die oben dargestellten Ausführungen ernst, so kommt man zum Schluss, dass die textgenetisch-kritische und sozialgeschichtliche Beurteilung von Mt 27,25 die in der Wirkungsgeschichte des Verses vorgetragenen Argumente nicht rechtfertigt, da sie an der Intention der Aussage des Autors vorbeigehen.

Die Frage, ob die Erfahrung der Schoah als Impuls des Umdenkens in der christlichen Theologie, auch in Bezug auf Mt 27,25, eine Wende in der Auslegung von Mt 27,25 gebracht hat, ist teilweise mit einem »Ja« zu beantworten. Die heutige Exegese bietet Möglichkeiten, um mit dem *Blutruf* einen Umgang zu eröffnen, der antijudaistische Gedanken zumindest unter Fachleuten auszuschließen vermag. Dieses »Ja« kann angesichts der Wirkungsgeschichte von Mt 27,25 aber kein absolutes »Ja« sein, da die exegetischen Erkenntnisse für ein grundsätzlich verändertes Verständnis des Verses, das sich im Laufe der Geschichte gebildet hat, nicht völlig ausreichen. Ernst Ludwig EHRLICH

merksam gemacht: ›Die historische Analyse legt zwar das Konfliktpotential frei. Sie hat aber gleichzeitig einen Nebeneffekt. Indem sie durch Hinweise auf die Bedrohungssituation den christlichen Autor zu entlasten sucht, belastet sie faktisch die Juden. Einer der subtilen Untertöne des Antijudaismus/Antisemitismus schwingt hier mit: Die Juden sind letzten Endes doch selber schuld, daß man so und nicht anders – über sie geredet hat (...).‹ Niewiadomskis Folgerung, daß die historische Forschung – bewußt oder nicht – mehr an ›der Anklage der Juden und dem Freispruch der Christen‹ interessiert bleibt, ist ein wichtiger Prüfstein für alle Interpretationsversuche konfessioneller Judengegnerschaft.« (LANGER: Vorurteil, 291f).

bemerkte 2005 im jüdischen Wochenmagazin *tachles* zur Frage, ob die Kirche den Antijudaismus überwunden habe:

> Überwindung des Antijudaismus durch sachgerechte Exegese und eine Dogmatik, die die Juden nicht ausgrenzt, sie aber auch nicht vereinnahmt, gehören zu den theologischen Aufgaben, die zwar noch nicht bewältigt, wohl aber in Angriff genommen wurden.[113]

Die dogmatische Rezeption und pastoral-pädagogische Sensibilisierung sowie homiletische Umsetzung der exegetischen Erkenntnisse in Bezug auf Mt 27,25 ist ein Prozess, an dem nach wie vor an den theologischen Fakultäten und in den christlichen Gemeinden gearbeitet werden muss. Einen wichtigen Beitrag dazu hat im Hinblick auf die homiletische Forschung und christliche Selbstvergewisserung Christian STÄBLEIN mit seiner Studie *Predigen nach dem Holocaust. Das jüdische Gegenüber in der evangelischen Predigtlehre nach 1945* geleistet.[114]

---

[113] EHRLICH: Kirche, 25.
[114] Siehe Christian STÄBLEIN: Predigten aus dem Gedenken des Holocaust. Die Wahrnehmung des jüdischen Gegenübers in der homiletischen Theorie nach 1945, Göttingen 2004.

4. Die Wirkungsgeschichte des Blutrufes nacherzählen

Mehr als sechzig Jahre nach dem Mord an den europäischen Jüdinnen und Juden hat sich in der Theologie die Erkenntnis durchgesetzt, dass christliche Theologie nach der Schoah nicht mehr Theologie vor der Schoah sein kann.

Mit Blick auf die christliche Judenfeindschaft hat christliche Theologie die Frage nach der Auslegungs- und Wirkungsgeschichte neutestamentlicher Textpassagen zu stellen. Sie hat sich zu vergegenwärtigen, dass sich die *loci classici* christlicher Judendiffamierung im Neuen Testament finden lassen. Die Auslegung dieser Texte hat im Laufe der christlich-abendländischen Geschichte wesentlich zur Verschärfung von antijudaistischen Vorurteilen gegenüber Jüdinnen und Juden beigetragen. Die Bedeutung der Schoah für die neutestamentliche Exegese liegt in diesem Sinne in der Notwendigkeit der Revision althergebrachter biblischer Einsichten. Exegetinnen und Exegeten stehen vor der Aufgabe, sich mit den Texten des Neuen Testaments auseinanderzusetzen, die judenfeindliche Aussagen enthalten oder durch die Auslegung bekommen haben. In diesem Zusammenhang ist das Fragen nach dem jeweiligen Vorverständnis, das die Auslegenden dem biblischen Text entgegenbringen, unabdingbar. Eine kritische Reflexion und Beurteilung biblischer Texte im Hinblick auf judenfeindliche Tendenzen und Aussagen ist möglich, wenn biblische Texte primär *als Texte* begriffen werden. Man mag sie als literarische Werke auffassen, die soziale Realitäten widerspiegeln und ein klares Interesse verfolgen. Der biblische Text ist erzählte Geschichte und erzählende Literatur zugleich, der von einer Gemeinschaft von Menschen zeugt. Diese Sichtweise macht die Auslegenden frei, neutestamentliche Texte in erster Linie mit dem, was sie sagen, zu Wort kommen zu lassen, statt sie zum vornherein systematisch-dogmatisch zu verzwecken. Christliche Exegese nach der Schoah muss dem Umstand Rechnung tragen, dass sie von Menschen *in* und *mit* einer konkreten Geschichte betrieben wird und die Auslegung biblischer Texte ihre eigene Geschichte hat. Im Brennpunkt des historischen, theologischen und exegetischen Interesses steht der Text im Wandel seiner Auslegung und deren Wirkung. Die Auslegungs- respektive *Rezeptionsgeschichte* untersucht, wie die Leserinnen und Leser die Texte rezipiert haben. Der *Wirkungsgeschichte* liegt die Frage zu Grunde, welche Wirkung der Text im Laufe seiner Auslegung in der Gesellschaft entfaltet hat. Dabei ist Wirkungsgeschichte als »*Praxisgeschichte* der Überlieferung« zu charakterisieren, die die konsequente Verwendung von (religiösen) Traditionen in bestimmten historischen Situationen und Konstellationen untersucht und danach fragt, welchen Niederschlag unter anderem die Auslegung von biblischen Texten sowie kirchliche Dogmen und religiöse Ideen im Fühlen, Handeln und Denken von konkreten Menschen – wir nennen sie »Gläubige« – in und außerhalb ihrer religiösen und kirchlichen Praxis gefunden haben. Wirkungsgeschichte kann als kirchen- und gesellschaftsrelevante Zeitgeschichte verstanden werden, da sie für die christliche Theologie eine korrektive und selbstkritische Funktion hat.

Die Betrachtung der Wirkungsgeschichte von Mt 27,25 als Manifest einer vermeintlichen »jüdischen Blutschuld« und »Selbstverfluchung« ist in diesem Sinne ein Beitrag zur schmerzlichen und betrüblichen Geschichte der Lehre der römisch-katholischen Kirche über »die Juden« mit ihrer verheerenden Wirkung.

Christliche Theologie muss ihre Verantwortung an der Geschichte der Judenverfolgungen und am Antisemitismus aufdecken und erforschen. Zu diesem Zweck wird in der Forschung idealtypisch zwischen einem christlich-kirchlichen Antijudaismus, der zur Begründung seiner ablehnenden Haltung »den Juden« gegenüber auf biblisch-theologische sowie dogmatisch fundierte Vorurteile gegen »die Juden« in ihrer Gesamtheit zurückgriff und ein integraler Bestandteil der christlichen Lehre über »die Juden« war, und dem modernen, rassistisch-argumentierenden Antisemitismus, wie sie der nationalsozialistischen Ideologie eigen war, unterschieden. Beide Formen der Judenfeindschaft richten sich unterschiedslos gegen Juden *als Juden*.

Eine idealtypische Unterscheidung drängt sich auch deshalb auf, da der christlich-kirchliche Antijudaismus mit Kategorien des religiösen Vorurteils greifbar wird. Theoretisch kann ihm eine Jüdin oder ein Jude ausweichen, indem sie oder er sich taufen lässt. Antisemitismus ist ein rassistisch-argumentierendes Vorurteil, dem eine Jüdin oder ein Jude auf keine Weise entgehen kann. Notabene: Beide Vorurteile sind in höchstem Masse verabscheuungswürdig und für die Betroffenen, wie die Geschichte gezeigt hat, tödlich! Eine Verbindung zwischen diesen Idealtypen entstand da, wo der christlich-kirchliche Antijudaismus für den modernen und rassistisch-argumentierenden Antisemitismus eine Zubringerfunktion christlich-theologisch fundierter Vorurteile übernahm.

Die Betrachtung von Mt 27,25 in römisch-katholisch geprägten Denk- und Lebenswelten der Schweiz in der ersten Hälfte des 20. Jahrhunderts hat ergeben, dass der Vers in den Kontext des antijudaistischen Vorwurfs des Gottesmordes zu stellen ist. Die Szene aus Mt 27,24f bildete einen integralen Bestandteil der christlichen Passionserzählungen, die vom Leiden und Tod des Jesus von Nazaret berichten. In der Predigt wurde die Szene als historisch relevanter Tatsachenbericht gewertet, der von der Schuld »der Juden« an der Hinrichtung Jesu zeugte. Mt 27,25 wurde nach allgemeiner christlich-theologischer Auffassung als neuralgischer Punkt, an dem »die Juden« sich aus freien Stücken zur Schuld am Tode Jesu bekannten und auch ihre Kinder in dieses Schuldbekenntnis hineinnahmen, gewertet. Gleichzeitig entschieden sie sich – so die Sicht der Prediger – *gegen* Jesus und damit verbunden *gegen* das Heil. Das jüdische Schicksal wurde in der Predigt dahingehend instrumentalisiert, dass es dem christlichen Sünder zum abschreckenden Beispiel wurde und ihn zur Umkehr aufrief.

Die aus Mt 27,25 konstruierten antijudaistischen Vorwürfe des »Gottesmordes« oder einer jüdischen »Selbstverfluchung« und *Kollektivschuld* konnten besonders im Umfeld der Passionszeit und besonders am Karfreitag von katholischen Geistlichen jedes Jahr aufs Neue stereotyp wiederholt werden. Sie können als Hauptträger dieser antijudaistischen Ideen gelten, da sie durch ihr Studium das nötige theologische Spezialwissen in die Pastoral einbrachten. Das in der Predigt und der Katechese, aber

auch in der christlichen Bildkunst erzeugte negative »Judenbild«
wurde von den Laien nach und nach internalisiert und konnte –
bewusst oder unbewusst – in Gesprächen über wirtschaftliche
und politische Fragen, in dem die Rede vom Judentum oder von
»den Juden« war, wirksam werden.

In unerbittlicher Konsequenz des negativen »Judenbildes«
konnte die katastrophale Situation der Verfolgten im nationalsozialistischen Machtbereich zwischen 1933 und 1945 als Beweis
der »Züchtigung« für die im *Blutruf* übernommene Schuld interpretiert werden. Waren Diskriminierungen und Verfolgungen,
die sich gegen Jüdinnen und Juden richteten, aus theologischen
Gründen nicht rassistisch zu legitimieren, so bot Mt 27,25 als
biblisches Zeugnis eine breit applizierbare Legitimationsbasis
des an den Jüdinnen und Juden begangenen Unrechts. In der
katholischen Presse der Schweiz wurden die Verfolgungen als
direkte Konsequenz des *Blutrufes* gedeutet. Dieses Deutungs-
muster war im kollektiven Bewusstsein von Katholikinnen und
Katholiken stark verankert.

Geprägt von den grauenhaften Folgen der Schoah und vom
Elend der heimatlosen Flüchtlinge, setzte sich nach dem Zweiten
Weltkrieg auch in der Schweiz die Erkenntnis einer Mitschuld
von Christinnen und Christen am unsäglichen jüdischen Leid
durch. Angesichts der Wirkungsgeschichte von Mt 27,25 mussten sich christliche Exegeten im Rahmen des christlich-jüdischen
Dialogs, der Wege zur Bekämpfung des Antisemitismus suchte,
mit diesem Vers und seinem Umfeld in besonderem Masse
auseinandersetzen.

Der Blick auf die neuere exegetische Literatur zeigt, dass sich
die Exegese der negativen Wirkungsgeschichte von Mt 27,25
bewusst ist und die begründende und stützende Funktion des
Verses in Bezug auf antijudaistische Argumentationsmuster und
Ideen benennt und den Vers in einen kausalen Zusammenhang
mit den Verfolgungen und Morden an Jüdinnen und Juden, die
sich im Laufe der christlich-abendländischen Geschichte ereignet
haben, bringt.

Als exegetische Koordinaten der neueren Auslegung von Mt
27,24f können folgende Einsichten gelten:

Bei der Szene aus Mt 27,24f handelt es sich nicht um einen
historischen Tatsachenbericht, sondern um ein Stück matthäi-

scher Geschichtsdeutung, die Szene gehört dem Sondergut des Matthäus-Evangeliums an und stellt eine Schlüsselszene dar. Mt 27,24f verarbeitet und interpretiert alttestamentliche Traditionen. Der Vers kann nur im Zusammenhang der Gesamtredaktion des Evangeliums adäquat verstanden werden.

Neben diesen Koordinaten in der Auslegung wurden verschiedene Auslegungen vorgetragen, die Mt 27,25 vom Vorwurf des Antijudaismus entlasten oder gar befreien wollen: Durch ein *soteriologisches* Neuverständnis des »Blutes Christi« in Mt 27,25 oder durch eine *historische* Relativierung der Szenerie wird der Versuch unternommen, das falsche, judenfeindliche Textverständnis zu entlarven und den *Blutruf* als einzelnen Vers neu zu interpretieren. Eine weitere Argumentation versucht auf der redaktionellen Ebene den Nachweis zu erbringen, dass in Mt 25,27 eine *ekklesiologische* Tendenz des Matthäustextes zum Ausdruck komme, die das »An-die-Stelle-Israels-Treten der Kirche« verdeutlichen soll. Diese Tendenz hat sich im Matthäus-Evangelium in rhetorischer und narrativer Zuspitzung zu Ungunsten »der Juden« niedergeschlagen. Die *textgenetisch-kritische und sozialgeschichtliche* Argumentation stellt Mt 27,25 in den Kontext einer polemisch geführten religiösen und sozialen Konfliktbewältigung. Diese Argumentation versucht, der Situation *in der* und *in die* hinein der Autor schreibt, zu ermitteln und ihr Rechnung zu tragen, sowie das theologische Programm, das der Matthäustext mit seinen Aussagen verfolgt, in den Vordergrund zu stellen. Die *textgenetisch-kritische und sozialgeschichtliche* Argumentation zeigt, dass die in der Wirkungsgeschichte des Verses instrumentalisierten judenfeindlichen Argumente mit ihrer Aussage an der Intention des Evangelisten vorbeigehen.

Die (Fach-)Exegese bietet innerhalb der theologischen Disziplinen einen gangbaren Weg für das Verständnis von Mt 27,25. Diese Literatur ist, wie an der Universität Freiburg, auch an jeder anderen Theologischen Fakultät zugänglich. Die Studierenden können sich über die Exegese des *Blutrufes* ausreichend informieren. Probleme ergeben sich dort, wo die systematisch-dogmatischen Fächer die von der Exegese gewonnenen Erkenntnisse in ihrer theologischen Arbeit nicht rezipieren. Die christliche Rede von Jesus von Nazareth, die Disziplin der Christologie, ist in diesem Punkt besonders gefordert.[115] Sie hat sich stets der Frage zu stellen, ob ihre Rede vom Leiden und Tod Christi sich auf den exegetischen Befund der einschlägigen Texte und Verse wie Mt 27,25 stützen kann oder ob sie nicht vielmehr Aussagen von biblischen Texten unreflektiert, das heißt unabhängig von der Schreibsituation des Verfassers und seiner Adressaten, übernimmt und in ihr Denken integriert. Auch die Pastoraltheologie hat sich im Hinblick auf die christliche Predigt über Leiden und Tod Jesu zu fragen, welche pastorale Aktualisierungen und Identifikationsangebote des Textes möglich sind,[116] damit – wie es der Freiburger Pastoraltheologe Leo KARRER ausdrückte – »das ›Kreuz‹ mit dem Kreuz« Christi – in einem christlich verantwortbaren Sinne tragbar ist.[117]

Für die Beantwortung dieser Fragen ist der interdisziplinäre Dialog wenn auch schwierig so doch unabdingbar. Die Wissenschaft der Theologie, die in ihrer Geschichte die akademische *Disputatio* kultiviert hat, muss zu einer Transdisziplinarität finden, in der die theologischen Fächer sowohl den gegenseitigen Austausch untereinander als auch den mit den anderen Geisteswissenschaften suchen.

Die in dieser Studie aufgezeigte tragische Wirkungsgeschichte von Mt 27,25 bleibt im Kontinuum der christlich-abendländischen Geschichte trotz aller exegetischen Erkenntnisse bestehen. Deshalb darf christliche Theologie nicht aufhören, die Wirkungsgeschichte des *Blutrufes* nachzuerzählen.[118] Die Bedeutung dieses Nacherzählens hat Hannah ARENDT wie folgt verdeutlicht:

---

[115] Siehe Christologie ohne Antisemitismus? Thesen und Entwürfe, 183–188.

[116] Siehe LUZ: Matthäus I/4, 290f, SCHRÖER: Art. *Schriftauslegung V*, 495f.

[117] Siehe KARRER: Entscheidung, 80–92.

[118] Es gilt auch die Worte von J.B. Brantschen zu bedenken, die er mit einem kritischen Blick auf androzentrische Sprachtraditionen der Theologie anbringt: »Alle theologischen Einsichten, am Schreibtisch formuliert, bleiben fruchtlos, wenn sie nicht durch die Praxis ratifiziert werden. Damit ist dies gemeint: Erst wenn die theologischen Einsichten in das Gesetzbuch der Kirche Eingang finden und im bewussten und unbewussten Fühlen und Werten der Glieder der Kirche Boden gefasst haben, erst dann besteht die Chance, die Diskriminierung der Frau auch in der Kirche spürbar zu überwinden.« (BRANTSCHEN: Gott, 88).

Sofern es überhaupt ein »Bewältigen« der Vergangenheit gibt, besteht es in dem Nacherzählen dessen, was sich ereignet hat; aber auch dies Nacherzählen, das Geschichte formt, löst keine Probleme und beschwichtigt kein Leiden, es bewältigt nichts endgültig. Vielmehr regt es, solange der Sinn des Geschehenen lebendig bleibt – und dies kann durch sehr lange Zeiträume der Fall sein – zu immer wiederholendem Erzählen an.[119]

In diesem Sinne muss in jedem kirchlichen und theologischen Handlexikon ein Eintrag zum so genannten *Blutruf* – mag dieser Begriff noch so problematisch sein – stehen, der von der verheerenden Wirkung von Mt 27,25 erzählt und Perspektiven eines neuen Verständnisses aufzeigt, ohne die Vergangenheit rechtfertigen zu wollen.[120] Dieses Nacherzählen ist auch deshalb wichtig, da *Heilige Texte* – wie dies Gerd THEISSEN betont – gefährliche Texte sind und bleiben. Erst mit dem Vergegenwärtigen der Vergangenheit wird ein Prozess des nachhaltigen Umdenkens möglich.

---

[119] ARENDT: Menschlichkeit, 35. Siehe auch HIMMLER: Brüder Himmler, 286–294.

[120] Im zweiten Band des *Lexikons für Theologie und Kirche* (LThK) aus dem Jahre 1994 finden sich folgende Einträge: »Blut«, »Blut Christi«, »Blut, kostbares B.«, »Blutacker«, »Blutbesprechung« (*), »Blutrache«, «Blutsverwandtschaft», »Bluttaufe«, »Blutwunder«, »Blutzeuge« (*). (*) jeweils mit Verweis auf einen anderen Eintrag (siehe Sp. 531–541).

Dank

Am Ende jeder Arbeit bleibt der Dank. Als erstes ist Max KÜCHLER, Professor für Exegese und Theologie des Neuen Testaments, zu danken. Er hat Entstehung dieses Buches von Anfang an wohlwollend und kritisch begleitet und ein Vorwort verfasst. Ohne seine gewinnende und freundschaftliche Art, die Sachkritik mit motivierendem Zuspruch zu verbinden vermag, wäre diese Studie nicht zu realisieren gewesen. Er war es auch, der mich in seinen Vorlesungen für wirkungsgeschichtliche Fragestellungen sensibilisierte und meine Neugierde weckte.

Professor Markus FURRER, Franziska METZGER und Thomas METZGER vom *Lehrstuhl für Zeitgeschichte an der Universität Freiburg* danke ich für die Diskussionen, die ich während des Schreibprozesses mit ihnen führen konnte. Sie waren aufmerksame und hilfreiche Leser und ließen sich in das Fachgebiet der Theologie entführen. Ich konnte manche Idee mit ihnen weiterentwickeln. Meine Kolleginnen und Kollegen vom *Archiv für Zeitgeschichte an der ETH Zürich* waren mir bei der Suche nach Quellen behilflich.

Priska KUNZ hat es übernommen, das Manuskript zu lektorieren. Sie hat dies mit Akribie getan. Ihr gilt ein besonders herzlicher Dank.

Urs ALTERMATT, Professor für allgemeine und schweizerische Zeitgeschichte an der Universität Freiburg, bei dem ich mir das historische Rüstzeug erworben habe, hat mir im Rahmen meiner Assistenz an seinem Lehrstuhl das nötige Diskussions- und Arbeitsumfeld zur Verfügung gestellt.

Katharina BART, meiner Partnerin, ist dieses Buch gewidmet.

Zürich, im Juli 2006   Zsolt KELLER

171

Quellen- und Literaturverzeichnis

1. Institutionelle Bestände und Nachlässe

Archiv für Zeitgeschichte an der Eidgenössischen Technischen Hochschule Zürich (AfZ), www.afz.ethz.ch:

Schweizerischer Israelitischer Gemeindebund (SIG) – IB SIG-Archiv

Jüdische Nachrichten (JUNA) – IB JUNA-Archiv: Einzelne Zeitungsartikel aus folgenden Presseerzeugnissen: Appenzeller Sonntagszeitung (1943); Appenzeller Zeitung (1938); Fürstenländer, Der (1938); Greffons (1938); Hochwacht, Die (1944); Kompass, Der (1938); Morgen, Der (1942); Neue Berner Nachrichten (1938); Neue Luzerner Nachrichten (1942); Neue Volk, Das (1933/34); Neue Zürcher Nachrichten (1945); Ostschweiz, Die (1931); Rheintalische Volkszeitung (1944); Schwyzer Volksfreund (1944); Schwyzer Zeitung (1943); Solothurner Anzeiger (1942); St. Galler Volksblatt (1944); Vaterland, Das (1934); Zentralschweizerisches Volksblatt (1944); Volkszeitung, Spiez (1944).

Christlicher Friedensdienst/Nachlass Gertrud Kurz (1890–1972) – IB Christlicher Friedensdienst (cfd), Flüchtlingsarchiv Gertrud Kurz

Nachlass Jean Nordmann (1908–1986) – NL Jean Nordmann

Nachlass Paul Vogt (1900–1984) – NL Paul Vogt

2. Ikonographische Quellen

Abb. 1: »Der Prophet Jesaja« (Illustration Nr. 139), in: SCHNORR VON CAROLSFELD, Julius: Das Buch der Bücher in Bildern. 240 Darstellungen erfunden und gezeichnet von Julius Schnorr von Carolsfeld, Leipzig 1908 (nicht paginiert).

Abb. 2: »Das Volk fordert Jesu Blut von Pilato« (Illustration Nr. 213), in: SCHNORR VON CAROLSFELD, Julius: Das Buch der Bücher in Bildern. 240 Darstellungen erfunden und gezeichnet von Julius Schnorr von Carolsfeld, Leipzig 1908 (nicht paginiert).

Abb. 3: »29. Jesus wird dem Volke vorgestellt und zum Tode übergeben«, in: KNECHT, Friedrich Justus: Kurze biblische Geschichte für die unteren Schuljahre der katholischen Volksschule. Mit 46 Bildern, Freiburg im Breisgau 1882, 82. Als Werbeillustration auch abgedruckt in: KNECHT, Friedrich Justus: Praktischer Kommentar zur Biblischen Geschichte, Freiburg im Breisgau ⁵1886 (nicht paginiert).

3. Gedruckte Quellen

Akten deutscher Bischöfe über die Lage der Kirche 1933–1945 [ADB], bearbeitet von Ludwig VOLK und Bernhard STASIEWSKI, Band VI: 1943–1945, Mainz 1985.

Antisemitismus. Sünde gegen Gott und die Menschlichkeit. Erklärung im Auftrag der SCHWEIZERISCHEN BISCHOFSKONFERENZ und der Leitung des SCHWEIZERISCHEN ISRAELITISCHEN GEMEINDEBUNDES anlässlich der Erinnerung an die Vertreibung der Juden aus Spanien vor 500 Jahren, Luzern 1992.

Art. *Semitismus*, in: Brockhaus' Konversations-Lexikon, Bd. XIV, Leipzig [14]1892–1895, 847.

BALTHASAR, Hans Urs von: Mysterium Judaicum, in: Schweizerische Rundschau 43 (1943/44), 211–221.

BAMBERG, Hubert: Die Personen der Leidensgeschichte Jesu in Fastenpredigten dargestellt. Erster Cyklus. Judas. Petrus. Barabbas. Kaiphas. Das jüdische Volk. Pilatus. Das Kreuzopfer, Paderborn 1908.

BECK, Joseph: Cours d'éloquence sacrée, Freiburg/Schweiz 1922.

BENEDIKT XV.: *Humani Generis Redemptionem* 15.6.1917, in englischer, französischer und italienischer Übersetzung einsehbar auf: http://www.vatican.va/ holy_father/benedict_xv/encyclicals/index_ge.htm (18.12.2005).

BOSSUET, Jacques Bénigne: Oeuvres oratoires de Bossuet; 4: Sermons, Tome Troisième, Paris [1871–1873].

BRÄNDLE, F.J./ROLFUS, Hermann: Die Glaubens- und Sittenlehre der katholischen Kirche, Einsiedeln [2]1876.

COUNCIL OF CHRISTIANS & JEWS (Hg.): Freedom, Justice and Responsibility. Reports and Recommendations of the International Conference of Christians and Jews, Oxford 1946.

DIESSEL, Gerhard (C.Ss.R.): Die grosse Gottesthat auf Golgotha. Fastenpredigten über den Tod Jesu Christi, Regensburg 1900.

DOMINICUS, Pater (O.M.Cap.): Der leidende Heiland. Sieben Fastenpredigten, Dülmen in Westfalen 1905.

DONDERS, Adolf: O Haupt voll Blut und Wunden. Drei Reihen Fastenpredigten, Freiburg im Breisgau 1940.

EBERLE, Oskar: Das Luzerner Passionsspiel, Luzern 1938.

–: Passionsspiele in der Schweiz, in: Neue Schweizer Bibliothek, Bd. 2, 1934, 73–85.

FÄH, Adolf (Hg.): Predigten des Hochwst. Herrn Dr. Augustin Egger, Bischof von St. Gallen, Band II: Predigten für den Osterkreis, Einsiedeln 1910.

FÜGLEIN, Gaudentius: Licht vom Kreuze! Soziale Gedanken und Kräfte aus der Leidensgeschichte unseres Herrn. 7 Fastenpredigten, München 1929.

GENERALADJUTANTUR SEKTION HAUS UND HEER (Hg.): Wehrbrief Nr. 26.: Die Judenfrage, Bern 1943.

GFS-FORSCHUNGSINSTITUT (Hg.): Einstellung der SchweizerInnen gegenüber Jüdinnen und Juden und dem Holocaust. Eine Studie des GfS-Forschungsinstituts im Auftrag der Coordination intercommunautaire contre l'antisémitisme et la diffamation (CICAD) und des American Jewish Committee (AJC), Bern 2000.

GOBINEAU, Joseph Arthur von: Essai sur l'inegalité des races humaines, [s.l.] 1853–1855.

GUNDLACH, Gustav: Art. *Antisemitismus*, in: Lexikon für Theologie und Kirche, Bd. I, Freiburg im Breisgau 1930, Sp. 504f.

HENRIX, Hans Hermann/RENDTORFF, Rolf (Hg.): Die Kirche und das Judentum. Dokumente von 1945–1985, Band I, München 1987.

HENRIX, Hans Hermann/KRAUS, Wolfgang (Hg.): Die Kirche und das Judentum. Dokumente von 1986–2000, Band II, Paderborn 2001.

KATECHISMUS DER KATHOLISCHEN KIRCHE, München 1993.

KEPPLER, Paul Wilhelm von [Bischof von Rottenburg]: Homilien und Predigten, Freiburg im Breisgau 1912.

KNECHT, Friedrich Justus: Kurze biblische Geschichte für die unteren Schuljahre der katholischen Volksschule. Mit 46 Bildern, Freiburg im Breisgau 1882.

–: Praktischer Kommentar zur Biblischen Geschichte, Freiburg im Breisgau ⁵1886.

KREBS, Engelbert: Art. *Juden*, in: Lexikon für Theologie und Kirche, Bd. V, Freiburg im Breisgau 1933, Sp. 675–679.

KRUEGER, Ingeborg: Nachwort zur *Bibel in Bildern*, in: Bibel in Bildern. 240 Darstellungen, erfunden und auf Holz gezeichnet von Julius Schnorr von Carolsfeld, Zürich 1972 [Nachdruck; ohne Seitenzahl].

MERZ, Heinrich: Erklärungen zur Bibel in Bildern von Julius Schnorr von Carolsfeld von Dr. Heinrich Merz, in: Bibel in Bildern. 240 Darstellungen, erfunden und auf Holz gezeichnet von Julius Schnorr von Carolsfeld, Zürich 1972, 1–38 [Nachdruck].

MEßBUCH DER HL. KIRCHE lateinisch und deutsch mit liturgischen Erklärungen für die Laien bearbeitet von Anselm Schott aus der Beuroner Benediktiner-Kongregation, Freiburg im Breisgau, ¹⁸1913, ⁴⁴1938 (siehe auch unter: Schott-Messbuch).

METZGER, Konrad: Lebendige Predigt, Innsbruck 1937.

NAGEL, Ludwig/NIST, Jakob (Hg.): Predigten auf die Feste des Herrn. Ostern, Himmelfahrt und Pfingsten (= Nists Predigtkollektion), Paderborn 1911.

OREL, Anton: Judaismus, der weltgeschichtliche Gegensatz zum Christentum, Graz ³1934.

ORNSTEIN, Hans: Der Antisemitismus. Deutung und Überwindung. Ein Versuch, Zürich 1946.

ORNSTEIN, Hans: Probleme der christlich-jüdischen Zusammenarbeit, Vortrag gehalten in Zürich am 6.3.1947 [Sonderdruck].

PÄPSTLICHE BIBELKOMMISSION: Das jüdische Volk und seine Heilige Schrift in der christlichen Bibel, 24. Mai 2001, Bonn 2001.

PÄPSTLICHE KOMMISSION FÜR DIE RELIGIÖSEN BEZIEHUNGEN MIT DEM JUDENTUM: »Wir erinnern: Eine Reflexion über die Shoah«, abgedruckt in: WIGODER, Geoffrey (Hg.): Jewish-Christian Interfaith Relations. Agendas for Tomorrow, Jerusalem 1998.

–: Die Interpretation der Bibel in der Kirche. Das Dokument der Päpstlichen Bibelkommission vom 23.4.1993; mit einer kommentierenden Einführung von Lothar RUPPERT und einer Würdigung durch Hans-Josef KLAUCK, Stuttgart 1995.

PARSCH, Pius: Liturgische Predigten. II. Teil: Fastenzeit, Klosterneuburg bei Wien 1931.

PATISS, Georg: Fasten-Predigten. Sechs Cyklen, Innsbruck 1890.

–: Fünfzig kleine Homilien über die großen Erbarmungen des göttlichen Herzens Jesu, Innsbruck 1884.

PAUL VI.: *Dei Verbum* [DV] 18.11.1965. Dogmatische Konstitution über die göttliche Offenbarung, in: DH, Nrn. 4201–4235.

–: *Nostra Aetatae* [NA] 28.10.1965. Erklärung über das Verhältnis der Kirche zu den nichtchristlichen Religionen, in: DH, Nrn. 4195–4199.

PELZ, Jean: Le prédicateur des enfants. Deuxième série – Audite Pueri. Sermons sur le Symbole des Apôtres pour la messe des enfants, Mulhouse 1936.

PIES, Otto (Hg.): Im Herrn. Gebete im Geiste des königlichen Priestertums, Freiburg im Breisgau [6]1954.

PIUS XI.: *Quas primas* 11.12.1925. Enzyklika über die Einsetzung des Christkönigs-festes, in: Acta Apostolicae Sedis (AAS) 17 (1925), 593–610 (siehe auch: DH Nrn. 3675–3679).

ROGG, Michael: Erlöser und Vorbild. Fastenpredigten mit einem Allelujaschluss gehalten in der St. Moriz-Stadtkirche zu Augsburg, Kempten 1906.

SANCTA CONGREGATIO RITUUM (Hg.): Missale Romano-Seraphicum, [Rom] 1942.

SCHMIDT, Karl Ludwig: Die Judenfrage im Lichte der Kapitel 9–11 des Römerbrie-fes, Zollikon-Zürich [2]1942.

SCHOTT-MESSBUCH für die Sonn- und Festtage des Lesejahres C. Originaltexte der authentischen deutschen Ausgabe des Meßbuches und des Meßlektionars. Mit Einführungen herausgegeben von den Benediktinern der Erzabtei Beuron, Frei-burg im Breisgau 1988 (siehe auch unter: Meßbuch der hl. Kirche).

SCHRECKENBERG, Heinz: Christliche Adversus-Judaeos-Bilder. Das Alte und Neue Testament im Spiegel der christlichen Kunst, Frankfurt am Main 1999.

–: Die christlichen Adversus-Judaeos-Texte und ihr literarisches und historisches Umfeld (1.–11. Jh.), Bern [2]1990.

–: Die christlichen Adversus-Judaeos-Texte und ihr literarisches und historisches Umfeld (13.–20. Jh.), Bern 1994.

–: Die Juden in der Kunst Europas. Ein historischer Bildatlas, Freiburg im Breisgau 1996.

SCHUBERT, Franz: Art. *Homiletik*, in: Lexikon für Theologie und Kirche, Bd. V, Freiburg im Breisgau 1933, Sp. 125–128.

SCHWEIZERISCHE KIRCHENZEITUNG, 1933–1946.

STEIGER, Sebastian: Antisemitismus in der Schule, in: Basler Schulblatt, Nr. 3, 1958, 61–63.

STOLZ, Eugen: Art. *Pastoraltheologie*, in: Lexikon für Theologie und Kirche, Bd. VII, Freiburg im Breisgau 1935, Sp. 1023–1026.

THARIN, Abbé [Paul]: Die Welt des Predigers. Oder: Predigtentwürfe in vergli-chenden Uebersichtstafeln zum Gebrauch für Geistliche, Regensburg 1853 (franz. Original: Tharin, [Mgr Claude-Marie-Paul]: Atlas des prédicateurs, ou plans de sermons mis en tableau, à l'usage des écclésiastiques, Paris 1841).

UDE, Johannes: In der hohen Schule des Kreuzes Christi. Fastenpredigten gehalten in der heiligen Fastenzeit in der Herz-Jesu-Kirche zu Graz, Graz 1911.

Université de Fribourg en Suisse – Universität Freiburg in der Schweiz. Professeurs et étudiantes – Dozenten und Studierende. Semestre d'hiver/Wintersemester 1901/02 bis 1949/50 (je eine Ausgabe pro Semester mit detailliertem statisti-schen Material).

ZIHLMANN, Simon: Pilgerbüchlein für Werthenstein, Werthenstein 1945.

ZOEPFL, Friedrich: Im Frühlicht. Ein Jahrgang Kinderpredigten, Paderborn 1916.

4. Ungedruckte Quellen

BICKEL, Erich: Ansprache von Prof. Dr. Bickel zur Gründungsversammlung der *Christlich-Jüdischen Arbeitsgemeinschaft zur Bekämpfung des Antisemitismus* in Zürich am 28.4.1946.

SAGALOWITZ, Benjamin: Der Weg nach Maidanek. Der Vernichtungsfeldzug gegen die Juden Europas 1933–1945, Teil I, Zürich 1947 [unpublizierte Druckfahne].

WOLBER, Gisela: Die katholische Flüchtlingshilfe angegliedert an die Schweizerische Caritaszentrale Luzern, unveröffentlichte Diplomarbeit an der Schweizerischen Sozial-Caritativen Frauenschule Luzern, Luzern 1948.

5. Bibelausgaben, Apokryphen und Kommentare

5.1 Bibelausgaben und Apokryphen

ALAND, Barbara/ALAND, Kurt: Das Neue Testament Griechisch und Deutsch, Stuttgart [26]1986.

Die Bibel nach der Übersetzung Martin LUTHERS in der revidierten Fassung von 1984, Stuttgart 1985.

BUBER, Martin/ROSENZWEIG, Franz: Die Schrift, Bde. 1–4, Gerlingen [12]1997.

ELLIGER, Karl/RUDOLPH, Wilhelm (Hg.): Biblia Hebraica Stuttgartensia, Stuttgart [4]1990.

HAINZ, Josef (Hg.): Münchner Neues Testament, Studienausgabe, Düsseldorf [4]1995.

DEISSLER, Alfons/VÖGTLE, Anton (Hg.): Neue Jerusalemer Bibel. Einheitsübersetzung mit dem Kommentar der Jerusalemer Bibel. Neu bearbeitete und erweiterte Ausgabe deutsch, Freiburg im Breisgau [6]1985.

5.2 Petrus-Evangelium

MAURER, Christian [Übersetzung]/CHNEEMELCHER, Wilhelm [Einleitung]: VII. Petrusevangelium, in: SCHNEEMELCHER, Wilhelm: Neutestamentliche Apokryphen in deutscher Übersetzung, Bd. I: Evangelien, Tübingen 1990, 180–188, Übersetzung: 185–188.

WILLKER, Wieland: Petrus-Evangelium, abrufbar unter: http://www-user.uni-bremen.de/~wie/texteapo/Petrus.html.

5.3 Deutsch- und englischsprachige Kommentare

DAVIES, William David/ALLISON, Dale C. Jr.: The Gospel According To Saint Matthew III (Mt 19–28), London/New York 2004.

FRANKEMÖLLE, Hubert: Matthäus. Kommentar, Bd. 2, Düsseldorf 1997.

GNILKA, Joachim: Das Matthäusevangelium II. Kommentar zu 14,1–28,20 und Einleitungsfragen, Freiburg im Breisgau 1988.

LIMBECK, Meinrad: Matthäus-Evangelium, SKK 1, Stuttgart 1991.

LOHMEYER, Ernst: Das Evangelium des Matthäus. Nachgelassene Ausarbeitungen und Entwürfe zur Übersetzung und Erklärung von Ernst LOHMEYER. Für den Druck erarbeitet und herausgegeben von Werner SCHMAUCH, Göttingen [4]1967.

LUCK, Ulrich: Das Evangelium nach Matthäus, ZBK NT 1, Zürich 1993.

LUZ, Ulrich: Das Evangelium nach Matthäus I (Mt 1–7), EKK I/1, Zürich [2]1989.

–: Das Evangelium nach Matthäus II (Mt 8–17), EKK I/2, Zürich [2]1996.

–: Das Evangelium nach Matthäus III (Mt 18–25), EKK I/3, Zürich 1997.

–: Das Evangelium nach Matthäus IV (Mt 26–28), EKK I/4, Zürich 2002.

MONTEFIORE, Claude Joseph: The Synoptic Gospels. In Two Volumes, Bd. 2, New York [2]1968 ([1]1927).

OVERNEY, Max: Évangelie selon Saint Matthieu. Traduction sur le texte grec avec commentaires et notes finales, Freiburg/Schweiz 1944.

SAND, Alexander: Das Evangelium nach Matthäus, RNT, Regensburg 1986.

—: Das Matthäus-Evangelium, Darmstadt 1991.

SCHNACKENBURG, Rudolf: Matthäusevangelium 16,21–28,20, NEB 1, Würzburg 1987.

SCHWEIZER, Eduard: Das Evangelium nach Matthäus, NTD, Göttingen 1973.

STRACK, Hermann L./BILLERBECK, Paul: Das Evangelium nach Matthäus erläutert aus Talmud und Midrasch, München 1922.

WIEFEL, Wolfgang: Das Evangelium nach Matthäus, ThHK 1, Leipzig 1998.

6. Literatur

ACKLIN ZIMMERMANN, Béatrice: Die Gesetzesinterpretation in den Römerbrief-kommentaren von Peter Abaelard und Martin Luther. Eine Untersuchung auf dem Hintergrund der Antijudaismusdiskussion, Frankfurt am Main 2004.

ALTERMATT, Urs (Hg.): Katholische Denk- und Lebenswelten. Beiträge zur Kultur- und Sozialgeschichte des Schweizer Katholizismus im 20. Jahrhundert, Freiburg/Schweiz 2003.

—: Ambivalences of Catholic Modernisation, in: FRISHMAN, Judith/OTTEN, Willemien/ROUWHORST, Gerard (Hg.): Religious Identity and the Problem of Historical Foundation. The Foundational Character of Authoritative Sources in the History of Christianity and Judaism, Leiden/Boston 2004, 49–75.

—: Das Koordinatensystem des katholischen Antisemitismus in der Schweiz 1918–1945, in: MATTIOLI, Aram: Antisemitismus in der Schweiz 1848–1960. Mit einem Vorwort von Alfred A. HÄSLER, Zürich 1998, 465–500.

—: Der Kulturkampf: Konflikt um die Moderne, in: *Neue Zürcher Zeitung*, 27.6.1998.

—: Der lange Schatten des christlichen Antijudaismus: Karfreitagsliturgie und Volksbrauchtum in der Zwischenkriegszeit, in: CONZEMIUS, Victor (Hg.): Schweizer Katholizismus 1933–1945. Eine Konfessionskultur zwischen Abkapselung und Solidarität, Zürich 2001, 341–353.

—: Die Möglichkeit zum Dialog, in: SCHWEIZERISCHER ISRAELITISCHER GEMEINDE-BUND/JÜDISCHE RUNDSCHAU (Hg.): Die Zukunft der Vergangenheit. Beiträge zum Symposium des Schweizerischen Israelitischen Gemeindebundes vom 7. Oktober 1999 an der Universität Freiburg/Schweiz, Zürich 1999, 11–14.

—: Katholizismus und Antisemitismus. Mentalitäten, Kontinuitäten, Ambivalenzen, Frauenfeld 1999.

ANGER, Gunnar: Art. *Blinzler, Josef*, in: Biographisch-Bibliographisches Kirchenlexikon, Band XXV (2005), Sp. 69–77 (elektronische Fassung: http://www.bautz.de/bbkl/b/blinzler_j.shtml, 29.12.2005).

ARBEITSKREIS GELEBTE GESCHICHTE (Hg.): Erpresste Schweiz. Zur Auseinandersetzung um die Haltung der Schweiz im Zweiten Weltkrieg und die Berichte der Bergier-Kommission. Eindrücke und Wertungen von Zeitzeugen, Stäfa 2002.

ARENDT, Hannah: Von der Menschlichkeit in finsteren Zeiten. Rede über Lessing, München 1960.

ARNOLD (-DE PROPHETIS), Jonas: Der Schweizerische Caritasverband 1933–1945, in: Von der katholischen Milieuorganisation zum sozialen Hilfswerk – 100 Jahre Caritas Schweiz, Luzern 2002, 105–160.

Art. *bewältigen*, in: KLUGE, Friedrich: Etymologisches Wörterbuch der deutschen Sprache. Bearb. von Elmar SEEBOLD, Berlin [23]1999, 106.

BARTHÉLEMY, Dominique u.a.: La Faculté de théologie/Die Theologische Fakultät, in: Geschichte der Universität Freiburg Schweiz 1889–1989, Institutionen, Lehre und Forschungsbereiche, Bd. 2, hg. von Roland RUFFIEUX u.a., Freiburg/ Schweiz 1991, 475–559.

BAUM, Gregory: Die Juden und das Evangelium. Eine Überprüfung des Neuen Testaments, Einsiedeln 1963 (engl. Original: BAUM, Gregory: The Jews and the Gospel, a re-examination of the New Testament, Westminster 1961).

BAUMBACH, Günther: Der christlich-jüdische Dialog – Herausforderung und neue Erkenntnisse, in: Kairos 23 (1981), 1–16.

BECK, Norman Arthur: Mature Christianity. The Recognition and Repudiation of the Anti-Jewish Polemic of the New Testament, London 1985.

BECK, Wolfgang (Hg.): Die Juden in der europäischen Geschichte. Sieben Vorlesungen, München 1992.

BEIN, Alex: Die Judenfrage. Biographie eines Weltproblems, 2 Bde., Stuttgart 1980.

BEN-CHORIN, Schalom: Bruder Jesus. Der Nazarener in jüdischer Sicht, München [5]1982.

BENOIT, Pierre: Jésus et Israël d'après Jules Isaac, in: DERS.: Exégèse et Théologie II, Paris 1961, 321–327.

–: L'Antonia d'Hérode le Grand et le Forum Oriental d'Aelia Capitolina, in: Harvard Theological Review 64 (1971), 135–167.

BENZ, Wolfgang: Art. *Kollektivschuld*, in: DERS. (Hg.): Legenden, Lügen, Vorurteile. Ein Wörterbuch zur Zeitgeschichte, München [7]1995, 117–119.

–: Was ist Antisemitismus?, München 2004.

BERG, Nicolas: Der Holocaust und die westdeutschen Historiker, Göttingen 2003.

BERGER, Klaus: Exegese des Neuen Testaments. Neue Wege vom Text zur Auslegung, Heidelberg [3]1991.

Bergier – was bleibt? Die Berichte 1997–2002 der UEK zur Schweiz während der Zeit des Nationalsozialismus. NZZ-Fokus. Ein Schwerpunkt-Dossier der *Neuen Zürcher Zeitung*, Nr. 11, Mai 2002.

BERGMANN, Werner/KÖRTE Mona (Hg.): Antisemitismusforschung in den Wissenschaften, Berlin 2004.

BERGMANN, Werner: Geschichte des Antisemitismus, München 2002.

BLASCHKE, Olaf/MATTIOLI, Aram (Hg.): Katholischer Antisemitismus im 19. Jahrhundert. Ursachen und Traditionen im internationalen Vergleich, Zürich 2000.

BLASCHKE, Olaf: Katholizismus und Antisemitismus im Deutschen Kaiserreich, Göttingen 1999.

BLINZLER, Josef. Der Prozess Jesu: Das jüdische und römische Gerichtsverfahren gegen Jesus Christus auf Grund der ältesten Zeugnisse dargestellt und beurteilt von Josef Blinzler, Regensburg [2]1955.

BLUBACHER, Thomas: Art. *Eberle, Oskar*, in: Historisches Lexikon der Schweiz [elektronische Publikation HLS], 26.7.2004.

BODENDORFER [-LANGER], Gerhard: So viel Blut hat kein Mensch. »The Passion of the Christ« – ein Film von Mel Gibson, in: *Neue Zürcher Zeitung*, 17.3.2004.

BODENHEIMER, Alfred/KELLER, Stefan: »Die Wirklichkeit kann man immer verändern, die Mentalitäten nur schwer«. Ein Gespräch von Alfred Bodenheimer und Stefan Keller mit Roger de Weck zur Holocaust-Debatte, in: Judaica 56 (2000), 32–40.

BONHAGE, Barbara u.a.: Hinschauen und Nachfragen – Die Schweiz und die Zeit des Nationalsozialismus im Licht aktueller Fragen, Zürich 2006.

BÖSEN, Willibald: Der letzte Tag des Jesus von Nazaret, Freiburg im Breisgau 1994.

BRAHAM, Randolph L.: The Origins of the Holocaust: Christian Anti-Semitism, New York 1986.

BRANTSCHEN, JOHANNES B.: Ein Gott der Männer und der Frauen, in: DERS.: Gott ist anders. Theologische Versuche und Besinnungen, Luzern 2005, 71–89.

–: »Glauben und Verstehen« nach dem Tode Bultmanns, in: DERS.: Gott ist anders. Theologische Versuche und Besinnungen, Luzern 2005, 181–188.

BRAUNSCHWEIG, Ernst (Hg.): Antisemitismus – Umgang mit einer Herausforderung, FS Sigi FEIGEL, Zürich 1991.

BROCKE, Michael/JOCHUM, Herbert (Hg.): Wolkensäule und Feuerschein. Jüdische Theologie des Holocaust, München 1982.

BRODER, Henryk M.: Der ewige Antisemit. Über Sinn und Funktion eines beständigen Gefühls, Berlin 2005.

BRODWAY, Bill: Passion Without Perspective. Director's Cut of »The Passion« Leaves Some Questioning His Intent, in: *The Washington Post*, 28.1.2004.

BROER, Ingo: Antijudaismus im Neuen Testament? Versuch einer Annäherung anhand von zwei Texten (1Thess 2,14–16 und Mt 27,25), in: OBERLINNER, Lorenz/FIEDLER, Peter (Hg.): Salz der Erde – Licht der Welt. Exegetische Studien zum Matthäusevangelium, FS Anton VÖGTLE, Stuttgart 1991.

–: Art. *Antijudaismus*, in: Neues Bibel-Lexikon (NBL), Band I, Zürich 1991, Sp. 113–115.

–: Der Prozeß gegen Jesus nach Matthäus, in: KERTELGE, Karl (Hg.): Der Prozeß gegen Jesus. Historische Rückfragen und theologische Deutung, QD 112, Freiburg im Breisgau 1988, 84–110.

BUDDE, Gunilla/CONRAD, Sebastian/JANZ Oliver (Hg.): Transnationale Geschichte. Themen, Tendenzen und Theorien, Göttingen 2006.

BULTMANN, Rudolf: Das Problem der Hermeneutik, in: DERS.: Glauben und Verstehen. Gesammelte Aufsätze, Bd. 2, Tübingen 1952, 211–235.

–: Ist voraussetzungslose Exegese möglich?, in: DERS.: Glauben und Verstehen. Gesammelte Aufsätze, Bd. 3, Tübingen ³1965, 142–150.

BÜTTNER, Gerhard/THIERFELDER, Jörg (Hg.): Religionspädagogische Grenzgänge, Stuttgart 1988.

CARGAL, Timothy B.: »His Blood be upon us and upon our Childern«. A Matthean Double Entendre?, in: New Testament Studies 37 (1991), 101–112.

CHIQUET, Simone (Hg.): »Es war halt Krieg«. Erinnerungen an den Alltag in der Schweiz 1939–1945, Zürich 1992.

Christologie ohne Antijudaismus? Thesen und Entwürfe, in: DIETRICH, Walter/GEORGE, Martin/LUZ, Ulrich (Hg.): Antijudaismus – christliche Erblast, Stuttgart 1999, 183–188.

COHN, Chaim: Der Prozeß und Tod Jesu aus jüdischer Sicht, Frankfurt am Main 1997 (eng. Original: COHN, Chaim: The Trial and Death of Jesus, New York 1977).

COHN-SHERBOK, Dan (Hg.): Holocaust Theology. A Reader, New York 2002.

CONZEMIUS, Victor (Hg.): Schweizer Katholizismus 1933–1945. Eine Konfessionskultur zwischen Abkapselung und Solidarität, Zürich 2001.

CONZEMIUS, Victor/GRESCHAT, Martin/KOCHER, Hermann (Hg.): Die Zeit nach 1945 als Thema kirchlicher Zeitgeschichte. Referate der internationalen Tagung in Hünigen/Bern (Schweiz) 1985, Göttingen 1988.

CROSSAN, John Dominic: Wer tötete Jesus? Die Ursprünge des christlichen Antisemitismus in den Evangelien Jesus, München 1999 (engl. Original: CROSSAN, John Dominic: Who Killed Jesus? Exposing the Roots of Anti-Semitism in the Gospel Story of the Death of Jesus, San Francisco 1995).

CZERMAK, Gerhard: Christen gegen Juden. Geschichte einer Verfolgung. Von der Antike bis zum Holocaust, von 1945 bis heute, Frankfurt am Main 1991.

DAHL, Nils Alstrup: Die Passionsgeschichte bei Matthäus, in: New Testament Studies 11 (1955/56), 17–32.

DIETRICH, Walter/GEORGE, Martin/LUZ, Ulrich (Hg.): Antijudaismus – christliche Erblast, Stuttgart 1999.

DINER, Dan (Hg.): Ist der Nationalsozialismus Geschichte? Zu Historisierung und Historikerstreit, Frankfurt am Main 1987.

–: Den Zivilisationsbruch erinnern. Über Entstehung und Geltung eines Begriffes, in: UHL, Heidemarie (Hg.): Zivilisationsbruch und Gedächtniskultur. Das 20. Jahrhundert in der Erinnerung des beginnenden 21. Jahrhunderts, Innsbruck 2003, 17–34.

DOHMEN, Christoph (Hg.): In Gottes Volk eingebunden. Jüdisch-christliche Blickpunkte zum Dokument der Päpstlichen Bibelkommission »Das jüdische Volk und seine Heilige Schrift in der christlichen Bibel«, Stuttgart 2003.

DOHMEN, Christoph/OEMING, Manfred: Biblischer Kanon warum und wozu ? Eine Kanontheologie, Freiburg im Breisgau 1992.

DÖPP, Heinz-Martin: Die Deutung der Zerstörung Jerusalems und des Zweiten Tempels im Jahre 70 in den ersten Jahrhunderten n.Chr., Tübingen 1998.

DREYFUS, Madeleine/FISCHER, Jürg (Hg.), Manifest vom 21. Januar 1997. Geschichtsbilder und Antisemitismus in der Schweiz, Zürich 1997.

DÜRRENMATT, Friedrich: Winterkrieg in Tibet, in: DERS.: Labyrinth. Stoffe I–II, Zürich 1994, 9–166.

EBELING, Gerhard: Kirchengeschichte als Geschichte der Auslegung der Heiligen Schrift, in: DERS.: Wort Gottes und Tradition. Studien zu einer Hermeneutik der Konfession, Göttingen 1964, 9–27.

ECKERT, Willehad/LEVINSON, Nathan/STÖHR, Martin (Hg.): Antijudaismus im Neuen Testament? Exegetische und systematische Beiträge, ACJD 2, München 1967.

ECO, Umberto: Der Name der Rose, München [21]1997.

ECO, Umberto: Nachschrift zum »Namen der Rose«, München [8]1987.

EHRLICH, Ernst Ludwig: Antijüdischer Unterricht, in: Neue Zürcher Zeitung, 23.5.2000 [Leserbrief].

–: Die Beziehung zwischen Juden und Katholiken, in: BRAUNSCHWEIG, Ernst (Hg.): Antisemitismus – Umgang mit einer Herausforderung, FS Sigi FEIGEL, Zürich 1991, 75–89.

–: Die Haltung der Christen zum Judentum. Erklärung der französischen Bischöfe, in: Orientierung 37 (1973), 103–107.

–: Hat die Kirche den Antijudaismus überwunden?, in: tachles. Das jüdische Wochenmagazin, Nr. 41/42, 14.10.2005, 22–26.

–: Von Gott reden nach der Schoa, in: KAMPLING, Rainer (Hg.): »Dies ist das Buch ...«. Das Matthäusevangelium. Interpretation – Rezeption – Rezeptionsgeschichte, FS Hubert FRANKEMÖLLE, Paderborn 2004, 15–19.

EIDGENÖSSISCHE KOMMISSION GEGEN RASSISMUS (EKR): Antisemitismus in der Schweiz. Ein Bericht zu historischen und aktuellen Erscheinungsformen mit Empfehlungen für Gegenmassnahmen, Bern 1998.

ENDRES, Elisabeth: Die gelbe Farbe. Die Entwicklung der Judenfeindschaft aus dem Christentum, München 1989.

EXUM, Cheryl: Was sagt das Richterbuch den Frauen?, SBS 169, Stuttgart 1997.

FARBSTEIN, David: Zur christlich-jüdischen Verständigung, in: *Israelitisches Wochenblatt*, Nr. 36, 5. September 1947 (Sonderdruck).

FEIN, Helen: Dimensions of Antisemitism: Attitudes, Collective Accusations and Actions, in: DIES. (Hg.): The Persisting Question: Sociological Perspectives and Social Contexts of Modern Antisemitism, Berlin 1987, 67–85.

FENEBERG, Rupert: Christologie und Antijudaismus, in: BÜTTNER, Gerhard/ THIERFELDER, Jörg (Hg.): Religionspädagogische Grenzgänge, Stuttgart 1988, 212–225.

FEUSI WIDMER, Roswitha: Art. *Beck, Josef*, in: Historisches Lexikon der Schweiz [elektronische Publikation HLS], 27.4.2004.

FRANKEMÖLLE, Hubert: Antijudaismus im Matthäusevangelium? Reflexionen zu einer angemessenen Auslegung?, in: KAMPLING, Rainer (Hg.): »Nun steht aber diese Sache im Evangelium ...«. Zur Frage nach den Anfängen des christlichen Antijudaismus, Paderborn 1999, 73–106.

–: Evangelium und Wirkungsgeschichte. Das Problem der Vermittlung von Methodik und Hermeneutik in neueren Auslegungen zum Matthäusevangelium, in: OBERLINNER, Lorenz/FIEDLER, Peter (Hg.): Salz der Erde – Licht der Welt. Exegetische Studien zum Matthäusevangelium, FS Anton VÖGTLE, Stuttgart 1991, 31–89.

–: Fortschritte und Stillstand. Entwicklungen seit 1965 (40 Jahre *Dei Verbum*), in: Bibel und Kirche 60 (2005), 173–176.

–: Jahwebund und Kirche Christi. Studien zur Form- und Traditionsgeschichte des »Evangeliums« nach Matthäus, Münster 1973.

FREI, Norbert: Von deutscher Erfindungskraft oder: Die Kollektivschuldthese in der Nachkriegszeit, in: Rechtshistorisches Journal 16 (1997), 621–634.

FREUDMANN, Lillian C.: Antisemitism in The New Testament, New York/London 1994.

FREYNE, Sean: Unterdrückung von seiten der Juden: Das Matthäusevangelium als frühe christliche Antwort, in: Conzilium 24 (1988), 462–467.

FRIEDRICH, Johannes/PÖHLMANN, Wolfgang/STUHLMACHER, Peter (Hg.): Rechtfertigung, FS Ernst KÄSEMANN, Tübingen 1986.

FROHNHOFEN, Herbert (Hg.): Christlicher Antijudaismus und jüdischer Antipaganismus. Ihre Motive und Hintergründe in den ersten drei Jahrhunderten, Hamburg 1990.

FUNK, Michael: »Warum sollen wir die Sprache erst wieder finden, wenn wir geschlagen werden?« Die Öffentlichkeitsarbeit des Schweizerischen Israelitischen Gemeindebundes von 1933–1944, unpublizierte Lizentiatsarbeit an der Universität Freiburg/Schweiz 2002.

FURRER, Markus: Die Nation im Schulbuch – zwischen Überhöhung und Verdrängung. Leitbilder der Schweizer Nationalgeschichte in Schweizer Geschichtslehrmitteln der Nachkriegszeit und Gegenwart, Hannover 2004.

FÜRST, Walter: Einblick in die Situation von Kirche und Universität in der modernen Gesellschaft, in: WOHLMUTH, Josef (Hg.): Katholische Theologie heute. Eine Einführung in das Studium, Würzburg 1990, 21–62.

–: Pastoraltheologie, in: WOHLMUTH, Josef (Hg.): Katholische Theologie heute. Eine Einführung in das Studium, Würzburg 1990, 328–329.

GADAMER, Hans-Georg: Wahrheit und Methode. Grundzüge einer philosophischen Hermeneutik, Tübingen ²1965.

GASSER, Albert/VISCHER, Lukas: Von 1945 bis zur Gegenwart, in: VISCHER, Lukas/SCHENKER, Lukas/DELLSPERGER, Rudolf (Hg.): Ökumenische Kirchengeschichte der Schweiz, Freiburg/Schweiz 1994, 278–310.

GELARDINI, Gabriella/SCHMID, Peter (Hg.): Theoriebildung im christlich-jüdischen Dialog. Kulturwissenschaftliche Reflexionen zur Deutung, Verhältnisbestimmung und Diskursfähigkeit von Religionen, Stuttgart 2004.

GERSTE, Roland D.: Kulturkampf um Jesus-Film, in: *Neue Zürcher Zeitung am Sonntag*, 8.2.2004.

Geschichte der Universität Freiburg Schweiz 1889–1989, hg. von Roland RUFFIEUX u.a., 3 Bde., Freiburg/Schweiz 1991.

GILMAN, Sander L.: Zwölftes Bild: Der »jüdische Körper«. Gedanken zum physischen Anderssein der Juden, in: SCHOEPS, Julius H./SCHLÖR, Joachim: Antisemitismus. Vorurteile und Mythen, München 1995, 167–179.

GINZEL, Günther Bernd (Hg.): Antisemitismus. Erscheinungsformen der Judenfeindschaft gestern und heute, Bielefeld 1991.

–: Auschwitz als Herausforderung für Juden und Christen, Gerlingen ²1993.

GNILKA, Joachim: Jesus von Nazaret. Botschaft und Geschichte, Freiburg im Breisgau ³1993.

GOERTZ, Hans-Jürgen: Unsichere Geschichte. Zur Theorie historischer Referentialität, Stuttgart 2001.

GOLD, Judith Taylor: Monsters and Madonnas. The Roots of Christian Anti-Semitism, New York 1988.

GOLDHAGEN, Daniel Jonah: Hitler's Willing Executioners. Ordinary Germans and The Holocaust, New York 1996.

GOLDSTEIN, Horst (Hg.): Gottesverächter und Menschenfeinde? Juden zwischen Jesus und frühchristlicher Kirche, Düsseldorf 1979.

GOLLWITZER, Helmut: Die Judenfrage – eine Christenfrage. Ein zusammenfassendes Wort, in: MARSCH, Wolf Dieter/THIEME, Karl (Hg.): Christen und Juden. Ihr Gegenüber vom Apostelkonzil bis heute, Mainz 1961, 284–292.

GÖRG, Manfred/LANGER, Michael (Hg.): Als Gott weinte. Theologie nach Auschwitz, Regensburg 1997.

GRIMM, Gunter: Rezeptionsgeschichte, München 1977.

HAACKER, Klaus: »Sein Blut über uns«. Erwägungen zu Matthäus 27,25, in: DERS.: Versöhnung mit Israel. Exegetische Beiträge, Neukirchen-Vluyn 2002, 29–32.

–: Der Holocaust als Datum der Theologiegeschichte, in: DERS.: Versöhnung mit Israel. Exegetische Beiträge, Neukirchen-Vluyn 2002, 11–20.

HAHN, Ferdinand: Theologie nach Auschwitz und ihre Bedeutung für die neutestamentliche Exegese, in: GÖRG, Manfred/LANGER, Michael (Hg.): Als Gott weinte. Theologie nach Auschwitz, Regensburg 1997, 89–93.

HALTER, Martin: Jesus als kraftvoller Gotteskrieger, in: *Tages-Anzeiger*, 26.5.2000.

HARENBERG, Werner: »Das Credo abschaffen«. Der Göttinger Theologieprofessor Gerd LÜDEMANN über Bibel, Jesus und Glauben, in: *Der Spiegel*, Nr. 8, 29.2.1996.

HÄSLER, Alfred A.: Die älteren Brüder. Juden und Christen gestern und heute, Zürich 1986.

–: Das Boot ist voll. Die Schweiz und die Flüchtlinge 1933–1945, Zürich ⁹1992.

HELBLING, Hanno: Die katholische Kirche und das jüdische Volk. Ein Aufarbeitungsversuch, in: *Neue Zürcher Zeitung*, 24.11.1997.

–: Gibt es eine kollektive Unschuld?, in: *Neue Zürcher Zeitung*, 15.3.1997.

–: Holocaust – auch ein ökumenisches Thema, in: *Neue Zürcher Zeitung*, 18.3.1998.

HENRIX, Hans Hermann: Judentum und Christentum. Gemeinschaft wider Willen, Regensburg 2004.

HENZE, Dagmar u.a.: Antijudaismus im Neuen Testament? Grundlagen für die Arbeit mit biblischen Texten, Gütersloh 1997.

HETZER, Tanja: Der Flüchtlingsbericht der Bergier-Kommission und die Debatte um Antisemitismus in der Schweiz, in: Kirche und Judentum 15 (2000), 121–130.

HIMMLER, Kathrin: Die Brüder Himmler. Eine deutsche Familiengeschichte, Frankfurt am Main 2005.

HOBSBAWM, Eric: Wieviel Geschichte braucht die Zukunft [?], München 1998 (engl. Original: HOBSBAWM, Eric: On History, London 1997).

HOFMEISTER, Heimo (Hg.): Zum Verstehen des Gewesenen. Zweite Heidelberger Religionsphilosophische Diskussion, Neukirchen-Vluyn 1998.

HUBMANN, Franz D.: Nach der römischen »Reflexion über die Shoah«. Zum Dokument der Kommission für die Religiösen Beziehungen zu den Juden von 1998, in: Theologisch-Praktische Quartalschrift 147 (1999), 53–61.

HUMMEL, Reinhart: Die Auseinandersetzung zwischen Kirche und Judentum im Matthäusevangelium, München ²1966.

INTERNATIONAL CATHOLIC-JEWISH LIAISON COMMITTEE (Hg.): Fifteen Years of Catholic-Jewish Dialogue 1970–1985. Selected Papers, Città del Vaticano 1988.

ISAAC, Jules: Genèse de l'antisémitisme. Essai historique, Paris 1959.

–: Jésus et Israël, Paris 1948.

JÄCKEL, Eberhard: Der Mord an den europäischen Juden und die Geschichte, in: BECK, Wolfgang (Hg.): Die Juden in der europäischen Geschichte. Sieben Vorlesungen, München 1992, 20–32.

JAECKER, Tobias: Antisemitische Verschwörungstheorien nach dem 11. September. Neue Varianten eines alten Deutungsmusters, Berlin 2004.

JAUSS, Hans Robert: Literaturgeschichte als Provokation, Frankfurt am Main ²1970.

JEDIN, Hubert: Das Zweite Vatikanische Konzil, in: JEDIN, Hubert/REPGEN, Konrad (Hg.): Handbuch der Kirchengeschichte, Band VII (Sonderausgabe): Die Weltkirche im 20. Jahrhundert, Freiburg im Breisgau 1999, 97–151.

JORDAN, Stefan (Hg.): Lexikon Geschichtswissenschaft, Stuttgart 2002.

JÜDISCHES MUSEUM DER STADT WIEN (Hg.): Die Macht der Bilder. Antisemitische Vorurteile und Mythen, Wien 1995.

JÜNGLING, Hans-Winfried: Das Buch Jesaja, in: ZENGER, Erich u.a.: Einleitung in das Alte Testament, Stuttgart 1995, 303–318.

KÄSER-LEISIBACH, Ursula: Die begnadeten Sünder. Stimmen aus den Schweizer Kirchen zum Nationalsozialismus 1933–1942, Winterthur 1994.

KAMIS-MÜLLER, Aaron: Antisemitismus in der Schweiz 1900–1930, Zürich [2]2000.

KAMPLING, Rainer (Hg.): »Dies ist das Buch ...«. Das Matthäusevangelium. Interpretation – Rezeption – Rezeptionsgeschichte, FS Hubert FRANKEMÖLLE, Paderborn 2004.

–: »Nun steht aber diese Sache im Evangelium ...«. Zur Frage nach den Anfängen des christlichen Antijudaismus, Paderborn 1999.

–: Das Blut Christi und die Juden. Mt 27,25 bei den lateinischsprachigen christlichen Autoren bis zu Leo dem Grossen, Münster 1984.

–: Theologische Antisemitismusforschung. Anmerkungen zu einer transdisziplinären Fragestellung, in: BERGMANN, Werner/KÖRTE, Mona (Hg.): Antisemitismusforschung in den Wissenschaften, Berlin 2004, 67–81.

KAMPLING, Rainer/WEINRICH, Michael (Hg.): Dabru emet – redet Wahrheit. Eine jüdische Herausforderung zum Dialog mit den Christen, Gütersloh 2003.

KARADY, Victor: Gewalterfahrung und Utopie. Juden in der europäischen Moderne, Frankfurt am Main 1999.

KARRER, Leo: Tage der Entscheidung. Predigten für Palmsonntag bis Ostern, Freiburg/Schweiz 1995.

Katholischer Antisemitismus in der Schweiz 1900–1945 (unter der redaktionellen Leitung von Urs ALTERMATT), Sonderdruck aus: Zeitschrift für Schweizerische Kirchengeschichte, 92 (1998) 9–123.

KELLER, Zsolt: »L'armée est en dehors de toutes questions de confession!«. Jüdische Soldaten und Offiziere in der Schweizer Armee 1933–1945, in: Bulletin der Schweizerischen Gesellschaft für Judaistische Forschung SGJF 11 (2002), 17–34.

–: »Stell dir vor, es ist Krieg und die Schweiz treibt Handel«. Die Schweiz, der Nationalsozialismus und der Zweite Weltkrieg. Ein (Schluss-)Bericht, in: Zwischenwelt. Literatur. Widerstand. Exil, Nr. 2, 2002, 4–7.

–: »Wohl wirkt die Kreuzigung Christi mit.« Mt 27,25 in seiner Wirkungsgeschichte und der neueren Auslegung, unpublizierte Lizentiatsarbeit an der Universität Freiburg/Schweiz 1999.

–: Der Eidgenössische Bettag als Plattform nationaler Identität der jüdischen und katholischen Schweizer, in: ALTERMATT, Urs (Hg.): Katholische Denk- und Lebenswelten. Beiträge zur Kultur- und Sozialgeschichte des Schweizer Katholizismus im 20. Jahrhundert, Freiburg/Schweiz 2003, 135–150.

–: Theologie und Politik – Beginn und Konkretisierung des christlich-jüdischen Dialoges in der Schweiz, in: Schweizerische Zeitschrift für Religions- und Kulturgeschichte 99 (2005), 157–175.

–: Von »Gottesmördern« und Sündern. Mt 27,25 in der Lebenswelt von Schweizer Katholiken 1900–1950, in: Zeitschrift für Schweizerische Kirchengeschichte 97 (2003), 89–105.

KIRCHSCHLÄGER, Walter: Bibelverständnis im Umbruch, in: RIES, Markus/KIRCHSCHLÄGER, Walter (Hg.): Glauben und Denken nach Vatikanum II. Kurt Koch zur Bischofswahl, Zürich 1996, 41–64.

KLAPPERT, Bertold/STRACK, Helmut (Hg.): Umkehr und Erneuerung. Erläuterungen zum Synodalbeschluss der Rheinischen Landessynode 1980: »Zur Erneuerung des Verhältnisses von Christen und Juden«, Neukirchen-Vluyn 1980.

KLAPPERT, Bertold: Die Wurzel trägt dich. Einführung in den Synodalbeschluß, in: KLAPPERT, Bertold/STRACK, Helmut (Hg.): Umkehr und Erneuerung. Erläuterungen zum Synodalbeschluß der Rheinischen Landessynode 1980 »Zur Erneuerung des Verhältnisses von Christen und Juden«, Neukirchen-Vluyn 1980, 23–54.

KLEIN, Charlotte: Theologie und Anti-Judaismus. Eine Studie zur deutschen theologischen Literatur der Gegenwart, ACJD 6, München 1975.

KLEIN, Günter: Präliminarien zum Thema »Paulus und die Juden«, in: FRIEDRICH, Johannes/PÖHLMANN, Wolfgang/STUHLMACHER, Peter (Hg.): Rechtfertigung. FS Ernst KÄSEMANN, Tübingen 1986, 229–243.

KOCH, Klaus: Der Spruch »Sein Blut bleibe auf seinem Haupt« und die israelitische Auffassung vom vergossenen Blut, in: Vetus Testamentum 12 (1962), 398–416.

KOGON, Eugen/METZ, Johann Baptist (Hg.): Gott nach Auschwitz. Die Dimension des Massenmordes am jüdischen Volk, Freiburg im Breisgau 1979.

KÖHLER, Andrea: Geisselung, Kreuzigung und endlose Folterqualen, in: Neue Zürcher Zeitung, 27.2.2004.

KOHN, Johanna: Hashoah. Christlich-jüdische Verständigung nach Auschwitz, München 1986.

KÖRTE, Mona/STOCKHAMMER, Robert (Hg.): Ahasvers Spur. Dichtung und Dokumente vom »Ewigen Juden«, Leipzig 1995.

KÖRTNER, Ulrich H.J.: Art. Schriftauslegung IV, in: Theologische Realenzyklopädie (TRE), Bd. XXX, Berlin 1999, 489–495.

KRAUTHAMMER, Pascal [pbk]: Blocher und das Klischee vom geldgierigen Juden. Freispruch für »Sonntags-Blick« von Ehrverletzungsvorwurf, in: Neue Zürcher Zeitung, 3.11.1999.

KREIS, Georg: Mythos Rütli. Geschichte eines Erinnerungsortes. Mit zwei Beiträgen von Josef WIGET, Zürich 2004.

–: Öffentlicher Antisemitismus in der Schweiz nach 1945, in: MATTIOLI, Aram (Hg.): Antisemitismus in der Schweiz 1848–1960. Mit einem Vorwort von Alfred A. HÄSLER, Zürich 1998, 555–576.

–: Zurück in den Zweiten Weltkrieg. Zur schweizerischen Zeitgeschichte der 80er Jahre, in: Schweizerische Zeitschrift für Geschichte 52 (2002), 60–68.

–: Zurück in die Zeit des Zweiten Weltkrieges (Teil II). Zur Bedeutung der 1990er Jahre für den Ausbau der schweizerischen Zeitgeschichte, in: Schweizerische Zeitschrift für Geschichte 52 (2002), 494–517.

KRUIJF, Theo C. de: Art. Antisemitismus III, in: Theologische Realenzyklopädie (TRE), Band III, Berlin 1978, 122–128.

KÜCHLER, Max: Der Grund des Antijudaismus – Jesus selbst?, in: Bibel und Kirche 44 (1989), 95–96.

KUONEN, Roland: Gott in Leuk. Von der Wiege bis ins Grab – die kirchlichen Übergangsrituale im 20. Jahrhundert, Religion – Politik – Gesellschaft in der Schweiz 28, Freiburg/Schweiz, 2000.

KUPFER, Claude/WEINGARTEN, Ralph: Zwischen Ausgrenzung und Integration. Geschichte und Gegenwart der Jüdinnen und Juden in der Schweiz, Zürich 1999.

KURTH, Christina/SCHMID, Peter (Hg.): Das christlich-jüdische Gespräch. Standortbestimmungen, Stuttgart 2000.

KURY, Patrick: Über Fremde reden. Überfremdungsdiskurs und Ausgrenzung in der Schweiz 1900–1945, Zürich 2003.

KUSCHEL, Karl-Josef/LANGENHORST, Georg: Jesus, in: SCHMIDINGER, Heinrich (Hg.): Die Bibel in der deutschsprachigen Literatur des 20. Jahrhunderts, Bd. 2: Personen und Figuren, Mainz 1999, 326–396.

LÄMMERMANN, Godwin: Christliche Motivierung des modernen Antisemitismus? Religionssoziologische und -pädagogische Überlegungen zu einem sozialen Phänomen, in: Zeitschrift für Evangelische Ethik 28 (1984), 58–84.

LANDWEHR, Achim: Geschichte des Sagbaren. Einführung in die Historische Diskursanalyse, Tübingen 2001.

LANG, Jochen von: Das Eichmann-Protokoll. Tonbandaufzeichnungen der israelischen Verhöre, Wien 2001.

LANGE, Nicholas R.M. de/THOMA, Clemens: Art. *Antisemitismus I*, in: Theologische Realenzyklopädie (TRE), Band III, Berlin 1978, 113–119.

LANGER, Michael: Zwischen Vorurteil und Aggression. Zum Judenbild in der deutschsprachigen katholischen Volksbildung des 19. Jahrhunderts, Freiburg im Breisgau 1994.

LANZMANN, Claude: Shoah. Mit einem Vorwort von Simone de Beauvoir, Grafenau 1999 (franz. Original: LANZMANN, Claude: Shoah. Préface de Simon de Beauvoir, Paris 1985).

LAPIDE, Pinchas/LUZ, Ulrich: Der Jude Jesus. Thesen eines Juden – Antworten eines Christen, Zürich 1979.

LAPIDE, Pinchas: Der Messias Israels? Die Rheinische Synode und das Judentum, in: KLAPPERT, Bertold/STRACK, Helmut (Hg.): Umkehr und Erneuerung. Erläuterungen zum Synodalbeschluß der Rheinischen Landessynode 1980 »Zur Erneuerung des Verhältnisses von Christen und Juden«, Neukirchen-Vluyn 1980, 236–246.

–: Ist das nicht Josephs Sohn? Jesus im heutigen Judentum, Stuttgart 1976.

–: Wer war schuld an Jesu Tod? Gütersloh 1987.

LATEGAN, Bernard C.: History in the Interpretation of Biblical Texts, in: SCHRÖTER, Jens/EDDELBÜTTEL, Antje (Hg.): Konstruktion von Wirklichkeit. Beiträge aus geschichtstheoretischer, philosophischer und theologischer Perspektive, Berlin 2004, 135–150.

LEHR, Stefan: Antisemitismus – religiöse Motive im sozialen Vorurteil. Aus der Frühgeschichte des Antisemitismus in Deutschland 1870–1914, ACJD 5, München 1974.

LEIMGRUBER, Stephan: Herkunftsvergessenheit der Christen – die Darstellung des Judentums im Religionsunterricht, in: CONZEMIUS, Victor (Hg.): Schweizer Katholizismus 1933–1945. Eine Konfessionskultur zwischen Abkapselung und Solidarität, Zürich 2001, 315–338.

LEVI, Primo: Ist das ein Mensch? Ein autobiographischer Bericht, München 1992.

LEY, Michael: Die religiösen Wurzeln des Antijudaismus, in: WIEHN, Erhard (Hg.): Judenfeindschaft. Eine öffentliche Vortragsreihe an der Universität Konstanz 1988/89 von […], Konstanz 1989, 21–45.

LIENERT, Konrad Rudolf: Die Urszene des religiösen Antisemitismus ..., in: *Tages-Anzeiger*, 20.12.1997.

LINDEMANN, Andreas: Literatur zu den Synoptischen Evangelien 1992–2000 (V) – Das Matthäusevangelium (Teil 1), in: Theologische Rundschau 70 (2005), 174–216.

–: Literatur zu den Synoptischen Evangelien 1992–2000 (V) – Das Matthäusevangelium (Teil 2), in: Theologische Rundschau 70 (2005), 338–382.

LIPSTADT, Deborah E.: Denying the Holocaust. The Growing Assault on Truth and Memory, New York/London/Victoria u.a. 1993.

LOHFINK, Gerhard: Braucht Gott die Kirche? Zur Theologie des Volkes Gottes, Freiburg 1998.

LOHFINK, Norbert: Das heutige Verständnis der Schriftinspiration in der katholischen Theologie, in: ECKERT, Willehad/LEVINSON, Nathan/STÖHR, Martin (Hg.): Antijudaismus im Neuen Testament? Exegetische und systematische Beiträge, ACJD 2, München 1967, 15–26.

LOHMANN, Hartmut: Art. *Knecht, Friedrich Justus*, in: Biographisch-Bibliographisches Kirchenlexikon, Band IV (1992), Sp. 122–124 (elektronische Fassung: http://www.bautz.de/bbkl/k/Knecht_f_j.shtml, 18.4.2006).

LOVSKY, Fadiey: Comment comprendre »Son sang sur nous et nos enfants«?, in: Études Théologiques et religieuses 62 (1987), 343–362.

LÜTKEHAUS, Ludger: Der Glaube Adolf Hitlers. Friedrich Heers Anatomie einer politischen Religiosität, in: *Neue Zürcher Zeitung*, 13.8.1998.

LUZ, Ulrich: Jesus der Menschensohn zwischen Juden und Christen, in: STEGEMANN, Ekkehard W./ZENGER, Erich (Hg.): Israel und die Kirche. Beiträge zum christlich-jüdischen Gespräch, FS Ernst Ludwig EHRLICH, Freiburg im Breisgau 1991, 212–223.

MAISSEN, Thomas: Verweigerte Erinnerung. Nachrichtenlose Vermögen und Schweizer Weltkriegsdebatte, 1989–2004, Zürich 2005.

MANN, Golo: Über Antisemitismus [1960], in: DERS., Geschichte und Geschichten, Frankfurt am Main 1961, 169–201.

MARSCH, Wolf Dieter/THIEME, Karl (Hg.): Christen und Juden. Ihr Gegenüber vom Apostelkonzil bis heute, Mainz 1961.

MATTIOLI, Aram (Hg.): Antisemitismus in der Schweiz 1848–1960. Mit einem Vorwort von Alfred A. HÄSLER, Zürich 1998.

–: Antisemitismus in der Geschichte der Modernen Schweiz – Begriffsklärung und Thesen, in: DERS. (Hg.): Antisemitismus in der Schweiz. Mit einem Vorwort von Alfred A. HÄSLER, Zürich 1989, 3–22.

MERKLEIN, Helmut: Die Jesusgeschichte – synoptisch gelesen, SBS 156, Stuttgart 1994.

METZ, Johann Baptist: Ökumene nach Auschwitz. Zum Verhältnis von Christen und Juden in Deutschland, in: KOGON, Eugen/METZ, Johann Baptist (Hg.): Gott nach Auschwitz. Die Dimension des Massenmordes am jüdischen Volk, Freiburg im Breisgau 1979, 121–144.

METZGER, Franziska: Die »Schildwache«. Eine integralistisch-rechtskatholische Zeitung 1912–1945, Religion – Politik – Gesellschaft in der Schweiz 27, Freiburg/Schweiz 2000.

METZGER, Thomas: Antisemitismus in der Stadt St. Gallen in der Zwischenkriegszeit 1918–1939, unpubliziert Lizentiatsarbeit an der Universität Freiburg/Schweiz 2005.

MINK, Andreas: »Hass ist ansteckend« (Interview mit Elie WIESEL), in: *Neue Zürcher Zeitung am Sonntag*, 25.4.2004.

MÜHLENBERG, Ekkehard: Art. *Schriftauslegung III*, in: Theologische Realenzyklopädie (TRE), Bd. XXX, Berlin 1999, 472–488.

MÜNZ, Christoph: Der Welt ein Gedächtnis geben. Geschichtstheologisches Denken im Judentum nach Auschwitz, Gütersloh ²1996.

MUSCHG, Adolf: Wenn Auschwitz in der Schweiz liegt. Fünf Reden eines Schweizers an seine und keine Nation, Frankfurt am Main 1997.

MUSSNER, Franz: Traktat über die Juden, München ²1988.

NEUWIRTH, Franz: Freiburger Professoren-Porträts, Freiburg/Schweiz [1965].

OBERLINNER, Lorenz/FIEDLER, Peter (Hg.): Salz der Erde – Licht der Welt. Exegetische Studien zum Matthäusevangelium, FS Anton VÖGTLE, Stuttgart 1991.

OBERMAN, Heiko Augustinus: Wurzeln des Antisemitismus. Christenangst und Judenplage im Zeitalter von Humanismus und Reformation, Berlin 1981.

OSTEN-SACKEN, Peter von der: Christliche Theologie nach Auschwitz, in: GÖRG, Manfred/LANGER, Michael (Hg.): Als Gott weinte. Theologie nach Auschwitz, Regensburg 1997, 12–29.

–: Grundzüge einer Theologie im christlich-jüdischen Gespräch, ACJD 12, München 1982.

OTT, Norbert H.: Art. *Heilsgeschichte*, in: JORDAN, Stefan (Hg.): Lexikon Geschichtswissenschaft, Stuttgart 2002, 137–139.

PAPST, Manfred: Passion oder Gewaltporno?, in: *Neue Zürcher Zeitung am Sonntag*, 21.3.2004.

PASSELECQ, Georges: La Passion d'Oberammergau, in: Rencontre Chretiens et Juifs 14 (1980), 69–81.

PETUCHOWSKI, Jakob J./THOMA, Clemens (Hg.): Lexikon der jüdisch-christlichen Begegnung. Hintergründe, Klärungen, Perspektiven, Freiburg im Breisgau ³1997.

PFISTERER, Rudolf: »... Sein Blut komme über uns ...«. Antijudaismus im Neuen Testament? – Fragen an den kirchlichen Unterricht, in: MARSCH, Wolf Dieter/THIEME, Karl (Hg.): Christen und Juden. Ihr Gegenüber vom Apostelkonzil bis heute, Mainz 1961, 19–37.

–: Im Schatten des Kreuzes, Hamburg-Bergstedt 1966.

PICARD, Jacques: Die Schweiz und die Juden, 1933–1945. Schweizer Antisemitismus, jüdische Abwehr und internationale Migrations- und Flüchtlingspolitik, Zürich ³1997.

–: »Antisemitismus« erforschen? Über Begriff und Funktion der Judenfeindschaft und die Problematik ihrer Erforschung, in: Schweizerische Zeitschrift für Geschichte 47 (1997), 580–607.

–: Forschung zwischen politischem und wissenschaftlichem Anspruch. Methodologische Grundlagen der Expertenkommission Bergier, in: *Neue Zürcher Zeitung*, 28.10.1997.

PRZYBYLSKI, Benno: The Setting of Matthean Anti-Judaism, in: RICHARDSON, Peter/GRANSKOU, David: Anti-Judaism in Early Christianity. Volume 1: Paul and the Gospels, Studies in Christianity and Judaism 2, Waterloo 1986, 181–200.

RADDATZ, Alfred: Art. *Judendarstellung*, in: Lexikon des Mittelalters V, München 1991, Sp. 788f.

RAHNER, Karl: Über die Schriftinspiration, QD 1, Freiburg im Breisgau ⁴1965.

RATZINGER, Joseph (Hg.): Schriftauslegung im Widerstreit, QD 117, Freiburg im Breisgau 1989.

–: Schriftauslegung im Widerstreit. Zur Frage nach Grundlagen und Weg der Exegese heute, in: DERS. (Hg.): Schriftauslegung im Widerstreit, QD 117, Freiburg im Breisgau 1989, 15–44.

REINBOLD, Wolfgang: Der älteste Bericht über den Tod Jesu. Literarkritische Analyse und historische Kritik der Passionsdarstellungen der Evangelien, BZNW 69, Göttingen 1993.

REPGEN, Konrad: Die Erfahrung des Dritten Reiches und das Selbstverständnis der deutschen Katholiken nach 1945, in: CONZEMIUS, Victor/GRESCHAT, Martin/KOCHER, Hermann (Hg.): Die Zeit nach 1945 als Thema kirchlicher Zeitgeschichte. Referate der internationalen Tagung in Hünigen/Bern (Schweiz) 1985, Göttingen 1988, 127–179.

REVENTLOW, Henning Graf: »Sein Blut komme über sein Haupt«, in: Vetus Testamentum 10 (1960), 311–327.

RICHARDOT, Jean-Pierre: Die andere Schweiz. Eidgenössischer Widerstand 1940–1944, Berlin 2005 (franz. Original: RICHARDOT, Jean-Pierre: Une Autre Suisse, 1940–1944. Un Bastion contre l'Allemagne nazie, Paris 2002).

RICOEUR, Paul: Le conflit des interprétations. Essais d'herméneutique, Paris 1969 [2004].

RIEGNER, Gerhard: Ne jamais désespérer. Soixante années au service du peuple juif et des droits de l'homme, Paris 1998.

–: Vorbeugender Antisemitismus, in: DREYFUS, Madeleine/FISCHER, Jürg (Hg.), Manifest vom 21. Januar 1997. Geschichtsbilder und Antisemitismus in der Schweiz, Zürich 1997, 49–56.

RIES, Markus: Art. *Ernst, Viktor von*, in: Historisches Lexikon der Schweiz [elektronische Publikation HLS], 5.11.2003.

–: Art. *Herzog, Franz Alfred*, in: Historisches Lexikon der Schweiz [elektronische Publikation HLS], 10.6.2004.

RINSER, Luise: Mirjam, Frankfurt am Main 1998.

RUETHER, Rosemary: Nächstenliebe und Brudermord. Die theologischen Wurzeln des Antisemitismus, ACJD 7, München 1978 (engl. Original: RUETHER, Rosemary: Faith and Fratricide. The Roots of Anti-Semitism, New York 1974).

RUSTERHOLZ, Heinrich/SCHMID-ACKERET, Theres/REICH Ruedi: Ohne Wenn und Aber dem Gewissen verpflichtet. Flüchtlingspfarrer Paul Vogt (1900–1984), Rotkreuzschwester Elsbeth Kasser (1910–1992), Zürich ³2000.

SABROW, Martin/JESSEN, Ralph/GROSSE KRACHT, Klaus (Hg.): Zeitgeschichte als Streitgeschichte. Grosse Kontroversen seit 1945, München 2003.

SAFRAN, Alexandre: »Den Flammen entrissen«. Die jüdische Gemeinde in Rumänien 1939–1947, Tübingen 1996.

SANER, Hans: Schuld und Verantwortung, in: SCHWEIZERISCHER ISRAELITISCHER GEMEINDEBUND (Hg.): Die Zukunft der Vergangenheit. Beiträge zum Symposium des Schweizerischen Israelitischen Gemeindebundes vom 7. Oktober 1999 an der Universität Freiburg, Zürich 1999, 78.

SATTLER, Dorothea: Gottes Wort und der Menschen Worte. Systematisch-theologische Überlegungen zum Schriftverständnis, in: KAMPLING, Rainer (Hg.): »Nun steht aber diese Sache im Evangelium …«. Zur Frage nach den Anfängen des christlichen Antijudaismus, Paderborn 1999, 31–51.

SCHÄFER, Peter: Judeophobia. Attitudes toward the Jews in the Ancient World, London 1997.

Schatten des Zweiten Weltkriegs. Nazigold und Shoa-Gelder – Opfer als Ankläger. NZZ-Fokus. Ein Schwerpunkt-Dossier der *Neuen Zürcher Zeitung*, Nr. 2, Februar 1997.

SCHELKLE, Karl Hermann: Die »Selbstverfluchung« Israels nach Matthäus 27,23–25, in: ECKERT, Willehad/LEVINSON, Peter/STÖHR, Martin (Hg.): Antijudaismus im Neuen Testament?, ACJD 2, München 1967, 148–156.

SCHMIDINGER, Heinrich (Hg.): Die Bibel in der deutschsprachigen Literatur des 20. Jahrhunderts. Bd. 2: Personen und Figuren, Mainz 1999.

190

SCHMITHALS, Walter: Theologiegeschichte des Urchristentums. Eine problemge-schichtliche Darstellung, Stuttgart 1994.

SCHOEPS, Julius H./SCHLÖR, Joachim: Antisemitismus. Vorurteile und Mythen, München 1995.

SCHOTTROFF, Luise: Kreuzigung als Strafe zur Zeit Jesu. Geschichte des jüdischen Widerstandes und Theologie des Martyriums, in: *Neue Zürcher Zeitung*, 3.4.1999.

SCHRAGE, Wolfgang: Ja und Nein – Bemerkungen eines Neutestamentlers zur Diskussion von Christen und Juden, in: Evangelische Theologie 42 (1982), 126–151.

SCHRÖER, Henning: Art. *Schriftauslegung V*, in: Theologische Realenzyklopädie (TRE), Bd. XXX, Berlin 1999, 495–499.

SCHRÖTER, Jens/EDDELBÜTTEL, Antje (Hg.): Konstruktion von Wirklichkeit. Bei-träge aus geschichtstheoretischer, philosophischer und theologischer Perspektive, Berlin 2004.

SCHRÖTER, Jens: Konstruktion von Geschichte und die Anfänge des Christentums: Reflexionen zur christlichen Geschichtsdeutung aus neutestamentlicher Perspek-tive, in: SCHRÖTER, Jens/EDDELBÜTTEL, Antje (Hg.): Konstruktion von Wirk-lichkeit. Beiträge aus geschichtstheoretischer, philosophischer und theologischer Perspektive, Berlin 2004, 201–219.

SCHWEIZERISCHER ISRAELITISCHER GEMEINDEBUND (Hg.): Jüdische Lebenswelt Schweiz – Vie et culture juive en Suisse. 100 Jahre Schweizerischer Israeliti-scher Gemeindebund, Zürich 2004.

SCHWIER, Helmut: Tempel und Tempelzerstörung. Untersuchungen zu den theologi-schen und ideologischen Faktoren im ersten jüdisch-römischen Krieg (66–74 n.Chr.), NTOA 11, Freiburg/Schweiz 1989.

SHAPIRO, James: Bist Du der König der Juden? Die Passionsspiele in Oberammer-gau, Stuttgart 2000 (engl. Original: SHAPIRO, James: Oberammergau. The Trou-bling Story of the World's Most Famous Passion Play, New York 2000).

SHERMER, Michael/GROBMAN, Alex: Denying History. Who Says the Holocaust Never Happened and Why Do They Say It?, Berkeley/Los Angeles/London 2000.

SIMMEL, Ernst (Hg.): Antisemitismus, Frankfurt am Main 2002.

SMITH, Robert H.: Matthew 27:25. The Hardest Verse in Matthew's Gospel, in: Currents in Theology and Missions 17 (1990), 421–428.

SÖDING, Thomas: Geschichtlicher Text und heilige Schrift – Fragen zur theologisch-kritischen Exegese, in: DERS. (Hg.): Neue Formen der Schriftauslegung?, QD 140, Freiburg im Breisgau 1992, 75–130.

–: Wege der Schriftauslegung. Methodenbuch zum Neuen Testament, Freiburg im Breisgau 1998.

SÖLLE, Dorothee: Phantasie und Gehorsam. Überlegungen zu einer künftigen christlichen Ethik, Stuttgart [11]1986 ([1]1968).

SPÄTI, Christina: Kontinuität und Wandel des Antisemitismus und dessen Beurtei-lung in der Schweiz nach 1945, in: Schweizerische Zeitschrift für Geschichte 55 (2005), 419–440.

SPITZENPFEIL, Ruth: Ein jüdischer Revolutionär namens Jesus. Oberammergauer Passionsspiele eröffnen in neuer Fassung, in: *Neue Zürcher Zeitung*, 22.5.2000.

STÄBLEIN, Christian: Predigen nach dem Holocaust. Das jüdische Gegenüber in der evangelischen Predigtlehre nach 1945, Arbeiten zur Pastoraltheologie, Liturgik und Hymnologie 44, Göttingen 2004.

STAMM, Rudolf: Das tiefe Bedauern der Kirche über die Shoah. Der Vatikan zur Passivität während der Judenverfolgung, in: *Neue Zürcher Zeitung*, 17.3.1998.

–: Der Vatikan und die Wurzeln des Antisemitismus. Scharfe Verurteilung durch den Papst, in: *Neue Zürcher Zeitung*, 1.11.1997.

STANTON, Graham: The Gospel of Matthew and Judaism, in: Bulletin of the John Rylands University Library Manchester 66 (1984), 264–284.

STEGEMANN, Ekkehard W./ZENGER, Erich (Hg.): Israel und die Kirche. Beiträge zum christlich-jüdischen Gespräch, FS Ernst Ludwig EHRLICH, Freiburg im Breisgau 1991.

–: Christliche Wurzeln der Judenfeindschaft vom Neuen Testament bis heute, in: Reformatio 37 (1988), 366–380.

–: Von der Schwierigkeit, sich von sich zu unterscheiden. Zum Umgang mit der Judenfeindschaft in der Theologie, in: BERGMANN, Werner/KÖRTE Mona (Hg.): Antisemitismusforschung in den Wissenschaften, Berlin 2004, 47–66.

STERN, Fritz : Das feine Schweigen und seine Folgen, in: DERS., Das feine Schweigen. Historische Essays. München 1999, 158–173.

STÖHR, Martin: Jüdische Existenz und die Erneuerung der christlichen Theologie. Versuch der Bilanz des christlich-jüdischen Dialogs für die systematische Theologie, ACJD 11, München 1981.

STRATHMANN, Hermann: Art. λαός, in: Theologisches Wörterbuch zum Neuen Testament (ThWNT), Band IV, Stuttgart 1942, 29–39.

STRAUSS Herbert A./BERGMANN, Werner/HOFFMANN Christhard (Hg.): Der Antisemitismus der Gegenwart, Frankfurt/New York 1990.

STRAUSS, Herbert A./KAMPE, Norbert (Hg.): Antisemitismus. Von der Judenfeindschaft zum Holocaust, Frankfurt am Main 1985.

STRECKER, Georg: Der Weg der Gerechtigkeit. Untersuchungen zur Theologie des Matthäus, Göttingen 1962.

Streit um Geschichte, Antisemitismus und Rassismus: *Widerspruch*. Beiträge zur sozialistischen Politik, Heft 32, Dezember 1996.

STROBEL, August: Die Stunde der Wahrheit, WUNT 21, Tübingen 1980.

TAL, Uriel: Christians and Jews in Germany. Religion, Politics and Ideology in the Second Reich 1870–1914, London 1975.

THEISSEN, Gerd/MERZ, Annette: Der historische Jesus. Ein Lehrbuch, Göttingen ²1997.

THEISSEN, Gerd: Antijudaismus im Neuen Testament – ein soziales Vorurteil in heiligen Schriften, in: THIERFELDER, Jörg/WÖLFING, Willi (Hg.): Für ein neues Miteinander von Juden und Christen, Weinheim 1996, 77–97.

–: Aporien im Umgang mit den Antijudaismen des Neuen Testaments, in: BLUM, Erhard/MACHOLZ, Christian/STEGEMANN, Ekkehard W. (Hg.): Die Hebräische Bibel und ihre zweifache Nachgeschichte, FS Rolf RENDTORFF, Neukirchen-Vluyn 1990, 535–553.

–: Das Heilige in der Heiligen Schrift, in: HOFMEISTER, Heimo (Hg.): Zum Verstehen des Gewesenen. Zweite Heidelberger Religionsphilosophische Diskussion, Neukirchen-Vluyn 1998, 19–26.

THIEDE, Carsten Peter/STINGELIN, Urs: Die Wurzeln des Antisemitismus. Judenfeindschaft in der Antike, im frühen Christentum und im Koran, Basel ³2002.

THIERFELDER, Jörg/WÖLFING, Willi (Hg.): Für ein neues Miteinander von Juden und Christen, Weinheim 1996.

THOMA, Clemens: Art. *Antisemitismus VIII*, in: Theologische Realenzyklopädie (TRE), Band III, Berlin 1978, 165–168.

–: Art. *Dialog*, in: PETUCHOWSKI, Jakob J./THOMA, Clemens (Hg.): Lexikon der jüdisch-christlichen Begegnung. Hintergründe, Klärungen, Perspektiven, Freiburg im Breisgau [3]1997, 35–38.

–: Christliche Theologie des Judentums, CiW 4a/b, Aschaffenburg 1978.

–: Das Einrenken des Ausgerenkten. Beurteilung der jüdisch-christlichen Dialog-Geschichte seit dem Ende des Zweiten Weltkrieges, in: Bulletin der Schweizerischen Gesellschaft für Judaistische Forschung SGJF 7 (1998), 2–16.

–: Die Konzilserklärung über die Juden im Kontext, in: RIES, Markus/ KIRCHSCHLÄGER, Walter (Hg.): Glauben und Denken nach Vatikanum II. Kurt Koch zur Bischofswahl, Zürich 1996, 27–39.

–: Kirche aus Juden und Heiden. Biblische Informationen über das Verhältnis der Kirche zum Judentum, Wien 1970.

TILL, Bastian: Auschwitz und die »Auschwitz-Lüge«. Massenmord und Geschichtsfälschung, München [4]1995.

TRAVERSO, Enzo: Auschwitz denken. Die Intellektuellen und die Shoah, Hamburg 2000.

TRILLING, Wolfgang: Das wahre Israel. Studien zur Theologie des Matthäus-Evangeliums, München 1964.

–: Studien zur Jesusüberlieferung, Stuttgart 1988.

UHL, Heidemarie (Hg.): Zivilisationsbruch und Gedächtniskultur. Das 20. Jahrhundert in der Erinnerung des beginnenden 21. Jahrhunderts, Innsbruck 2003.

UNABHÄNGIGE EXPERTENKOMMISSION SCHWEIZ – ZWEITER WELTKRIEG (UEK): Die Schweiz, der Nationalsozialismus und der Zweite Weltkrieg. Schlussbericht, Zürich 2002.

VENETZ, Hermann-Josef: »Du bist ein Faulpelz und ein Taugenichts«. Eine Zeit-Ansage, in: DERS.: Kein Gott für Besserwisser. Predigten, Luzern 1999, 36–42.

VOGT, Paul: Historische Rückblende auf die Anfänge der *Christlich-Jüdischen Arbeitsgemeinschaft in der Schweiz*, in: Christlich-jüdisches Forum, Nr. 34, November 1964, 42–49.

VOLKOV, Shulamit: Antisemitismus als kultureller Code, in: DIES.: Jüdisches Leben und Antisemitismus im 19. und 20. Jahrhundert. Zehn Essays, München 1990, 13–36.

VOLLENWEIDER, Samuel: Der Anfang einer unseligen Tradition, in: DIETRICH, Walter/GEORGE, Martin/LUZ, Ulrich (Hg.): Antijudaismus – christliche Erblast, Stuttgart 1999, 40–55.

VONEY, Veronika: Die Luzerner Passionsspiele von 1924, 1934, 1938, Religion – Politik – Gesellschaft in der Schweiz 32, Freiburg/Schweiz 2004.

WAGNER, Thorsten: Art. *Chelmno/Kulmhof*, in: BENZ, Wolfgang/GRAML, Hermann/WEISS, Peter (Hg.): Enzyklopädie des Nationalsozialismus, München [3]1998, 411f.

WASSERSTEIN, Bernard: Europa ohne Juden. Das europäische Judentum seit 1945, München 2001.

WEDER, Hans: Neutestamentliche Hermeneutik, Zürich 1986.

WEHRLI, Christoph: Bibel, kirchliche Lehre und Gesellschaft, in: *Neue Zürcher Zeitung*, 4.3.1994.

WEICHLEIN, Siegfried: Nationalbewegungen und Nationalismus in Europa, Darmstadt 2006.

WEINZIERL, Erika: Art. *Antisemitismus VII*, in: Theologische Realenzyklopädie (TRE), Band III, Berlin 1978, 155–165.

WEISS, Georg: Gibt es heute noch Antijudaismus in der römisch-katholischen Kirche? Eine Bestandesaufnahme, in: STRAUSS, Herbert A./BERGMANN, Werner/HOFFMANN, Christhard (Hg.): Der Antisemitismus der Gegenwart, Frankfurt 1990, 29–48.

WIEHN, Erhard (Hg.): Judenfeindschaft. Eine öffentliche Vortragsreihe an der Universität Konstanz 1988/89 von [...], Konstanz 1989.

WIESEL, Elie: Der Prozeß von Schamgorod (so wie er sich am 25. Februar 1649 abgespielt hat), Freiburg im Breisgau 1987.

WIGODER, Geoffrey: Jewish-Christian relations since the Second World War, Manchester/New York, 1988.

WOHLMUTH, Josef: Katholische Theologie heute. Eine Einführung, Würzburg 1990.

WONG, Kun-Chun: Interkulturelle Theologie und multikulturelle Gemeinde im Matthäusevangelium. Zum Verhältnis von Juden- und Heidenchristen im ersten Evangelium, NTOA 22, Freiburg/Schweiz 1992.

WREGE, Hans-Theo: Wirkungsgeschichte des Evangeliums. Erfahrungen, Perspektiven und Möglichkeiten, Göttingen 1981.

ZALA, Sacha: Geltung und Grenzen schweizerischen Geschichtsmanagements, in: SABROW, Martin/JESSEN, Ralph/GROSSE KRACHT, Klaus (Hg.): Zeitgeschichte als Streitgeschichte. Grosse Kontroversen seit 1945, München 2003, 306–325.

ZAUNER, Josef Peter: Judentum und Erstes Testament in der römischen Liturgie unter Berücksichtigung der Dokumente des II. Vatikanischen Konzils, weiterführender Dokumente des Lehramtes und des Katechismus der katholischen Kirche, unpublizierte Magisterarbeit an der Universität Salzburg 1999.

ZWEIFEL, Harry [Pseudonym für Marcel Harry HUBER]: Uns trifft keine Schuld! Report der amerikanisch-jüdischen Attacken und Lügen gegen die Schweiz, [s.l.] 1997.

Personen- und Institutionenregister

»Blood libel« (Matthew 27:25) –
The verse's effect in Switzerland
from 1900–1950

Biblical texts in and of themselves are harmless; interpreting or even exploiting texts to fit or justify historical events can make them instruments of destruction.

The passage Matt. 27:25 (»Then answered all the people, and said, His blood be on us, and on our children«) was fomented to great historical and rhetorical effect, playing a sizable role in the life of Catholics in Switzerland early in the 20th century.

Matt. 27:25 was widely interpreted as historical evidence that Jews and the Jewish religion could not escape collective guilt from their purported role in the death of Jesus. The idea of collective guilt was so entrenched in the collective Christian conscience that it served Catholics as a frame of reference, a possible explanation for the horrors of Jewish persecution during the Second World War.

Many clerics and the then-prevalent Catholic press extrapolated their religious foundation of punishment for sins to »prove« that the persecution of the Jews through the Third Reich was apt and just – even necessary – punishment. The belief system based on this rigid interpretation of the Matthew verse and others had inhumane and, in innumerable cases, deadly consequences.

The Matthew verse's textual implications corroborate established findings that one of the most prevalent forms of wartime anti-Semitism was the belief of collective Jewish guilt wrought by alleged deicide.

The textual implications of the Matthew verse became clearer after World War II and led to the gradual, albeit partial, realization that Christian theology had played a hostile role in the Jewish plight. After the US, Great Britain and France, Switzerland also developed a Christian-Jewish dialogue (*Christlich-Jüdische Arbeitsgemeinschaft*) to combat anti-Semitism.

Within academia, exegetical theology after 1945 sought new interpretations of Matt. 27:25, meant to eliminate the destructive element.

Newer exegetical literature shows an awareness of the negative – and fatal – history of Matt. 27:25, pegging the verse's causative relationship with the persecution and murder of Jews throughout Western civilization. It is important to underscore that Matt. 27:25 isn't a historical or factual account, but instead an example of historical interpretation. In a language specific to him and alien to us in his gospel, the author interprets the particular historical situation of his community.

Despite exegetical cognizance, Matt. 27:25's tragic *effected history* (Wirkungsgeschichte) remains. Because of this, Christian theology may not stop recounting the effected history of *blood libel*. The narrative is important, because holy texts – by whatever religion they are held sacred – are and remain dangerous texts. It is imperative for Christian theology to learn to accept the verse's negative role in the past century, because only an awareness of biblical texts' power and reach can enable a lasting rethinking.